《大乘起信論直解》校注

中華佛學研究所
漢傳佛教典籍叢刊

5

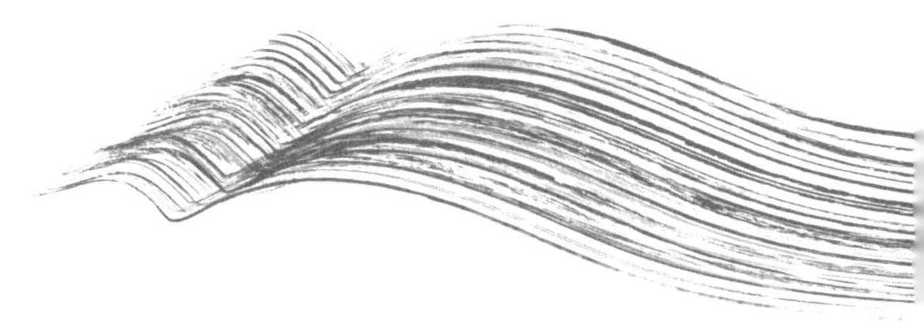

憨山大師 著
蔡金昌 校注

漢傳佛教典籍叢刊總序

二〇〇二年中華佛學研究所創辦人聖嚴法師於山東大學演講〈漢傳佛教文化及其古文物〉時提到：「佛教，是發源於二千五百多年前的印度文明古國，傳入中國之時，已有博大精深的文化內涵，到了中國這個東方的文明古國，再經一千年的含英咀華，開展成為具有中國漢文化特色的漢傳佛教，不僅適應了漢文化、融入了漢文化、豐富了漢文化，也創新了漢文化、開拓了漢文化。所以漢傳佛教的文化內容，早已和中國人的哲學思想、歷史傳統、文藝表達、風俗習慣，不可分割，甚至也早已跟中國人的日常生活打成一片；不論你願不願意承認，不管你是不是覺察得到，也不一定要用佛教的專用名相，佛教已經是根深柢固的中國文化，那確是一樁事實。」可見佛教在中國已經發展出具有漢文化特色的漢傳佛教，而且也發展出大小十宗的學說，也就是小乘二宗的俱舍、成實；大乘八宗的律、三論、天台、法相、華嚴、禪、淨土、密。

中華佛學研究所以提倡推廣漢傳佛教為主要宗旨，近期將推出一系列以漢傳佛教典籍為主的校註出版計畫，將不定期地挑選漢傳佛教各宗祖師代表性著作，校註後給予出版以饗讀者祖師們的畢生結晶，不因年代久遠及文辭艱澀而無法順暢閱讀，特設立典籍叢刊以推廣漢傳佛教為中心目標。

釋果暉

中華佛學研究所所長

二〇一三年四月二十五日於法鼓山

校注序

大乘佛教在印度主要有中觀及瑜伽行學派兩大流，其經論學說於中國魏晉南北朝時期陸續翻譯傳到漢地，成為漢傳佛教的重要養分。然而，隋、唐之後的宗派佛教卻是以如來藏思想為大宗，印順法師《如來藏之研究》即說：「中國佛教是重經的，所以有『經富論貧』的評語。如來藏、佛性法門，傳到重經的中國來，受到中國佛教高度的讚揚。」職是，漢地歷代祖師大德便戮力將中觀的「法空」、瑜伽行的「法相」皆匯聚於如來藏的「法性」思想中，不僅展現了漢文化的融通特色，更影響了周遭諸邦的佛教信仰。而在漢傳佛教盛行的如來藏思想裡，其所依除了如《勝鬘經》、《如來藏經》等相關的經典之外，影響最鉅的應當分屬傳為馬鳴菩薩（一〇〇—一六〇）依《楞伽經》等百部大乘所造的《大乘起信論》。

《大乘起信論》在藏經中稱有二種譯本，一者是標為真諦三藏（四九九—五六九）譯的梁譯本，一則乃標為實叉難陀（六五二—七一〇）譯的唐譯本，其中又以前譯較為盛行，且注家也多著意於此。然而，關於《大乘起信論》的出現，早在隋代即有懷疑其譯者非真諦，乃至晚近日本研究者曾提出此論為漢地著述、非梵本翻譯等意見，皆引起對《起信論》的討論及質疑，雖說如此，亦不乏學者、大德支持《起信論》為印度撰述者，但不論其爭議如何，都無法抹滅《起信論》作為漢傳佛教重要的思想根據之一。

由於《大乘起信論》是透過「一心」、「二門」、「三大」建構了如來藏與眾生心關係的說明，又以「四信」、「五門」等拈出「返妄歸真」的修行旨趣，是一部架構完整，且理論與實踐並行的論著，因此受到漢傳佛教界高度的重視。自隋代之後，關於《大乘起信論》的注疏迭出，其中最富盛名的可謂唐代華嚴宗賢首法藏（六四三—七一二）的《大乘起信論義記》，此注經華嚴宗第五祖圭峰宗密（七八〇—八四一）加以科注後名《大乘起信論疏》，也成為華嚴宗人所推崇的《起信論》注疏本。然而，對初學者而言，要一窺《大乘起信論疏》深奧的義理並非易事，因此在教學的需求之下，明代憨山德清（一五四六—一六二三）便刪削《大乘起信論疏》整理成《大乘起信論疏略》，後又更直注而成《大乘起信論直解》，以是可見得憨山大師對《起信論》教學的注重，尤其在初學《大乘起信論》者而言，憨山大師的《大乘起信論直解》實是相當適合的入門讀物。

法鼓山中華佛學研究所秉承創辦人聖嚴法師弘揚漢傳佛教的職志，在所長果鏡法師的帶領下，戮力於漢傳佛教典籍的推廣，為了讓現代人更便於閱讀祖師大德的著作，挑選一系列漢傳佛教典籍校注出版。《大乘起信論》於漢傳佛教向來被視為佛學入門書籍之一，而學人於研究憨山大師思想時，深感兼具禪宗與華嚴宗傳承的憨山大師，在其佛學、世學的論述中，處處可見《起信論》思想之跡，閱讀大師相關資料亦常得益於其《大乘起信論直解》，因此便著意於《大乘起信論直解》的整理校注。

在校注此書時，賴有佛研所所長支持及所內組員協助校訂，從全文句讀、註解乃至版面設定都給予相當多寶貴意見，因此校注此書過程實為學人重要的學習經歷；此外，書籍出版經法鼓文化同仁的細心排版、校勘，這些都是令此校注本更臻美善的重要推手，誠為學人所銘感。

佛法特重於緣起，學人希望透過《大乘起信論直解》校注的出版，能成為學佛者深刻認識漢傳佛教的一緣起，更願見者、聞者皆能自信己心，生起大乘之正信。

蔡金昌
中華佛學研究所助理研究員
二〇二一年五月七日於法鼓山臺中寶雲別苑

《大乘起信論直解》校注說明

一、本書主要在校注明代憨山大師釋德清《大乘起信論直解》，對原文採取分段、新式標點符號句讀，俾便讀者閱讀。句讀部分參考〔明〕憨山德清著、界定點校《大乘起信論疏略　大乘起信論直解》（上海：上海書店出版社，二〇一八年）。

二、本書所根據的底本為《卍新纂大日本續藏經》（東京：株式会社国書刊行会，一九七五—一九八九。以下簡稱《卍新續藏》）第四十五冊，編號七六六之《大乘起信論直解》。

三、本書文字內容校正所依，有真諦譯《大乘起信論》（《大正新脩大藏經》（以下簡稱《大正藏》）第三十二冊）、憨山德清《大乘起信論疏略》（《卍新續藏》第四十五冊）、賢首法藏《大乘起信論義記》（《大正藏》第四十四冊）、賢首法藏疏、圭峰宗密注《大乘起信論疏》（以下簡稱《賢首疏》），《乾隆大藏經》第一四一冊）、長水子璿《大乘起信論筆削記》（《大正藏》第四十四冊）等。《大乘起信論直解》文字則另參照光緒十六年（西元一八九〇年）金陵刻經處刻本對校。

四、本書校正字須特別說明者，以本文當頁註解說明；其餘統一校正者，則列於校注說明，本文不再註出。

五、《大乘起信論直解》所引經論出處，皆透過《CBETA 電子佛典》二〇一八年版檢索，並註出紙本出處，方便讀者可回溯原典。

六、《大乘起信論直解》內文屬於《大乘起信論》文者，前方標以【論】；屬於憨山大師直解內容則於前標▍直解，讀者可由此區隔《起信論》本論及憨山大師的《直解》文。

七、《大乘起信論直解》原文概分為上、下卷，本書則根據原文科判次第分為八章，並於下列項目題名，以便讀者檢視內容，故不再分卷。

八、內文校正字說明：

已：原刻本作「巳」，據文義修訂。

己：原刻本作「已」，據文義修訂。

蓋：原刻本作「葢」，為異體字，據常用字修訂。

虛：原刻本作「虗」，為異體字，據常用字修訂。

但：原刻本作「伹」，據文義修訂。

修：原刻本作「脩」，為異體字，據常用字修訂。

淳：原刻本作「湻」，為異體字，據常用字修訂。
概：原刻本作「槩」，為異體字，據常用字修訂。
策：原刻本作「筞」，為異體字，據常用字修訂。

目次

漢傳佛教典籍叢刊總序　釋果鏡　003
校注序　005
《大乘起信論直解》校注說明　009

【壹】導論

《大乘起信論》與憨山德清《起信論直解》概述　蔡金昌　018
一、前言　018
二、阿黎耶識與《大乘起信論》的思想發展　022
三、憨山德清《起信論》注疏略說　038
四、憨山德清對《起信論》的詮釋特點　049
五、結語　085

【貳】卷首

〈刻《起信論直解》題辭〉 090
〈華嚴宗法界緣起綱要〉 095

【參】本文

第一章 釋題 104
一、題名 104
二、造論者名 107
三、譯者名 108
第二章 歸敬請加 110
一、釋歸命 110
二、釋歸佛寶 112
三、釋歸法寶 114
四、釋歸僧寶 116

五、述造論意 117
第三章 總論 119
一、論宗本 119
二、作論規製 120
第四章 釋因緣分（序分） 122
第五章 釋立義分（正宗分） 134
一、標宗體 134
二、示三大義 138
第六章 釋解釋分（正宗分） 140
一、顯示正義 141
二、對治邪執 289
三、分別發趣道相 301
第七章 釋修行信心分（正宗分） 333
一、四信 334

二、五門　337
三、示防退方便　369
第八章　釋勸修利益分（流通分）　372

【壹】

導論

《大乘起信論》與憨山德清《起信論直解》概述

中華佛學研究所助理研究員　蔡金昌

一、前言

《起信論》全名《大乘起信論》，傳為天竺馬鳴菩薩（一〇〇—一六〇）所造，❶漢譯標有〔梁〕真諦（四九九—五六九）譯本（舊譯）及〔唐〕實叉難陀（六五二—七一〇）的新譯本。自《起信論》出，歷來注家頗豐，除了印度的注疏傳有龍樹菩薩

❶智愷〈大乘起信論序〉云：「夫《起信論》者，乃是至極大乘甚深祕典，開示如理緣起之義……以其文深旨遠，信者至微。故於如來滅後六百餘年，諸道亂興、魔邪競扇，於佛正法毀謗不停。時有一高德沙門，名曰馬鳴，深契大乘，窮盡法性，大悲內融，隨機應現，愍物長迷，故作斯論……。」（真諦譯：《大乘起信論》，《大正藏》第三十二冊，頁五七五上。）

造《釋摩訶衍論》解釋《起信論》外，其他注疏本更是系出於中國佛教各大宗門，可見《起信論》影響中國佛教思想甚深，乃至被認為是學習中國佛教的「入門書籍」。❷

然而，關於《起信論》的作者、譯者以及成書問題，有隋代《法經錄》將其列入「眾論疑惑」中，❸迄今學術界對《起信論》的著作及翻譯仍爭論無定。據梁啟超（一八七三—一九二九）《大乘起信論考證．序》說，近代以日本學者松本文三郎（一八六九—一九四四）、望月信亨（一八六九—一九四八）、村上專精（一八五一—一九二九）等為代表，從史觀、文本義理發展諸角度認為《起信論》不僅非馬鳴所造，也不是真諦的譯品，應是中國本土的著作；而反對此論點的日本學者則有常盤大定（一八七

❷ 楊仁山說：「馬鳴大士撰《起信論》，貫通宗教，為學佛初階。不明斯義，則經中奧窔，無由通達。」（楊仁山：〈起信論真妄生滅法相圖跋〉，《楊仁山居士遺書》卷十八，《大藏經補編》第二十八冊，頁六三四下。）梁啟超也說：「吾儕治佛學者，一向皆以《起信論》為入門第一部教科書……。」（梁啟超：《大乘起信論考證．序》（臺北：臺灣商務印書館，一九七三年），頁五十。）

❸ 〔隋〕法經等撰《眾經目錄》卷五云：「《大乘起信論》一卷（人云真諦譯，勘《真諦錄》無此論，故入疑）。」（《大正藏》第五十五冊，頁一四二上。）

〇——一九四五）、羽溪了諦（一八八三——一九七四）等人。❹這股疑《起信》之風也從東瀛吹向漢地，代表是以復興法相唯識學的支那內學院歐陽竟無（一八七一——一九四三）及其學生王恩洋（一八九七——一九六四）為首，如王恩洋強烈批駁：「《起信論》非佛教論，背法性故，壞緣生故，違唯識故，如《金七十論》等。」❺而歐陽氏等人之論亦引起以太虛（一八八九——一九四七）為首，及其門下武昌佛學院陳維東（生卒年不詳）、唐大圓（一八八五——一九四一）及比丘會覺（一八九二——一九七一）諸士的不滿而為文互詰，如唐大圓就批評王恩洋說：「王君駁《起信》，喜將原文節縮，稍變其義，或潛改一二字以資攻難。若不檢尋原文，罔弗受其欺惑者。」❻值得注意的是，不論是歐陽氏的支那內學院，或是太虛大師的武昌佛學院集團，大抵都是從法相唯識學的理解及詮釋來對《起信論》進行討論，可見即便以同一宗見判攝，仍舊會有迥然不同的結論，而此二說至終也只能是各自表述。印順（一九〇六——二〇〇五）曾對這波以唯識

---

❹ 梁啟超：《大乘起信論考證．序》，頁二——四。

❺ 王恩洋：〈大乘起信論料簡〉，收於張曼濤主編：《現代佛教學術叢刊》第三十五冊《大乘起信論與楞嚴經考辨》（臺北：大乘文化出版社，一九八一年），頁一一五——一一六。

❻ 唐大圓：〈起信論解惑〉，收於張曼濤主編：《現代佛教學術叢刊》第三十五冊《大乘起信論與楞嚴經考辨》，頁一四一。

為主的爭辯有如是之論：

站在唯識學的立場，評論《起信論》的教理不對，這不過是立場的不同，衡量是非的標準不同，並不能就此斷定了《起信論》的價值。……我覺得，唯識學者對於《起信論》，應以討論、商榷的態度，不應以「同我則是，異我則非」的態度來否定《起信論》。然對於以唯識融會《起信論》，似乎也終於多此一舉。[7]

基本上，印順的立場是將《起信論》的來源以及其價值兩者分開來看。在《起信論》成書一方面，他多數是認同日本學者的學術考證，但他不認為論證《起信論》不是馬鳴菩薩造，抑或不是真諦三藏譯就抹煞了本論的價值，他說：「印度傳來的不一定都是好的……中國人作的不一定就錯。」[8]而梁啟超那種以《起信論》為「民族光榮」則屬於感性的另一種說法了。[9]

---

[7] 印順：《大乘起信論講記》（新竹：正聞出版社，二〇〇〇年），頁九—十。

[8] 印順：《大乘起信論講記》，頁八。

[9] 梁啟超說：「前此共指為二千年前印度大哲所撰述，一旦忽證明其出於我先民之手，吾之歡喜踴躍

執實而論，古來學者對《起信論》的疑慮多數是在造論者、譯者的問題上打轉，而晚近學者則是從法相唯識的角度予以分判或融會。雖然直至近人如日本學者大竹晉（一九七四—）於二〇一七年出版《大乘起信論成立問題の研究》，主張《起信論》為北朝不諳梵文的佛教學者，透過對菩提流支等人的譯作及如來藏思想的整合所造，[10]但這些爭論都未干涉到《起信論》影響中國佛教，甚至是世界佛教研究的實際意義，因此，與其在真偽的問題上去評價《起信論》，倒不如站在更宏觀的佛教思想發展歷程中，檢視《起信論》內在包含的一種開闊而融通的態度，及他所帶來對中國佛教修持上的重要指導。

二、阿黎耶識與《大乘起信論》的思想發展

若且以真諦三藏為《大乘起信論》的譯者來說，本論在中國的出現大約是南朝

乃不可言喻。……質而言之，此為印度文明與中國文明結婚所產生之胤嗣，而以克岐克嶷顯於世界。吾輩生千年後，覩此巨大崇貴之遺產復歸本宗，不能不感激涕流也。」（梁啟超：《大乘起信論考證・序》，頁五—六。）

[10] 大竹晉：《大乘起信論成立問題の研究》（東京：株式会社国書刊行会，二〇一七年），頁四八六—四八七。

（梁、陳），此時的中國佛教正處於經典翻譯及教義建立的階段。在此稍早的魏晉時期，般若學體系的「六家七宗」採用「格義」⓫的方法，多有對般若部經典中的「空」比附為玄學「無」的概念，直到鳩摩羅什（三四四—四一三）譯介了龍樹菩薩中觀思

⓫「格義」是魏晉時期為了理解從印度傳來的佛教經典，採用中國固有的儒、道名相（或玄學名相）來比擬佛經的名相事數，透過傳統文化的思想背景為橋樑，幫助詮釋外來的佛教思想。呂澂說：「原來般若學對於『性空』講得比較空泛，要揭示其內容，必須把『事數』（即名相）弄清楚……如用五蘊、十二處、十八界等來說明。為了解釋『事數』，起初有康法朗（與道安同時）、竺法雅（道安同學），後來有毘浮、曇相等，創造了『格義』的方法……即把佛書中的名相同中國書籍內的概念進行比較，把相同的固定下來，以後就作為理解佛學名相的規範。換句話說，就是把佛學的概念規定為中國固有的類似的概念。」（呂澂：《中國佛學源流略講》（臺北：里仁書局，一九九八年），頁四十九。）《高僧傳》卷四：「法雅，河間人，凝正有器度，少善外學，長通佛義，衣冠士子咸附諮稟。時依門徒並世典有功，未善佛理，雅乃與康法朗等，以經中事數擬配外書，為生解之例，謂之格義。」（慧皎：《高僧傳》，《大正藏》第五十冊，頁三四七上。）這種格義的方法雖然有助於比附性的理解，但往往容易背離佛經原意，因此道安（三一二—三八五）就曾批評「先舊格義於理多違」，並不贊同用格義的方法來解釋佛經。（《高僧傳》卷五，《大正藏》第五十冊，頁三五五上。）鳩摩羅什的弟子僧叡，更直陳格義及般若六家七宗的缺失：「自慧風東扇、法言流詠已來，雖曰講肆，格義迂而乖本，六家偏而不即。」（僧叡：〈毘摩羅詰堤經義疏序〉，收於僧祐：《出三藏記集》卷八，《大正藏》第五十五冊，頁五十九上。）

想的相關典籍，加以其高弟僧肇（三八四—四一四）等人闡發，對中觀般若的空性思想才逐漸有所掌握。而〔北魏〕菩提流支、勒那摩提等人翻譯世親菩薩的《十地經論》，〔北魏〕佛陀扇多、〔梁〕真諦分別譯出無著菩薩的《攝大乘論》，則開顯了在〔唐〕玄奘（六〇二—六六四）之前的古印度瑜伽唯識學。此時，大乘佛教的兩大教法，中觀及唯識可說已陸續譯介至中土。⑫

中觀般若學所強調的「空性」是萬法的體性，雖然聲聞教法與大乘教法對空性的詮釋著重點不同，但它可以說是佛教最重要的根本思想。瑜伽唯識則是站在空性的基礎上，探討萬法的相狀，認為各種現象的生起與眾生的心識有密切關係。南北朝時期在中國流行的瑜伽唯識思想，有依著《十地經論》為根據所立的地論師說，也有根據《攝大

⑫ 大乘佛教思想在印度的發揚，主要便是傳承龍樹菩薩的中觀思想，及彌勒菩薩（由無著、世親兄弟所傳）的瑜伽唯識思想兩大脈絡，一直到唐代義淨三藏（六三五—七一三）遊印所見，除了小乘教法外，大乘佛教仍不出此二，他在《南海寄歸內法傳》中說：「所云大乘，無過二種：一則中觀、二乃瑜伽，中觀則俗有真空，體虛如幻；瑜伽則外無內有，事皆唯識。斯並咸遵聖教，孰是孰非？同契涅槃，何真何偽？意在斷除煩惑，拔濟眾生，豈欲廣致紛紜，重增沈結？依行則俱昇彼岸，棄背則並溺生津。西國雙行，理無乖競，既無慧目，誰鑒是非？任久習而修之，幸無勞於自割。」（義淨：《南海寄歸內法傳》卷一，《大正藏》第五十四冊，頁二〇五下。）

乘論》所立的攝論師說，他們都體現了從討論萬法的「空性」轉向「心性」的脈絡。

（一）阿黎耶識與第九識

大乘唯識教理是立基在聲聞教法中的「十八界」⓭，從而建立了「根本識」（阿黎耶識）的概念。就唯識學的看法，我們在此生所有的造作，必須要有一個能夠執持這些業的「識」，讓此生所造的業種子能夠被保留並持續到未來世中，成為未來世的善惡果報。但是眼等六識在一期生命結束的時候，就會隨著眼等六根消逝，而失去能夠執持「業種子」的功能，所以必然另有別於六識之外者存續。根據這個理路，今生所受的各種果報，也是由過去造作的業所延續，而對於果報承續的主體，唯識學便安立了「阿黎耶識」來擔當這樣的職能，如《攝大乘論》云：「若略說阿黎耶識體相，是果報識，是一切種子。由此識攝一切三界身，一切六道四生皆盡。」⓮然而，在舊唯識學的《地

⓭ 十八界包含了自身的六根（眼、耳、鼻、舌、身、意）、六根所緣的外境（色、聲、香、味、觸、法），以及能夠了別的六識（眼識、耳識、鼻識、舌識、身識、意識），這三類的組合又稱為「根、塵、識」。《阿毘達磨俱舍論》卷一〈分別界品〉：「如是一身，或一相續有十八類諸法種族，名十八界。」（世親造、玄奘譯：《阿毘達磨俱舍論》，《大正藏》第二十九冊，頁五上。）

⓮ 真諦譯：《攝大乘論》卷一，《大正藏》第三十一冊，頁一一五中。

論》及《攝論》雖然都安立阿黎耶識作為眾生輪迴的主體，但對阿黎耶識的屬性卻有著迥然相異的見解。

舊唯識學對「阿黎耶識」的不同認知，主要在其本質為清淨或染汙的問題上，也就是眾生在依於阿黎耶識為主體的狀態下，修行成佛的依據——佛性，是屬於「本有」還是「始有」？事實上，這個爭議在地論師道分南北時就已經發生。《續高僧傳》提到：「初勒那三藏教示三人，房、定二士授其心法；慧光一人偏教法律。菩提三藏惟教於寵，寵在道北教牢宜四人；光在道南教憑、範十人。故使洛下有南、北二途，當、現兩說自斯始也。」⑮可知在菩提流支與勒那摩提翻譯《十地經論》並傳授其義理時，對阿黎耶識的本質理解業已出現歧見，⑯直至後來的攝論師仍然在探討這個問題。

真諦譯《攝大乘論》對阿黎耶識本質的主張是很明確的，阿黎耶識執持世間種子為果報識，本身並沒有出世間無漏善法的體性，因此清淨的善法種子乃是「新熏」而有：

---

⑮ 道宣（五九六—六六七）：《續高僧傳》卷七，《大正藏》第五十冊，頁四八二下。呂澂云：「道宣說的『現』就是本有，『當』就是始有。」（呂澂：《中國佛學源流略講》，頁一五二。）

⑯ 法雲（一〇八八—一一五八）《翻譯名義集》卷六云：「天親菩薩造《十地論》，翻至此土南、北各計。相州南道計梨耶為淨識，相州北道計梨耶為無明，此乃南、北之殊也。」（《大正藏》第五十四冊，頁一一五九中—下。）

此出世心昔來未曾生習，是故定無熏習。若無熏習，此出世心從何因生？汝今應答：最清淨法界所流正聞熏習為種子故，出世心得生。此聞慧熏習，為與阿黎耶識同性、為不同性？若是阿黎耶識性，云何能成此識對治種子？若不同性，此聞慧種子以何法為依止？至諸佛無上菩提位，是聞慧熏習生，隨在一依止處，此中共果報識俱生，譬如水乳。此聞熏習即非本識，已成此識對治種子故。此中依下品熏習中品熏習生，依中品熏習上品熏習生。何以故？數數加行聞思修故。是聞熏習若下中上品，應知是法身種子，由對治阿黎耶識生，是故不入阿黎耶性攝，出世最清淨法界流出故，雖復世間法成出世心。何以故？此種子出世淨心未起時，一切上心惑對治、一切惡道生對治、一切惡行朽壞對治，能引相續令生是處，隨順逢事諸佛菩薩。此聞熏習雖是世間法，初修觀菩薩所得，應知此法屬法身攝。⑰

《攝大乘論》解釋眾生「阿黎耶識」含藏世間有漏煩惱的種子，能引生眾生輪轉生於六道；出世間善法種子則是「最清淨法界所流正聞熏習」，乃眾生值遇諸佛、菩薩聽聞

---

⑰ 真諦譯：《攝大乘論》卷一，《大正藏》第三十一冊，頁一一七上。

教法新熏而得，成為對治阿黎耶識的種子，當然不屬於阿黎耶識的體性。⑱因此，在阿黎耶識為雜染的前提下，清淨種子正是為了對治阿黎耶識，當阿黎耶識染汙種子完全清淨，其體性才能夠轉變。是故，攝論師引用《楞伽經》「八九種種識，如水中諸波。依熏種子法，常堅固縛身」⑲說在第八阿黎耶識外尚有第九清淨識。

真諦譯《決定藏論》對第八、九識解釋到：

一切行種煩惱攝者，聚在阿羅耶識中。得真如境智，增上行故、修習行故斷阿羅耶識，即轉凡夫性、捨凡夫法，阿羅耶識滅，此識滅故一切煩惱滅。阿羅耶識對治故，證阿摩羅識。阿羅耶識是無常、是有漏法；阿摩羅識是常、是無漏法。得

---

⑱ 關於《攝大乘論》中阿黎耶識的種子是「本有」抑或「新熏」的問題，聖凱是從「有漏種」與「無漏種」兩方面來討論，他說：「我們認為，《攝論》的『新熏說』是針對無漏種而言，但是在有漏種上則是『本有新熏合說』。因為，有漏種是經驗與現實的層面，即使存在著本有種，也不會與『新熏說』存在著矛盾，如玄奘將『本有名言熏習種子』譯為『舊熏習』，也能說明這一點。」（聖凱：《攝論學派研究》（北京：宗教文化出版社，二〇〇六年），頁一一八。）

⑲ 菩提留支譯：《入楞伽經》卷九，《大正藏》第十六冊，頁五六五中。

真如境道故，證阿摩羅識。[20]

此中「阿羅耶識」即第八阿黎耶識，乃「一切行種煩惱攝」，當行者斷滅阿羅耶識，則滅諸煩惱證入第九清淨無漏的「阿摩羅識」。從《決定藏論》的敘述看來，阿羅耶識（阿黎耶識）與阿摩羅識，一是無常的有漏法，一則是常而無漏的真如，兩者體性迥別。不過，雖說八、九兩識的體性全然不同，但事實上攝論師並非將其概分為無關的兩種識看待，而是與瑜伽行思想提及由染而淨的「轉依」相涉，如《攝大乘論釋》云：

如世間離欲人，於本識中不靜地煩惱及業種子滅，靜地功德善根熏習圓滿，轉下界依成上界依。出世轉依亦爾，由本識功能漸減，聞熏習等次第漸增，捨凡夫依作聖人依。聖人依者，聞熏習與解性和合。以此為依，一切聖道皆依此生。[21]

從《攝論釋》文可知，凡夫原本所依的是本識（阿黎耶識）的煩惱及業種子，當其透過

[20] 真諦譯：《決定藏論》卷上，《大正藏》第三十冊，頁一〇二〇中。

[21] 真諦譯：《攝大乘論釋》卷三，《大正藏》第三十一冊，頁一七五上。

「聞熏習」修持離欲解脫聖道時，則逐漸滅滅本識的業種子，從「凡夫所依」的業煩惱轉變為「聖人所依」的「聞熏習與解性和合」，綰合《決定藏論》的概念，也就是從阿黎耶識有漏的體性轉變為阿摩羅識的無漏體性。

然而，在阿黎耶識有漏滅盡轉成無漏阿摩羅識之前，「正聞熏習」的清淨善法種子與阿黎耶識之間的關係為何？《攝論釋》說聞熏習的功能是：「雖與本識不同性，而與本識俱生。」㉒此意為清淨的「聞熏習」與不同性的本識「阿黎耶」乃是「俱生」的狀態，印順梳理這個概念說：

> 法身所攝的聞熏習，在唯識學中，該是不易理解的問題。……但有漏沒有盡淨，無漏的種現（聖位），依於什麼？或有了聞熏習，還沒有現起無漏種現以前（凡位），那有漏的聞熏習種，又依於什麼？《攝大乘論》說：雖與阿賴耶識和合俱轉，而實是法身所攝，也可說依於法身。究竟法身在佛地，約識說，名阿摩羅識；約界說，是無漏界（或說「淨無漏界」，或說「究竟無漏界」）；是究竟的圓滿轉依。……《決定藏論》稱此如如智證無差別性為阿摩羅識，「作聖道依

㉒ 真諦譯：《攝大乘論釋》卷三，《大正藏》第三十一冊，頁一七三中。

因」；也就是法界為一切聖道依止因。在沒有現證以前呢？聞熏習也還是法身所攝，也可說依於法界。……如在奘傳的唯識學中，把法身、法界，作無漏無為性去解說，那有漏聞熏依法身，不等於有漏有為依無漏無為嗎？嚴密的唯識學，在這個問題上，顯得矛盾而混亂！㉓

此外，他在講釋唐譯《攝大乘論》時也說：

正法是真實性的等流，聞熏習又是正法的熏習，所以雖是世間的，卻能引發真實性的無分別智，復能悟入諸法的真實性。這與平常的有漏無漏的觀念，略有點不同。現在是說：一個向生死流轉的遍計、依他性路走，一個向出世真實性的路走，就是在向生死流的心中，發生一個向清淨真實性反流的動力，漸漸把它拉轉來。本論但建立新熏，不說本有。這不是有漏唯生有漏、無漏唯生無漏的見解所能理解的。㉔

㉓ 印順：《以佛法研究佛法》（新竹：正聞出版社，二〇〇〇年），頁二九四—二九五。

㉔ 印順：《攝大乘論講記》（新竹：正聞出版社，二〇〇〇年），頁一三六。

就印順的解說，《攝大乘論》的本識新熏「聞熏習」之後，有著清淨的逆生死流力量，但「聞熏習」雖是世間但卻攝屬於法身、法界，而非阿黎耶識本有，㉕這與認為阿黎耶識本具清淨面向的見解是不同的。只是，就真諦譯《攝論釋》所說的阿黎耶識雖然以有漏體性為其基礎，卻還有「以解為性」的特色，這就造成了阿黎耶識具備「淨分」也就是「解性黎耶」的可能性。

（二）解性黎耶

關於阿黎耶本識「解性」的意義，真諦譯《攝大乘論釋》云：「此即此阿黎耶識界，以解為性。此界有五義：一、體類義，一切眾生不出此體類，由此體類眾生不異。二、因義，一切聖人法、四念處等，緣此界生故。三、生義，一切聖人所得法身，由信樂此界法門故得成就。四、真實義，在世間不破，出世間亦不盡。五、藏義，若應此法

㉕ 又印順云：「真諦譯說：『聞熏習次第漸增，捨凡夫依，作聖人依。聖人依者，聞熏習與解性和合，以此為依，一切聖道皆依此生』。依真諦意，『十解（即十住）以上是聖人』。聖人證入法界，聞熏習與解性和合，即聞熏攝在法界，生起一切聖法。是則聞熏習寄在阿梨耶識，而證悟法界以上，實依阿梨耶識之性淨法界。」（印順：《華雨集（四）》（新竹：正聞出版社，一九九八年），頁三〇二。）

自性善故成內，若外此法雖復相應則成縠。」[26]釋論中舉陳阿黎耶識「界」之五義，印順指出真諦是引《勝鬘經》如來藏的五藏說，而聖凱則說是引用了《佛性論》解釋如來藏「如意功德性」五義，其來源也是《勝鬘經》之「五藏」，[27]那麼，阿黎耶識的「以解為性」就連結到了「如來藏」說。

如來藏思想與瑜伽行說最大的不同處，即在於肯認「自性本來清淨」的面向，如淨影慧遠（五二三—五九二）說：「於本識中，佛性真心，名為解性。解性受彼淨法熏成淨種子，淨種成已，熏於無明，無明轉薄。」[28]明確說到「解性」就是存在阿黎耶本識中的「佛性真心」，因為本識具有「解性」，才能透過「聞熏習」而熏成清淨種子，並由淨種熏染本識的無明（煩惱），使無明轉薄。因此，「解性」並不是由「聞熏習」之後才得的，淨影慧遠的說釋很明顯與《攝論》的理路不同，他認為阿黎耶本識在未受到「聞熏習」之前就有「解性」，如此則這個「解性」並非新熏，而是阿黎耶本有的「佛性」。

---

[26] 真諦譯：《攝大乘論釋》卷一，三，《大正藏》第三十一冊，頁一五六下。

[27] 參見印順：《以佛法研究佛法》，頁二九三。聖凱：《攝論學派研究》，頁三三五。

[28] 淨影慧遠：《大乘義章》卷三，《大正藏》第四十四冊，頁五三五上。

那麼，既然在《攝論》定義阿黎耶識是有漏染汙識，《攝論釋》卻又說其「以解為性」，就產生了阿黎耶識有染也有淨的問題。印順認為，在印度大乘佛教的唯心思想發展中，本就有真心派與妄心派兩路，㉙這兩派分別以阿黎耶的內涵是如來藏清淨心或雜染妄識為其特色，㉚並說：「真諦將如來藏學糅入瑜伽學，如《攝大乘論釋》；將瑜伽學糅入如來藏學，如《佛性論》：真諦存有調和二系的意圖。」㉛而這種真、妄調和的思想，尤以《大乘起信論》為最顯著的作品。㉜

㉙ 參見印順：《唯識學探源．自序》（新竹：正聞出版社，二〇〇〇年），頁二—四。

㉚ 印順說：「妄心派以妄識為中心的，這又以妄識的細心賴耶為主體，賴耶與妄染的種子無異無雜（也有不一義），而清淨種子卻寄於其中，不就是賴耶，也不離賴耶，說它是非一非異。真心派是以清淨的心性（如來藏）為中心，這現起虛妄的在纏真心，也可以叫做阿賴耶。」（印順：《攝大乘論講記》，頁一三八—一三九。）

㉛ 印順：《華雨集（五）》（新竹：正聞出版社，一九九八年），頁一一四—一一五。

㉜ 如印順說：「北土唯心論，有法性為依持（如來藏說）、阿黎耶識為依持之諍，『大乘起信論』頗能統一而調和之。」（印順：《華雨集（四）》，頁三〇七。）釋恆清也說：「而《大乘起信論》更是瑜伽和真常二學派對人性本質探討的大融合。生滅的阿賴耶和清淨的如來藏已是和合非一非異的密切關係了。」（參見釋恆清：〈大乘起信論的心性論〉，《國立臺灣大學哲學評論》第十二期（一九八九年一月），頁二三三。）

（三）真妄和合

《大乘起信論》的架構主要是從「一心」、「二門」及「三大」所開展，究而言之，實則「二門」與「三大」皆為「一心」（如來藏心）之開顯，故此《論》在學界被判屬於闡述如來藏緣起的「如來藏系」論典。真諦譯《大乘起信論》對「一心二門」義的敘述是：

依一心法，有二種門。云何為二？一者、心真如門，二者、心生滅門。是二種門，皆各總攝一切法。此義云何？以是二門不相離故。心真如者，即是一法界大總相法門體。所謂心性不生不滅，一切諸法唯依妄念而有差別，若離妄念則無一切境界之相。是故一切法從本已來，離言說相、離名字相、離心緣相，畢竟平等、無有變異、不可破壞。唯是一心故名真如……心生滅者，依如來藏故有生滅心，所謂不生不滅與生滅和合，非一非異，名為阿梨耶識。[33]

《起信論》所說的阿梨耶識是「不生不滅與生滅和合」的狀態，並不是體性有漏的染汙

[33] 真諦譯：《大乘起信論》，《大正藏》第三十二冊，頁五七六上—中。

識，這與《攝大乘論》的思想有根本的差異。不僅如此，《起信論》的和合識主要還是依於「如來藏」而有，且如來藏心的本質是「不生不滅」的心性，由此可知，《起信論》的心性思想是著重在「一心真如」、「清淨心」的面向。

換句話說，《攝大乘論》認為無漏種子是新熏，而《起信論》則以為自心本來具有真如。那麼，在眾生自心既然本具真如卻有煩惱的問題上，《起信論》便從「體」、「相」兩個層面來解釋。真如是「一法界大總相法門體」當屬不生不滅的本體，相對於此，生滅現象並非心體的本質而是攝屬於「相」，體、相和合，非一非異，《起信論》於是譬喻：

> 以一切心識之相皆是無明，無明之相不離覺性，非可壞非不可壞。如大海水因風波動，水相風相不相捨離，而水非動性，若風止滅動相則滅，濕性不壞故。[34]

對於非生滅的「真如」說其本來為「覺」，依於「覺」而說有生滅無明的「不覺」，[35]

[34] 真諦譯：《大乘起信論》，《大正藏》第三十二冊，頁五七六下。

[35] 如《起信論》云：「法界一相即是如來平等法身，依此法身說名本覺。何以故？本覺義者，對始覺

然而「無明」只是「心識之相」，雖如風擾動大海水般產生煩惱，但海水濕性（真如體、覺性）卻不曾滅滅。淨影慧遠即曾以「真如門」為「阿摩羅識」、「生滅門」為「阿黎耶識」詮釋道：「一、阿摩羅識，此云無垢，亦曰本淨。就真論真，真體常淨，故曰無垢，此猶是前心真如門。二、阿梨耶識，此云無沒。即前真心，隨妄流轉，體無失壞，故曰無沒。故《起信論》言，如來之藏，不生滅法與生滅合，名為阿梨耶。」[36]以是可見，在真、妄心識的兩路之外，《起信論》確實能開出真、妄和合的一系，綰合攝論師說第八識與第九識成為「生滅門」與「真如門」，有機地收束在「如來藏心」之中。

《起信論》出，對中國佛教思想的影響即開始發生，尤其隋、唐之後佛教的心性學說幾乎無不受到《起信論》啟發，如楊維中說：「《大乘起信論》的出現，並非一個偶然的事件，它是印度佛教長期發展的必然結果。不管將其看作中國撰述，還是印度作

義說，以始覺者即同本覺。始覺義者，依本覺故而有不覺，依不覺故說有始覺。」（《大正藏》第三十二冊，頁五七六中。）

36 淨影慧遠：《大乘義章》卷三，《大正藏》第四十四冊，頁五三〇中。

品，都不應該否認印度佛教之中曾經出現過如來藏思想與唯識學合流的情形。」[37]《起信論》思想可說繼承印度佛教發展的趨勢，又展現中國思想圓融的需求，因此，經過唐、宋佛教發展，中國佛教在晚明興起的調和、合會風潮，《起信論》思想就起了很大的作用。以下即針對晚明憨山德清（一五四六—一六二三）的《起信論》註解為主，略述其詮釋《起信論》的特出之處。

三、憨山德清《起信論》注疏略說

在晚明中國佛教復興的聲浪中，「思想和會」成為一個重要的現象，對教外主張儒、道、釋的「三教調和」，對教內則重視「性相融會」，這於當時著名的佛教領袖雲棲袾宏（一五三二—一六一二）、達觀真可（一五四三—一六〇三）、憨山德清及蕅益智旭（一五九九—一六五五）等人身上都可見這樣的特點。[38]尤其德清以僧人的立場註

[37] 楊維中：〈本淨、本寂與本覺——論中國佛教心性論的印度淵源〉，《普門學報》第十一期（二〇〇二年九月），頁八。

[38] 四人常被同稱為「明末四僧」或「明末四大師」，然而其中蕅益智旭雖生於明神宗萬曆二十七年

解《老子》、《莊子》、〈大學〉、〈中庸〉，更於〈觀老莊影響論〉中明言：「孔子，人乘之聖也，故奉天以治人；老子，天乘之聖也，故清淨無欲，離人而入天。」[39]乃至說道：「若以三界唯心、萬法唯識而觀，不獨三教本來一理，無有一事一法，不從此心之所建立；若以平等法界而觀，不獨三聖本來一體，無有一人一物，不是毗盧遮那海印三昧威神所現。」[40]這種和會思想尤其流露於他對教內各宗的判攝。德清認為：「佛說一大藏教，只是說破三界唯心、萬法唯識，及佛滅後，弘法菩薩解釋教義，依唯心立性宗、依唯識立相宗，各豎門庭，甚至分河飲水，而性、相二宗不能融通，非今日

（一五九九），其活動時間已至清初。聖嚴《明末佛教研究》說：「所謂明末，主要是指明神宗的萬曆年間（西元一五七三——一六一九年），可是，有些人生於萬曆之前，活躍於萬曆初年，有些人生在萬曆年間，活躍於萬曆年間，有些人生於萬曆末期，卻活躍於萬曆之後。明朝亡於西元一六六〇年，而本文研究的人物，以其生歿年代的起歿計算，則自西元一五〇〇至一七〇二年，最遲的時代雖及清代，仍是生於萬曆年代的人。」（聖嚴：《明末佛教研究》（臺北：法鼓文化，二〇〇〇年），頁十二。）依是仍可將蕅益智旭置於明末佛教人物而論。

[39] 憨山德清：〈觀老莊影響論．論教乘〉，收於福善日錄、通炯編輯：《憨山老人夢遊集》卷四十五，《卍新續藏》第七十三冊（東京：株式会社国書刊行会，一九八四年），頁七六七下。

[40] 憨山德清：〈觀老莊影響論．論教乘〉，收於福善日錄、通炯編輯：《憨山老人夢遊集》卷四十五，《卍新續藏》第七十三冊，頁七六七中。

矣！唯馬鳴大師作《起信論》，會相歸性。」[41]性、相二宗所偏重的教義本就不同，然而彼此之間又互爭高下，各論己宗才符合於佛法「正義」、「了義說」，評他宗之論都只是「權說」、「不了義說」，致使原本已漸衰微的佛教內部更起衝突，是故德清便推揚傳為馬鳴菩薩造的《起信論》以融通性、相二宗。

關於《起信論》的解釋，除了標為龍樹菩薩造的《釋摩訶衍論》相傳是印度的《起信論》註釋書外，在《起信論》譯出之後，中國歷代皆不乏注疏之作，這當中特別以〔隋〕淨影慧遠《大乘起信論義疏》四卷、〔唐〕新羅元曉（六一七—六八六）《起信論疏》二卷（以下簡稱《海東疏》）及賢首法藏（六四三—七一二）《大乘起信論義記》三卷為著名的《起信論》三疏。法藏為華嚴宗三祖，於《義記》之餘還撰作了《大乘起信論別記》，後華嚴宗五祖圭峰宗密（七八〇—八四一）則根據法藏《義記》以為科注成《大乘起信論疏》四卷（以下簡稱《賢首疏》），使得法藏之疏得以發揚，成為《起信論》三疏中最廣為人知的一幟，對後代的《起信論》註解書影響也最大。

然而，由於宗密科注本的廣泛流傳，相對使得法藏《義記》的原貌已然失真，清末楊文會（一八三七—一九一一）在日本求得《義記》別行古本刊刻，由是批評宗密《大

[41] 憨山德清：《百法明門論論義》，《卍新續藏》第四十八冊，頁三〇八上。

乘起信論疏》的缺失：「近年求得古逸內典於日本，自六朝以迄元、明，凡數百種。內有《起信論義記》，以十門開釋，始知圭峰刪削頗多，致失原本規模。然經日本僧徒和會，仍不免割裂之病，求之數年，復獲別行古本，真藏公原文也。」㊷執實而論，楊文會關注的是恢復法藏《起信論義記》的原文，宗密則是據法藏之說而鋪衍，他的「刪削本」竟為往後研究理解法藏關於《起信論》的思想所本，故宗密之後的《起信論》注疏等皆以其為主流，這也是不爭的事實。由此，應當了解晚明注家所謂的法藏《疏》本，實則應為宗密本。

晚明四師幾乎都曾經弘揚、研究，甚至為《起信論》做過註解，如袾宏編輯宗密《起信論疏》㊸、德清著有《大乘起信論疏略》及《大乘起信論直解》、智旭撰作《大乘起信論裂網疏》㊹等即可見一斑。此外，晚明的《起信論》注疏尚有真界幻居（？

㊷ 楊文會：〈會刊古本起信論義記緣起〉，收於《楊仁山居士遺書》卷十八，《大藏經補編》第二十八冊，頁六二四下。

㊸ 楊文會說：「藏內《賢首疏》五卷，人皆病其割裂太碎，語意不貫，蓋圭峰科會之本也。蓮池重加修輯，刻於雲棲。」（楊文會：〈會刊古本起信論義記緣起〉，收於《楊仁山居士遺書》卷十八，《大藏經補編》第二十八冊，頁六二四下。）

㊹ 智旭所著的《大乘起信論裂網疏》乃疏解（唐）實叉難陀新譯之《大乘起信論》，亦為現存收錄於

一五八九—？）《大乘起信論纂註》、廬山正遠（？—一六一四？）《大乘起信論捷要》、一雨通潤（一五六五—一六二四）《大乘起信論續疏》等則皆入於藏。下文主要就德清的《起信論》註解兩作略加討論。

在明末佛教衰微的情形下，諸師中興之勢屢見，其中德清為恢復佛教而戮力講學，著作甚豐，經疏涵蓋《楞伽》、《楞嚴》、《圓覺》、《法華》、《金剛》乃至《華嚴》，論疏則涉關《百法》、《八識規矩》、《肇論》及《起信論》。根據《憨山老人自序年譜實錄》（以下簡稱《年譜實錄》）所說，德清是在七十歲時纂成《大乘起信論疏略》，㊺而七十五歲時因侍者虛中廣益（生卒年不詳）請法，撰述了《起信論直

《大正藏》中唯一的新譯《起信論》之註解本。

㊺ 依《年譜實錄》記載，萬曆四十三年乙卯（一六一五），德清七十歲纂作《起信略疏》（即《大乘起信論疏略》），是歲亦講授《楞嚴經通議》及著《法華通義》。《年譜實錄》下云：「四十三年乙卯：予年七十，春為眾講《楞嚴通議》，夏四月著《法華通義》，以雖有二節，全文尚未融貫，故重述之，五十日稿成。纂《起信略疏》。」（福善、通炯日錄：《憨山老人自序年譜實錄》下，收於福善日錄、通炯編輯：《憨山老人夢遊集》卷五十四，《卍新續藏》第七十三冊，頁八四四中。）

解》，[46]由是在德清七十八歲示寂之前，除了常為徒眾講授《起信論》外，便留下了這兩部相關著作。

事實上，德清的內典撰著常有「述而不作」的特色，這與其寫作目的有密不可分的關係，綜觀他詮解內典略有兩個面向：一則為自己的修證體悟結合經教以驗者；二則為他人請託或講說佛教義理之所需者。前者可從他的《楞嚴經》述作緣由得見：

> 一夕靜坐夜起，見海湛空澄，雪月交光，忽然身心世界，當下平沉，如空華影落，洞然壹大光明藏，了無一物。即說偈曰：「海湛空澄雪月光，此中凡聖絕行藏，金剛眼突空華落，大地都歸寂滅場。」即歸室中，取《楞嚴》印正。開卷即見汝身汝心，外及山河虛空大地，咸是妙明真心中物，則全經觀境，了然心目。隨命筆述《楞嚴懸鏡》一卷，燭才半枝，已就。時禪堂方開靜，即喚維那入室，

---

[46] 《年譜實錄》下云：「四十八年庚申（即泰昌元年）：予年七十五，春課餘，侍者廣益請重述《起信》、《圓覺》直解、《莊子內七篇注》。」（《憨山老人夢遊集》卷五十四，《卍新續藏》第七十三冊，頁八四五中。）

為予讀之，自亦如聞夢語也。[47]

萬曆十四年（一五八六），德清四十一歲時於東海牢山（嶗山，位於今青島市）禪修大悟，乃取《楞嚴經》印證悟境，了達內情、外器世界都為妙明真心所顯，以此而述為《楞嚴懸鏡》，他說：「原夫《首楞嚴經》者，乃諸佛之祕藏，修行之妙門，迷悟之根源，真妄之大本。而其所談，直指一味清淨如來藏真心為體。」[48]德清認為《楞嚴經》的主旨便在指陳「迷悟之根源，真妄之大本」，也就是「清淨如來藏真心」，其實與《起信論》「一心二門」的「如來藏心」如出一轍。[49]

相較於以經教驗證體悟，德清為他人敘講的內容則實為其著作之大宗。諸如《般

---

[47] 《年譜實錄》上，《憨山老人夢遊集》卷五十三，《卍新續藏經》第七十三冊，頁八三八中—下。

[48] 憨山德清：《首楞嚴經懸鏡・序》，《卍新續藏經》第十二冊，頁五一〇中。

[49] 真諦譯《大乘起信論》云：「依一心法，有二種門。云何為二？一者、心真如門，二者、心生滅門。是二種門，皆各總攝一切法。」（《大正藏》第三十二冊，頁五七六上。）又云：「心生滅者，依如來藏故有生滅心，所謂不生不滅與生滅和合，非一非異，名為阿梨耶識。」（《大正藏》第三十二冊，頁五七六中。）

若心經直說》[50]、《楞嚴經通議》[51]、《觀楞伽經記》[52]、《法華經擊節》[53]、《性相通說》[54]、《起信論直解》、《圓覺經直解》等皆有以發意請法或講述因緣而作。依是可

---

[50] 《年譜實錄》上：「（萬曆）十五年丁亥：予年四十二，是年修造殿宇，始開堂為眾說戒。自是四方衲子日益至，為居士作《心經直說》。」（《憨山老人夢遊集》卷五十三，《卍新續藏》第七十三冊，頁八三八下。）

[51] 《年譜實錄》上：「（萬曆）十六年戊子：予年四十三，時學人讀予《楞嚴懸鏡》，請曰：『此經心觀具明，第未全消文字，恐後學不易入，願字字消歸觀心，則莫大之法施也。』予始創意述《通議》，已立大旨，然猶未屬稿。」（《憨山老人夢遊集》卷五十三，《卍新續藏》第七十三冊，頁八三八下。）

[52] 《年譜實錄》下：「（萬曆）二十四年丙申：予年五十一，春正月過文江，訪鄒南皐給諫。廬陵大行王性海禮予江上，請注《楞伽》。」（《憨山老人夢遊集》卷五十四，《卍新續藏》第七十三冊，頁八四〇下。）

[53] 《年譜實錄》下：「（萬曆）二十六年戊戌：予年五十三。……將擬大慧冠巾說法，乃集遠來法侶，并法性寺菩提樹下諸弟子：通岸、超逸、通炯等數十人誦《法華經》。為眾講之，至〈現寶塔品〉恍悟佛意要指，娑婆人人目前即華藏也，然須三變者，特為劣根漸示一班耳。古人以後六品，率為流通，亦未見佛意耳，遂著《法華擊節》。」（《憨山老人夢遊集》卷五十四，《卍新續藏》第七十三冊，頁八四一中。）

[54] 《年譜實錄》下：「（萬曆）四十四年丙辰：予年七十一。……十九日，為達大師作荼毗佛事。先

知，德清的經教註解幾為教學解義之用，而他的兩部《起信論》註解亦復如是。

（一）《大乘起信論疏略》

德清在七十歲纂作的第一部《起信論》註解，《年譜實錄》裡名其為《起信略疏》，無論稱為「略疏」或「疏略」都表明了此作是根據《起信論疏》而來。德清自己說明此作所採者，云：「賢首本《疏》精詳，但科段少隔，故刪繁從略，間會《記》義，不別出文，貴成一貫，故云《疏略》。」55他既是以賢首法藏《疏》（實為宗密本）為底本，又參照了北宋長水子璿（九六五——〇三八）《起信論疏筆削記》（以下簡稱《長水記》）的義理，經過「刪繁從略」後以成《疏略》，因此根本上是延續著華嚴宗說的理路。

對比宗密本《賢首疏》、子璿《長水記》與德清《起信論疏略》可見，德清本的兩

為文以祭之，預定是日無爽，識者異之。二十五日，手拾靈骨藏於文殊臺，弟子法鎧隨建塔，予為塔上之銘，以盡生平法門之義焉，遂留度歲。時為禪堂衲子小參，有《參禪切要》。鎧公請益相宗，為述《性相通說》。」（《憨山老人夢遊集》卷五十四，《卍新續藏》第七十三冊，頁八四四中—下。）

55 憨山德清：《大乘起信論疏略》卷上，《卍新續藏》第四十五冊，頁四四四中。

卷中，上卷基本是承襲宗密本而略刪其文，解釋重在簡潔；下卷則多處採用《長水記》的內容以為補充。但由於《起信論疏略》「不別出文」，故甚少德清在詮釋方面的特殊處或個人見解，這也引起後人對此作價值的質疑，如日僧覃思（？—一六六六？）曾說：「且《起信》一論也，賢首、長水二家窮源盡委，無復餘蘊也，以此《疏略》監諸二家，存什一於千百，恐人以為有遺漏乎。」[56]亟言《賢首疏》、《長水記》對《起信論》的疏解已是相當完備，《疏略》既是依著二本而更略，學者難免有掛一漏萬的疑慮。不過，若就著教學而言，要令初學一蹴即依賢首、長水二疏而入於《起信論》，也有其名相繁複之難處，所以覃思終究提醒讀者「蓋讀此《疏》，莫以略為不足」[57]，是知他仍認為略本的成立對引導學者有一定的貢獻。

---

[56] 覃思：〈起信論疏略序〉，收於《大乘起信論疏略》卷上，《卍新續藏》第四十五冊，頁四四三下。

[57] 覃思：〈起信論疏略序〉，收於《大乘起信論疏略》卷上，《卍新續藏》第四十五冊，頁四四三下。

（二）《大乘起信論直解》

德清的另一個《起信論》註解本《起信論直解》雖然也是奠定於《賢首疏》的基礎上，然而並不是再次對《賢首疏》刪繁從略的作品，他採取更直捷的方式來做詮釋，著重於深入淺出的「義解」，關於《直解》與《疏略》的撰作差異，德清說：

> 賢首舊《疏》，科釋最為精詳，加之《記》文浩瀚，學者望洋，杳莫可究。予嘗就本《疏》，少刪其繁，目為《疏略》，業已刻雙徑，率多尊崇。頃念法門寥落，講席荒涼，初學之士，既無師匠可憑，己眼不明，非仗此《論》，無以入大乘生正信，將恐久而無聞焉。山居禪悅之暇，因祖舊章，率意直注本文，貴在一貫，不假旁引枝蔓。[58]

德清所祖述的「舊章」即是「賢首舊疏」，他以為《賢首疏》精詳、《長水記》浩瀚各有其特點，但其時能允愜宣講《疏》、《記》的狀況已經不多，因此為念「初學之士」

---

[58] 憨山德清：〈刻起信論直解題辭〉，收於《起信論直解》卷上，《卍新續藏》第四十五冊，頁四八四中。

能「入大乘、生正信」的目的，在《疏略》的「少刪其繁」之後才又以直注的方式再次疏解《起信論》，[59]表現更多德清對實際修行與教理結合上的提點。

四、憨山德清對《起信論》的詮釋特點

德清於明末諸師中，除了是中興佛教的領導者，更是三教合會、教禪一致的倡議者，德清的這種調和思想與《起信論》是有相當密切的關係。他在論判儒、道、佛三家時說：

> 或問：「三教聖人，本來一理，是果然乎？」曰：「若以『三界唯心、萬法唯識』而觀，不獨三教本來一理，無有一事一法，不從此心之所建立；若以『平等法界』而觀，不獨三聖本來一體，無有一人一物，不是毗盧遮那海印三昧威神所

[59] 德清說：「賢首本《疏》精詳，但科段少隔，前已刪繁從略，謂之《疏略》。然其中文義，少有不馴，故今仍遵本《疏》正義，順為《直解》，以便初學，非敢妄有臆說。」（《起信論直解》卷上，《卍新續藏》第四十五冊，頁四八五下。）

現。」故曰：「不壞相而緣起，染、淨恒殊；不捨緣而即真，聖、凡平等。」但所施設，有圓融、行布，人法、權實之異耳。圓融者，一切諸法，但是一心，染、淨融通，無障無礙。行布者，十界五乘五教，理事因果淺深不同。[60]

德清討論三教之理所謂的「平等法界而觀」乃即是華嚴宗建立的最崇高「法界緣起」觀，而當其落實在萬法因緣起而成染、淨現象，其根本皆真而平等來說釋「教三理一」的概念時，則運用了《起信論》「如來藏緣起」（真如緣起）的體式。《起信論》提出一如來藏心開有「真如」、「生滅」二門，並云二門「各總攝一切法」，說明染、淨諸法生起都是依本無分別的真如以為體，然因受無明擾動才產生染、淨差別的相、用，賢首法藏稱其為「真如隨緣」：

以真如門是染、淨通相，通相之外無別染、淨故得總攝一切諸法。生滅門者別顯染、淨，染、淨之法無所不該，故亦總攝一切諸法。通、別雖殊，齊無所遺，故

[60] 憨山德清：〈觀老莊影響論・論教乘〉，《憨山老人夢遊集》卷四十五，《卍新續藏》第七十三冊，頁七六七中—下。

云「各攝」。又以此即是真如隨緣，和合變作諸法，諸法即無異體，還攝真如門也。61

如是染、淨，皆是真如隨緣顯現，似有而無體，故通名幻也。62

關於賢首法藏的真如隨緣思想由來，袁大勇說：「法藏繼承慧遠《大乘起信論義疏》以第八識為第九識隨緣的思想。」63由於真如隨緣而成染、淨差別，故於生滅門中便產生

61 法藏述、宗密科注：《大乘起信論疏》卷一，《乾隆大藏經》第一四一冊（臺北：新文豐出版社，一九九二年），頁九十四中—九十五上。

62 法藏述、宗密科注：《大乘起信論疏》卷二，《乾隆大藏經》第一四一冊，頁一一〇中。

63 袁大勇：〈《大乘起信論》對華嚴宗判教理論的影響——以圭峰宗密為例〉，《湖北民族學院學報（哲學社會科學版）》第三十五卷第五期（二〇一七年），頁一五四。如淨影慧遠的「第九識隨緣」之義說道：「一義云：是心真如相者即是第九識。第九識是其諸法體故，故言即示摩訶衍體故也。是心生滅因緣相者是第八識，第八識是其隨緣轉變，隨染緣故生滅因緣相也。何以知者？文中言即示摩訶衍體、相、用故也。用是正義，體、相隨來，於一心中絕言離緣為第九識，隨緣變轉是第八識。」（淨影慧遠：《大乘起信論義疏》卷上之上，《大正藏》第四十四冊，頁一七九上。）

了「體一用殊」的現象，德清承襲此義亦云：「謂一切法本無差別，唯依真如隨緣而有，法法皆真，唯一真如，色、心不二，元無差別，但因生滅染義，示現諸差別耳。」[64]因是，他即以此作為判攝三教的根基，就生滅門的角度論「不壞相而緣起，染、淨恒殊」，而終必回歸於真如門「不捨緣而即真，聖、凡平等」。

執實而論，德清對《起信論》是相當推崇的，雖說他的兩部《起信論》註解主要還是根據《賢首疏》及《長水記》的義解加以整理，然而在《起信論直解》中則更多地體現德清個人所重視的教行並重、性相會通等思想內容，以下試就幾個面向討論之。

（一）以華嚴五教判攝《起信論》

華嚴宗的判教系統是參照南北朝地論師的判教體系而建立，[65]早在智儼（六〇二—

[64] 憨山德清：《起信論直解》卷下，《卍新續藏》第四十五冊，頁五〇六上—中。

[65] 日本學者吉田叡禮說：「華嚴宗的五教判，似乎可說是智儼引用了慧光的判教，其中可以看到以地論宗常用的漸教、頓教、圓教三教判為基礎，並採用《攝大乘論》對小乘、大乘、一乘的區分。另外，亦可說同別二教判，主要是延續了地論宗南道派所採用的別教、通教、通宗三教判而來。雖然有天台宗人批判華嚴宗的判教是改編自天台宗的四教判，但那終究只算是宗派的門戶之見，因為兩者都是在地論宗既有的基礎上建立各自的教理理論，因此具有共通之處，並不足為奇。」（參見沖

六六八）《華嚴經孔目章》就已提出「教有五位」的主張，[66]而實際的判教義理則是完成於賢首法藏。

法藏於《華嚴經探玄記》中將佛法的教義分類為：一、小乘教；二、大乘始教；三、終教；四、頓教；五、圓教。並進一步說明五教的內容云：

> 初、小乘可知。二、始教者，以《深密經》中第二、第三時教，同許定性二乘俱不成佛故，今合之總為一教，此既未盡大乘法理，是故立為大乘始教。三、終教

本克己、菅野博史編輯；釋果鏡譯：《興盛開展的佛教：中國II隋唐》（臺北：法鼓文化，二〇一六年），頁二〇二。）

[66] 魏道儒說：「智儼不重視創立統一的判教理論，還表現在他對同一分類法中各項名稱使用的不確定上。《孔目章》卷一說『依教有五位差別不同』，但他在本書的具體論述中，這種『五位』判教即有四種說法：其一，小乘教、初教、熟教、頓教、圓教；其二，小乘教、初教、終教、頓教、一乘教；其三，小乘教、初教、終教、圓教、一乘教；其四，小乘教、始教、終教、頓教、一乘教。『依教』分『五位』，是把全部佛教劃為有高下之分、深淺之別的五類，盡管其名稱尚不固定，但也反映了智儼在判教方面的一個側重點。」（魏道儒：《中國華嚴宗通史》（南京：江蘇古籍出版社，一九九八年），頁一五七。）

者，定性二乘、無性闡提悉當成佛，方盡大乘至極之說，立為終教。然上二教並依地位漸次修成，俱名漸教。四、頓教者，但一念不生即名為佛，不依位地漸次而說，故立為頓。如《思益》云：「得諸法正性者，不從一地至於一地。」《楞伽》云：「初地即八地，乃至無所有何次等。」又下〈地品〉中，十地猶如空中鳥跡。豈有差別可得？具如《諸法無行經》等說。五、圓教者，明一位即一切位；一切位即一位。是故十信滿心，即攝五位成正覺等。依普賢法界帝網重重主伴具足故，名圓教，如此經（筆者按：此指《華嚴經》）等說。(67)

除了小乘教（聲聞教）之外，法藏將大乘教理的詮解依照內容所攝廣狹分為「始教」、「終教」、「頓教」及「圓教」四類，並舉始教為《解深密經》中所立種性決定的二乘（聲聞、緣覺）不得成佛之教，《賢首疏》中進一步解釋「始教」是包含兩種教理：「大乘始教，亦名分教。於中但說諸法皆空，未盡大乘法理，故名為始；但說一切法相，有不成佛，故名為分。」(68)是知「大乘始教」則通攝性空的中觀般若及法相唯識兩

(67) 法藏：《華嚴經探玄記》卷一，《大正藏》第三十五冊，頁一一五下。

(68) 法藏述、宗密科注：《大乘起信論疏》卷一，《乾隆大藏經》第一四一冊，頁八十五中。

者。至於建構眾生本具如來藏心、皆當成佛的《起信論》則應判攝於「方盡大乘至極之說」的「終教」，故《賢首疏》便云：「若於五中顯此《論》之分齊，正唯終教。」69

除了將《起信論》全體教判為「終教」之外，《賢首疏》還分別說明「真如門」與「生滅門」二者義理尚可進一步分野：

依一心開二門：一者、心真如門，即頓教分齊也；始教中空義亦是密說此門。二者、心生滅門，謂依如來藏有生滅心，所謂「不生不滅與生滅和合，非一非異，名為阿棃耶識」即終教分齊也。以始教相宗不知佛說如來藏以為阿賴耶，故非彼分。70

由於「真如門」符合「總不說法相，唯辨真性，亦無八識差別之相，訶教勸離，毀相泯心，但一念不生，即名為佛」71的離言、無念之理，所以仍可於後判於「頓教」的範

69 法藏述、宗密科注：《大乘起信論疏》卷一，《乾隆大藏經》第一四一冊，頁八十六上。

70 法藏述、宗密科注：《大乘起信論疏》卷一，《乾隆大藏經》第一四一冊，頁八十六中。

71 法藏述、宗密科注：《大乘起信論疏》卷一，《乾隆大藏經》第一四一冊，頁八十六上。

疇，而其體又具有「如實空」義，可與前般若性空相通，此則亦屬「始教中空義」的密說部分。至於「生滅門」是立教於如來藏心的「不生不滅與生滅和合」而成為「阿梨耶識」，眾生依此識的還滅則能成就菩提佛果，正為「終教」所攝。但由於《起信論》中的阿梨耶識是指如來藏的「染淨和合識」，與玄奘新譯的「阿賴耶識」為「染汙識」的唯識學教義並不相同，且唯識學指陳「五性各別」而有不成佛之無性、定性的思想，[72] 所以《賢首疏》特意區別相宗只屬於「始教」而非「終教」。

然而在《賢首疏》的判教中，《起信論》畢竟只能攝屬在「終教」，雖然裡頭亦有：「若將此《論》與五教互相攝者，五唯後三攝此，此唯攝五前四。」[73] 的說釋，表示後三教（終、頓、圓）可涵攝本論，而本論教義則只能攝持前四教（小、始、終、頓）而不達圓教，是故，以整體《起信論》來說仍非如《華嚴經》闡述一真法界、事事

[72] 窺基（六三二—六八二）《成唯識論述記》卷一云：「依《瑜伽》等有五種姓：一、菩薩；二、獨覺；三、聲聞；四、不定；五、無姓。此論第三云：『入見菩薩皆名勝者。』證阿賴耶故正為說。又見道前，已能信解求彼轉依，故亦為說。又云：『無姓有情不能窮底，故說甚深；趣寂種姓不能通達，故名甚細。』由此論旨，唯被大乘及不定姓趣菩薩者，非被獨覺、聲聞、無姓三種機也。」（《大正藏》第四十三冊，頁二三〇上。）

[73] 法藏述、宗密科注：《大乘起信論疏》卷一，《乾隆大藏經》第一四一冊，頁八十六上。

無礙的最圓滿「圓教」義。

如此判教在子璿《長水記》的詮釋裡，有了較鮮明的轉折。首先，子璿站在會通天台四教與華嚴五教的立場，對比四教、五教云：

又此五教與天台化法四教相望，但開合有異，而大況是同。彼則開前合後，此則開後合前。四教者，謂藏、通、別、圓也。且如此中，初、小乘教即彼藏教。第二、始教此有二類：一、始教但說諸法皆空，即彼通教也；二、分教但說一切法相，即別教也。第三、終教，明如來藏隨緣成諸染淨，緣起無性，一切皆如，即彼圓中雙照義也。第四、頓教，唯辨真性，即彼圓中雙遮義也。第、五圓教，明性相俱融，即彼圓中遮照同時義。以此三教所詮唯是一心，具一切法，即彼圓教不思議中道也，故此三教皆屬圓收。此即合彼通、別為一始教，開彼圓教為終、頓、圓三。彼即開此始教為通、別二，合此終等為一圓教，雖開合有異，而法無異也。[74]

[74] 長水子璿：《起信論疏筆削記》卷二，《大正藏》第四十四冊，頁三〇七下—三〇八上。

子璿認為天台的「藏、通、別、圓」等化法四教所闡釋的教理範疇，可與華嚴「小、始、終、頓、圓」五教相互對照，認為二者「雖開合有異，而法無異也」。其中華嚴「小乘教」等同於天台「藏教」，這大約不會有什麼疑義，但在大乘教的分類中，子璿以為華嚴「始教」裡包含的空宗始教對應於天台「通教」；法相分教則對應於天台「別教」，也即是將天台的「通、別」二教合於華嚴「始教」。餘下華嚴的「終、頓、圓」三教則完全收攝在天台「圓教」當中，分別屬於天台「圓教」的「雙照義」、「雙遮義」與「遮照同時義」。如此說來，若採用天台「圓教」系統解釋，華嚴判教中的「終教」、「頓教」及「圓教」就都是「圓教」了。子璿對這兩個判教體系的會通表列如下：

華嚴五教		天台化法四教	
小乘教		藏教	
始教	始教空義	通教	
	分教法相	別教	
終教		雙照義	圓教
頓教		雙遮義	
圓教		遮照同時義	

由上可知，若是子璿擴大了所謂的「圓教」範疇，其底蘊就應當是天台系統而非華嚴系統。然而，子璿畢竟依循著《賢首疏》的義解，所以他並沒有推翻「五唯後三攝此，此唯攝五前四」的理路，他解釋道：

五唯下以五教為能攝，此《論》為所攝。後三攝此者，終、頓、圓也，謂此《論》中說如來藏緣起，是終教；說真如門，是頓教；又真如門是理法界，生滅門是事法界，二門不二，理事無礙法界，一心是一真法界，此即圓教故，後三教攝得此《論》。然頓教攝此，亦且一往，若以理推，頓教義狹，唯辨真性，如何攝此？若言以有真如義故，得彼攝者，此《論》亦有前二教，義亦應前二攝得此《論》。此唯下以此《論》為能攝，五教為所攝也。攝前四者，此《論》備有前四義故，不攝圓者，以四法界中唯有三種，而不明事事無礙，以圓教宗於事事無礙義，既不全故非攝彼。75

子璿謂《起信論》的如來藏緣起（即「生滅門」說）屬於「終教」，真如門屬於「頓

75 長水子璿：《起信論疏筆削記》卷二，《大正藏》第四十四冊，頁三〇八上。

教」，這都來自《賢首疏》的說法，而他更進一步解釋真如、生滅的二而不二即是「理事無礙法界」，乃至一心就是一真法界，所以合二門即可分屬於「圓教」義。

不過，就「教」的角度說，《賢首疏》所判《起信論》因有「真如」之說，所以該攝在「頓教」的部分，子璿則提出疑義，他認為如果論中有此教理就可以屬於該教，那麼《起信論》亦具備小乘教、始教的義理，也應當攝受在小乘教、始教中。從「論」的角度說，以《起信論》具「理無礙」、「事無礙」及「理事無礙」三法界的論點，但並未闡發「事事無礙法界」，依此《起信論》並不能涵攝「圓教」。

事實上，子璿對《起信論》的判教是站在更寬廣的角度做詮釋，他認為雖然按照華嚴判教的概念來說有「五唯後三攝此，此唯攝五前四」的限制，但就如同他會通華嚴、天台兩家的判教系統一般，所謂的「圓教」也不盡然是如此狹義：

> 然以義推亦合攝彼，彼文四種統唯一真法界，今論一心之體，正是一真法界，是彼圓教之宗耳。又彼事事得無礙者，皆由真如隨緣故也，故知真如隨緣，是彼事事無礙之由，故得攝也。若以前科望於此義，前文合云：「正唯終教，兼於頓、

圓也。」[76]

子璿以為，由於華嚴圓教的宗意落實在四法界皆統攝於「一真法界」中，《起信論》則論真如、生滅二門皆屬同一心體，故說此一心即一真法界的教義，所以《起信論》當然可以涵攝「圓教」。至如圓教強調的「事事無礙法界」也不過是「真如隨緣」所成，因此「真如隨緣」實際上就是「事事無礙」的來由，從這兩點檢視，《起信論》教義可以涵蓋「圓教」並沒有問題。子璿進一步解釋，前述「五唯後三攝此」的正義，從「論」來說便可指《起信論》「正唯終教，兼於頓、圓」而言，此與《賢首疏》的判攝《起信論》「正唯終教，亦兼於頓」[77]的結論相較，便有了往前的推演。或者可以說，子璿此論除了受到天台圓教的啟發外，也繼承了華嚴宗自身提高如來藏思想的趨向，[78]若將華

---

[76] 長水子璿：《起信論疏筆削記》卷二，《大正藏》第四十四冊，頁三〇八上—中。

[77] 法藏述、宗密科注：《大乘起信論疏》卷一，《乾隆大藏經》第一四一冊，頁八十六上。

[78] 吉田叡禮說：「就五教判而言，智儼與法藏認為只有華嚴的圓教是一乘，但澄觀將終教、頓教也視為同一乘來對待，因而提高了如來藏思想的價值。這亦反映出《起信論》再次進入被考察的時代趨勢，而此傾向由於宗密而變得更為明顯。」（參見沖本克己、菅野博史編輯；釋果鏡譯：《興盛開展的佛教：中國II隋唐》，頁二一一二。）

嚴的「終、頓」兩教化屬在天台的「圓教」中，則「終兼頓」的《起信論》就可以說是（天台）「圓教」義無疑了。

至於德清在《起信論直解》前，特意撰作了一篇〈華嚴宗法界緣起綱要〉用以解釋《起信論》的判教定位，實際上也調和了《賢首疏》及《長水記》二家之別，其文開首即云：「華嚴七祖以馬鳴為初祖，然此《論》中未及圓融之旨，何以稱耶？向未有知其說者，後學竟茫然莫辨，故了不加意，使古人建立宗旨，卒無以暢明於世也。故今略示其要，令知所宗。」[79]表明《起信論》雖傳為華嚴宗初祖馬鳴菩薩所撰作，但其義理確實「未及圓融之旨」，但他認為不應單就論文表面的說釋來判攝，應當要掌握的是全論的「宗義」，因此德清說：

且此《論》宗百部大乘所造，然百部大乘，乃化佛建立，即實之權。今此《論》總攝權乘歸於一實，要顯即權之實，引歸果海，圓融之極致也。然《論》中雖未明顯圓融之旨，且三乘、五性，頓、漸修證，都歸一心果海之源，而圓融具德，

[79] 憨山德清：《起信論直解》卷上，《卍新續藏》第四十五冊，頁四八四下。

皆一心之妙，已具華嚴宗中，故此不說，單為引攝歸於性海。[80]

他從「權、實」的觀點討論，認為《起信論》雖然屬於「權法」，但卻為「總攝權乘歸於一實」的教法，也就是行者能透過《起信論》的修持而入於「一真法界」中，這是由於他與子璿同樣將《起信論》的「一心真如」會通於華嚴的「一真法界」，從回歸體證於「唯一真心」的目的來說，如《華嚴經》說：「心如工畫師，畫種種五陰，一切世界中，無法而不造。」[81]一心已具萬法，故所有修證也是在呼應《華嚴》所謂的「心造諸如來」[82]而已。由是，德清以為《起信論》雖然「未顯明圓融之旨」，但當中所引導的內涵皆在「歸一心果海之源」，這「一心之妙」就已經是「圓融具德」，儘管《起信論》不像《華嚴》顯說，其卻能成為登階《華嚴》之基，所以德清便云：「是知要入華嚴法界，必由此《論》為入法界之門也。」[83]

---

[80] 憨山德清：《起信論直解》卷上，《卍新續藏》第四十五冊，頁四八四下。
[81] 〔東晉〕佛馱跋陀羅譯：《大方廣佛華嚴經》卷十，《大正藏》第九冊，頁四六五下。
[82] 〔東晉〕佛馱跋陀羅譯：《大方廣佛華嚴經》卷十，《大正藏》第九冊，頁四六六上。
[83] 憨山德清：《起信論直解》卷上，《卍新續藏》第四十五冊，頁四八四下。

事實上，在四種緣起理論中，《起信論》所屬的「如來藏緣起」（真如緣起）與《華嚴經》強調的「法界緣起」雖不相同卻也非全然無涉。如來藏緣起除了以真如的清淨為體之外，尚有生滅的相、用可說；法界緣起則通一切萬法為緣起而事事無礙者，收攝一切染、淨緣起，因此能知法界緣起的範疇是更加廣大，如黃俊威說：「『如來藏緣起』在未來際所開展的清淨法界，也正好為『法界緣起』的世界觀開展，提供了一條直通式的思想樞紐。換句話說：『真如緣起』思想的發展頂峰，正好成為了『法界緣起』形上學進入的真正契機！」[84]認為從如來藏緣起進入法界緣起是理論上的必然之勢。然而，德清的詮釋則更直接認為《起信論》其實已涵攝「法界緣起觀」，他在〈華嚴宗法界緣起綱要〉說：

> 華嚴圓宗以一真法界統四法界，依四法界立十玄門。惟四界、十玄，皆由六相而立，是則六相以成圓融無礙之宗也。此《論》總明六相，則包括四界、十玄理趣

---

[84] 黃俊威：〈從「真如緣起」到「法界緣起」的進路——「一心」觀念的確立〉，《中華佛學學報》第七期（一九九四年），頁三一三。

無遺，以六相為圓融之統，是則此《論》攝法界而無盡矣。[85]

德清從華嚴「六相」（總相、別相、同相、異相、成相、壞相）及四法界（理法界、事法界、理事無礙法界、事事無礙法界）的思想各別分析《起信論》教理，認為其皆符應於「六相」、「四界」的內容，[86]所以判定「此《論》攝法界而無盡」，甚而直陳：「但以六相該收一切事法，則法法圓融，故成十重玄門，以彰法界之大用。故此《論》義會六相，則已攝事事無礙圓融具德宗也。」[87]將《起信論》明確判屬在華嚴「圓教」中，較之《賢首疏》、《長水記》來說，德清並不再重提兩注疏「正唯終教」的概念，而是有意提高《起信論》的判教位階，亦可見他對本論的愛好與看重。

（二）《起信論》中的第七識

在心識論的探討中，《起信論》提出的「心、意、意識」常被拿來與《攝大乘論》

[85] 憨山德清：《起信論直解》卷上，《卍新續藏》第四十五冊，頁四八四下。

[86] 參見憨山德清：《起信論直解》卷上，《卍新續藏》第四十五冊，頁四八四下—四八五中。

[87] 憨山德清：《起信論直解》卷上，《卍新續藏》第四十五冊，頁四八五上—中。

或玄奘傳譯的唯識學相對比。關於心、意、識三者在唯識學中的定義如《瑜伽師地論》云：「云何意自性？謂心、意、識。心謂一切種子所隨依止性、所隨（依附依止）性，體能執受，異熟所攝阿賴耶識。意謂恒行意及六識身無間滅意。識謂現前了別所緣境界。」[88]又《成唯識論》也說：「藏識說名心，思量性名意，能了諸境相，是說名為識。」[89]即以異熟阿賴耶識為「心」（藏識，第八識）；恆常思量、為六識無間依止者為「意」（末那，第七識）；現前了別所緣境諸相者為「識」（前六識）。

至於《起信論》所述則有不同，其以「不生不滅與生滅和合，非一非異」的「阿梨耶識」[90]為「心」；而「以依阿梨耶識說有無明不覺而起，能見、能現、能取境界，起念相續，故說為意。此意復有五種名」[91]所謂的「五意」（業識、轉識、現識、智識、相續識）並不等於第七末那識。此外，《起信論》說：「分別六塵名為意識，亦名分離

[88] 玄奘譯：《瑜伽師地論》卷一，《大正藏》第三十冊，頁二八〇中。
[89] 玄奘譯：《成唯識論》卷五，《大正藏》第三十一冊，頁二十四下。
[90] 阿賴耶識的舊譯名，但《起信論》中的阿梨耶識是「染淨和合識」，與唯識學阿賴耶識為染汙識的概念不同。
[91] 真諦譯：《大乘起信論》，《大正藏》第三十二冊，頁五七七中。

識。又復說名分別事識。」[92]所述「意識」的概念又可同於唯識所說的前六識。這當中除了阿梨耶識及意識之外，《起信論》的「五意說」常被指為「不立第七識」的問題。

首先，就唯識學說第七識的功能是「恆審思量」，《成唯識論》解釋：「第七名意，緣藏識等，恆審思量為我等故。」[93]它於內相續執持第八藏識為「自我」，成為「我執」的根本，於外則成為第六識所依之根。《賢首疏》從《起信論》所立的三細（無明業相、能見相、境界相）、六麤（智相、相續相、執取相、計名字相、起業相、業繫苦相）說明其皆不攝受第七識的原因：

> 三細屬賴耶，六麤屬意識，何故不說末那識耶？答：有二義意。一、前既說賴耶，末那必執相應，故不說。《瑜伽論》云：「賴耶識起必二識相應故。」又由意識緣外境時，必內依末那為染汙根，方得生起，是故既說六麤必內依末那故，亦不別說。二、以義不便故，略不說之。不便相者，以無明住地動本靜心，令起和合成棃耶，末那既無此義，故前三細中略不說。又由外境牽起事識，末那無緣

---

92 真諦譯：《大乘起信論》，《大正藏》第三十二冊，頁五七七中。

93 玄奘譯：《成唯識論》卷五，《大正藏》第三十一冊，頁二十四下。

外境義故，六麤中亦略不說。亦可計內為我屬前三細，計外為我所屬後六麤，故略不論也。[94]

此中《賢首疏》以三個面向說釋：一、由於末那內執賴耶，外為六識染汙根，故其以為論三細時（屬賴耶）已有末那執相應，說六麤時意識也以末那為根，這就不須要再別立末那。二、三細是真、妄和合所成梨耶，末那非和合義；六麤意識緣外境，末那無緣外境義，所以三細、六麤都不能立末那。三、末那內計賴耶為我，可屬前三細；外計六識成為我所，可屬六麤，故無須別立。其中第一及第三的理由大抵無別，而三個面向都指示另立第七末那識為「不須」或「不便」。

子璿《長水記》除了詳釋《賢首疏》不立末那之義外，還比對了元曉《海東疏》的「異說」，只是子璿採取較保守的「多義」並行，而未加以抉擇。[95]事實上，元曉不認為《起信論》未立末那，如《海東疏》云：

[94] 法藏述、宗密科注：《大乘起信論疏》卷二，《乾隆大藏經》第一四一冊，頁一〇八中。

[95] 參見長水子璿：《起信論疏筆削記》卷十一，《大正藏》第四十四冊，頁三五四上—下。

初言以有境界緣者，依前現識所現境故，起七識中六種麁相，是釋經言「境界風所動，七識波浪轉」之意也。次別釋中，初之一相，是第七識；次四相者，在生起識；後一相者，彼所生果也。初言智相者，是第七識，麁中之始，始有慧數分別我、塵，故名智相。如《夫人經》言：「於此六識及心法智，此七法剎那不住。」此言心法智者，慧數之謂也。若在善道，分別可愛法，計我、我所；在惡道時，分別不愛法，計我、我所。故言「依於境界心起分別，愛與不愛故」也。具而言之，緣於本識，計以為我；緣所現境，計為我所。而今此中就其麁顯，故說依於境界心起，又此境界不離現識，猶如影像不離鏡面。此第七識直爾內向計我、我所，而不別計心外有塵，故餘處說還緣彼識。[96]

由上引文可見，在元曉的詮釋裡是以六麤應分屬於「前七識」的範圍，而其中的「智相」就是第七識。據《起信論》說：「一者、智相。依於境界，心起分別，愛與不愛故。」[97]元曉便是就第七識攀緣本識阿賴耶始起我、我所分別的理由而得出「智相」屬

[96] 元曉：《起信論疏》卷上，《大正藏》第四十四冊，頁二一二中—下。

[97] 真諦譯：《大乘起信論》，《大正藏》第三十二冊，頁五七七上。

第七識的結論。然而，《賢首疏》於不立末那的原因提到「末那無緣外境義」，這是依《起信論》智相「依於境界」之說的判斷，元曉對此解釋道：

> 問：「云何得知第七末那，非但緣識，亦緣六塵？」答：「此有二證：一、依比量；二、聖言量。言比量者，此意根必與意識同境，是立宗也；不共所依故，是辨因也。諸是不共所依，必與能依同境，如眼根等，是隨同品言也，或時不同境者，必非不共所依，如次第滅意根等，是遠離言也。如是宗因譬喻無過，故知意根亦緣六塵也。若依是義，能依意識緣意根時，所依意根亦對自體，以有自證分故無過，亦緣自所相應心法，以無能障法故，得緣諸心、心所法，皆證自體，是故不廢同一所緣。此義唯不通於五識，依色根起不通利故，但對色塵，非餘境故。聖言量者有經，有《金鼓經》言：『眼根受色、耳根分別聲，乃至意根分別一切諸法。』大乘意根，即是末那，故知遍緣一切法也。」⁹⁸

他從「比量」及「聖言量」推論第七末那識既然為第六識之根，那麼應當同眼根與眼識

98 元曉：《起信論疏》卷上，《大正藏》第四十四冊，頁二一二下。

等前五識的「根、識」共作用一般，能緣於同一境界，是故第七識與第六識能緣者「不廢同一所緣」，既然第六識能緣六塵，意根理應亦復如是，[99]又引經證第七識能遍緣一切諸法，所以元曉認為這和《起信論》講述智相「依於境界」之義並不相違，然而，此解卻不符合所謂的「唯識正義」。

前述《成唯識論》已明末那識是緣第八藏識為內自我，窺基說：「第七唯緣第八識家。」[100]因此第七識的所緣乃唯第八阿賴耶，是以永明延壽（九〇四—九七五）亦云：「雖第七識不緣外塵，緣第八故，名分別事。」[101]可知就唯識所述的第七末那並無緣外塵之意。因此，元曉的詮解乃是從第六識攀緣六塵境界必須依著意根而生起的義理，廣

---

[99] 〔姚秦〕筏提摩多譯《釋摩訶衍論》卷四：「第七末那緣六塵境為所緣轉，義已成立。」（《大正藏》第三十二冊，頁六二七下。）宋代普觀（一一六五—一一七三）更述云：「二、以此下隨難別釋末那，此對天親、護法等師說，第七識一向內緣第八見分，不緣餘法。今佛親宣六塵為緣，則知末那通緣諸境，由經中說『境風識浪』，其境界風即六塵也，是故第七偏緣內、外為其境界，理固無惑。」（普觀：《釋摩訶衍論記》卷四，《卍新續藏》第四十六冊，頁七十七上。）由是普觀之論正繼承了元曉的見解。

[100] 窺基：《成唯識論述記》卷五，《大正藏》第四十三冊，頁四〇三中。

[101] 永明延壽：《宗鏡錄》卷五十七，《大正藏》第四十八冊，頁七四二下。

義論「末那緣六塵」，勉強只能解釋為雖然末那識不直接緣六塵，但依著第六識的角度來說第七識間接緣六塵罷了。

德清對《起信論》是否立第七識的立場不同子璿的並存異說，而是較相近於元曉的說釋。然而，《賢首疏》、《海東疏》都是在解說三細、六麤的內容時，論說《起信論》能否立第七識的問題。至於《起信論直解》則在解釋六麤的「智相」時提到：「智即分別心也，謂先所現境界，不了唯心虛妄，創起慧數，分別逆順好醜，愛與不愛故。」[102]強調因「智相」而有我、我所的分別，此乃承繼《賢首疏》「於前現識所現相上，不了自心所現故，創起慧數，分別染淨，執有定性」[103]的說法，尚未如元曉明言「智相是第七識」。

事實上，德清《起信論直解》是在解說《起信論》「心、意、意識」的「意」時，才正式帶出「何者屬於第七識」的概念。[104]由於《起信論》稱「意有五種名」，德清認

102 憨山德清：《起信論直解》卷上，《卍新續藏》第四十五冊，頁四九四下。

103 法藏述、宗密科注：《大乘起信論疏》卷二，《乾隆大藏經》第一四一冊，頁一〇九上。

104 《起信論疏略》則是在解釋三細的「境界相」時說：「三細屬賴耶，六麤屬意識。不顯末那者，《楞伽》不說末那，經云：『真識、現識、分別事識。』現識即三細中現相，分別事識即是下六麤。又六麤智相、相續相乃麤中之細，七識已含此中，以義不便故不別說也。」（憨山德清：《大

為這「五意」並非指的是唯識中的同一種「識」，他說：「此以無明為因，境界為緣，故又生起六麤之相。所以生死相續，長劫而不斷者，意之過也。論顯意為生滅之主，以七、八二識通名為意。」[105]由於「意」具有分別我、我所的功能，也就是產生我執的根本，因此成為眾生「生死相續」的原因，德清直陳《起信論》的「五意」實際上是涵蓋了第七與第八兩種識，《起信論》敘述「五意」的名義時說道：

此意復有五種名。云何為五？一者、名為業識，謂無明力不覺心動故。二者、名為轉識，依於動心能見相故。三者、名為現識，所謂能現一切境界，猶如明鏡現於色像；現識亦爾，隨其五塵對至，即現無有前後，以一切時任運而起常在前故。四者、名為智識，謂分別染淨法故。五者、名為相續識，以念相應不斷故，住持過去無量世等善惡之業令不失故，復能成熟現在未來苦樂等報，無差違故，

乘起信論疏略》卷上，《卍新續藏》第四十五冊，頁四五五下。）當中已透露七識包含在六麤「智相」、「相續相」的意思。

105 憨山德清：《起信論直解》卷上，《卍新續藏》第四十五冊，頁四九五下—四九六上。

能令現在已經之事忽然而念，未來之事不覺妄慮。[106]

此五意事實上是對應了三細全部及六麤中的前二，意即「業識」對應「無明業相」、「轉識」對應「能見相」、「現識」對應「境界相」，這三者是一念無明動本清淨心體而產生，將清淨真如轉為染淨和合的阿梨耶識（阿賴耶識），所以《賢首疏》說「三細屬賴耶」。此外，「智識」則對應六麤中的「智相」、「相續識」對應「相續相」。德清說：「此以無明為因、境界為緣，生起六麤之相，總之皆以念念相續而為根本。故此三細、二麤通名為『意』，故八識論通名『思量』，是知『意』乃生滅之本。」[107]他從「意」為生滅根本的概念，會通《起信論》及唯識的八識說，昭示「意」名「思量」、「乃生滅之本」都是唯識中對第七末那識的闡釋，如德清解釋八識中的第七識亦說道：

唯第七識亦恒亦審，以執我無間斷故，有情由此生死長夜，而不自覺者，以與四惑八大相應起故。第六依此為染淨者，由此識念念執我，故令六識念念成染；此

[106] 真諦譯：《大乘起信論》，《大正藏》第三十二冊，頁五七七中。

[107] 憨山德清：《起信論直解》卷上，《卍新續藏》第四十五冊，頁四九六中。

識念念恒思無我，令六識念念成淨。故六識以此為染淨依，是為意識之根，以此識乃生死根本。108

由是便混同了《起信論》「意」（五意）與唯識學「意」（第七末那識）的概念，然而，如此的通釋並不十分準確，畢竟就第八阿賴耶識為藏識來說，並沒有「分別」的作用，更無「思量」之義，故《起信論》「意」中的前三細就不能攝屬在唯識「意」的範疇裡。是故，德清便云：

向云此《論》不立七識，今此智相、相續為意，即是七識。故云：「一種是思量，七識偏名意。」今三細、二麤通名意者，正《瑜伽》之作意，以念念生滅者乃作意耳，故以此意為生滅之源。109

他以為「五意」裡的後二「智識」（智相）、「相續識」（相續相）正屬於第七識，

108 憨山德清：《八識規矩通說》，《卍新續藏》第五十五冊，頁四二三中。

109 憨山德清：《起信論直解》卷上，《卍新續藏》第四十五冊，頁四九六中。

至於合前三細通名為「意」的原因則是從唯識的「作意」來解釋。據《成唯識論》說明「作意」的定義是：「作意謂能警心為性，於所緣境引心為業，謂此警覺應起心種，引令趣境故名作意。」[110]窺基解釋道：「作意警心有二功力：一者、令心未起正起。二者、令心起已趣境故。」[111]也就是「作意」乃令心種子生起為業，使心趨於攀緣所緣境的心所，屬於百法的五遍行心所之一。玄奘弟子普光（生卒年不詳）曾解釋道：「言遍行者，於一切時恒相續起，遍八識有，名曰遍行。一、作意等者，作動於心，令心數數外緣諸境，名為作意。」[112]由於遍行心所該攝八識，恆常相續，如《八識規矩頌》言第八識「性唯無覆五遍行」[113]指的就是第八識唯與五遍行心所相應，[114]因此從「作『意』」心所這個理路說，德清即以為七、八二識皆能同時稱之為「意」無疑。然而，將三細、二麤都攝屬在「作意」的詮釋，除了有唯識教理的根據之外，其實還關涉德清

[110] 玄奘譯：《成唯識論》卷三，《大正藏》第三十一冊，頁一一下。

[111] 窺基：《成唯識論述記》卷三，《大正藏》第四十三冊，頁三三〇中。

[112] 普光：《大乘百法明門論疏》卷上，《大正藏》第四十四冊，頁五十五下。

[113] 憨山德清：《八識規矩通說》，《卍新續藏》第五十五冊，頁四二三下。

[114] 憨山德清《八識規矩通說》云：「此識唯一精明，本無善惡，故四性中唯無覆無記。諸心所中，唯與偏行五法相應，以有微細流注生滅故。」（《卍新續藏》第五十五冊，頁四二三下。）

會通性相的觀念，他於梳理《百法明門論》「作意」的解釋中提到：

以第八識元一精明之體，本無善、惡二路。其前五識，乃八識精明，應五根照境之用，同一現量，亦無善、惡。其六、七二識，正屬八識之見分，其七乃虛假，故《楞伽》云：「七識不流轉，非生死因。」其六識元屬智照，今在迷中，雖善分別，況是待緣，亦本無善、惡，若無徧行五法，則一念不生，智光圓滿，現量昭然，即此名為大定，六根任運無為矣。無奈八識田中，含藏無量劫來善、惡業習種子，內熏鼓發，不覺動念，譬如潛淵魚，鼓波而自踊，是為「作意」。警心令起，不論善、惡，但只熏動起念處，便是「作意」，此生心動，念之始也。115

由上可見，德清認為雖然八識田中含藏無量的善、惡種子，卻是以心的一念妄動即成就為「作意」，後乃有生死流轉。因是，他所謂的「作意」並不只是陳述遍行八識的心所而已，乃是從心的「熏動起念」為始，這樣的詮釋就可以與《起信論》的真如心因一念無明妄動成阿梨耶識的概念會通起來，也就能由此了知他特意判釋「三細、二麤」都具

115 憨山德清：《百法明門論論義》，《卍新續藏》第四十八冊，頁三〇九上—中。

備「作意」心所，而通名為「意」的原因了。

實際上，德清對唯識學的理解本來就不盡合於相宗所說，如他在解釋唯識思想時明白說道：「但竊基舊解，以論釋之，學者難明，故但執相，不能會歸唯心之旨。予因居雙徑寂照，適澹居鎧公，請益性、相二宗之旨，予不揣固陋，先依《起信》會通《百法》，復據論義，以此方文勢消歸於頌，使學者一覽了然易見，而參禪之士不假廣涉教義，即此可以印心，以證悟入之淺深。」[116]德清認為若依循傳統相宗的立場「不能會歸唯心之旨」，所以他的「唯識」是為了「會相歸性」，宗本《起信論》學說為根基的詮解，而且目的還在使參禪之士以教義印證心悟，表現他「禪教一致」的立場。

德清判釋《起信論》「智識」、「相續識」二者皆為第七識，已經跳脫《賢首疏》「不立末那」的說法，也不同於《海東疏》只將「智相」判為第七識、以「相續相」為依於智相的生起識之說，[117]特意從「作意」、「心起」的原則收攝七、八兩識於「五

116 憨山德清：《八識規矩通說》，《卍新續藏》第五十五冊，頁四二〇中。

117 元曉《起信論疏》卷上：云：「第二相續相者，是生起識、識蘊，是麁分別。遍計諸法得長相續，又能起愛取，引持過去諸行不斷；亦得潤生，能令未來果報相續，依是義故名相續相，不同前說相續心也。依於智者，依前智相為根所生故，所依是細，唯一捨受，能依是麁，具起苦樂，故言生起苦樂也。」（《大正藏》第四十四冊，頁二一三上。）

意」中；但若從另一個角度討論，既然「五意」已涵蓋了第七識，也不可說其完全違背《賢首疏》「不須別立末那」的立場，甚至能將他視為延伸《賢首疏》的進一步詮釋。

（三）破阿賴耶識根本無明的位階

《起信論》的修行最終目的在覷破阿梨耶識根本無明，從生滅門回歸真如門以達究竟覺悟，對唯識學來說也就是捨離阿賴耶識的異熟種子轉依成就菩提、涅槃。《起信論》說明「隨染本覺」二相中的「智淨相」云：「智淨相者，謂依法力熏習，如實修行，滿足方便故，破和合識相，滅相續心相，顯現法身，智淳淨故。」[118]《賢首疏》分別對這段文解釋，說「如實修行」乃「登地已上行契真如」[119]；「滿足方便」是指：「十地行終也，此在金剛因位極也。」[120]所以最後「破和合識相」即因：「由前方便，能破和合識內生滅之相，顯不生滅之性，此根本無明盡故，心無所合，即顯法身本覺義

[118] 真諦譯：《大乘起信論》，《大正藏》第三十二冊，頁五七六下。
[119] 法藏述、宗密科注：《大乘起信論疏》卷二，《乾隆大藏經》第一四一冊，頁一〇五上。
[120] 法藏述、宗密科注：《大乘起信論疏》卷二，《乾隆大藏經》第一四一冊，頁一〇五上。

也。」[121]也就是必須證得菩薩第十地果位的終行，才能夠斷盡根本無明、破阿梨耶和合識的生滅之相，顯現真如不生滅之性。不僅如此，《長水記》更說：

謂此心隨染之時，則云與生滅和合，今在佛位，純淨無垢，唯不生滅故，無和合義也。以始下出所以，顯無生滅之相，故云唯是真如，既無彼相，但是一真，約何說合？故《中論》云：「一法云何合？」下文顯佛地云：「破和合識相、滅相續心相，顯現法身，智純淨故。」[122]

就子璿的意思，要破和合識的生滅之相，似乎不只至十地菩薩位即可，而是必須到達佛陀的正覺果位才能「純淨無垢」，他說的是法身完全顯現而無有生滅的最高境界。至於元曉則說：

初中言法力熏習者，謂真如法內熏之力，依此熏力修習資糧，得發地上如實修

[121] 法藏述、宗密科注：《大乘起信論疏》卷二，《乾隆大藏經》第一四一冊，頁一〇五上。

[122] 長水子璿：《起信論疏筆削記》卷六，《大正藏》第四十四冊，頁三二六上。

行，至無垢地滿足方便，由是能破和合識內生滅之相，顯其不生不滅之性，故言「破和合識相，顯現法身」。此時能滅相續心中業相、轉相，令其隨染本覺之心，遂得歸源，成淳淨智，故言滅相續心相，智淳淨故。[123]

元曉以為菩薩破和合識生滅之相，是要到「無垢地」方為滿足方便。關於「無垢地」的階位，元曉則說：「菩薩盡地者，是第十地，其無垢地屬此地故。」[124]可知《賢首疏》的立場大約是同於《海東疏》的。[125]然而，子璿認為必須至佛果才能破根本和合識相的原因，其實也跟他對「無垢地」的判攝有關，《長水記》說：「如來即妙覺，斯則從九地，觀斷佛地方盡。無垢地即如來地，與十地終心竟無有異。然《本業經》中，自等覺為無垢地。此即別開，今此所明等、妙二覺，合為一位也。」[126]就子璿所述，他稱「無

[123] 元曉：《起信論疏》卷上，《大正藏》第四十四冊，頁二一一上。
[124] 元曉：《起信論疏》卷上，《大正藏》第四十四冊，頁二一五中。
[125] 對於「無垢地」的解說，《賢首疏》亦云：「十地終心，金剛喻定，無垢地中微細習氣心念都盡故。」（法藏述、宗密科注：《大乘起信論疏》卷二，《乾隆大藏經》第一四一冊，頁一一五上。）是知亦以無垢地屬於菩薩第十地位。
[126] 長水子璿：《起信論疏筆削記》卷十二，《大正藏》第四十四冊，頁三六二中。

垢地」即是「如來地」的原因是將菩薩十地終心之後皆判屬於「無垢地」，也就是將十地後心的等覺及佛果妙覺合在一位的解釋，如此，他只是把「等、妙二覺」都稱為「無垢地」（如來地、佛地），那麼放在《海東疏》或《賢首疏》的脈絡中，應該也都說得通。

對於破和合識根本無明的階位，德清的說法便產生兩種分歧的詮釋，他在《起信論疏略》大抵是依據《賢首疏》的內容無別，[127]但於《起信論直解》中，德清卻給出了不同的論點，他說：

> 以修習力，得見真如，稱真實而修，故云如實修行，此登地修真如三昧也。滿足方便者，以至八地深證真如，破和合識內根本無明，滅三細相續微細生相，顯現法身，染緣脫盡，覺體湻淨。[128]

---

[127] 憨山德清《大乘起信論疏略》卷上云：「如實者，登地已上，行契真如。滿足者，十地行終，此在金剛因位極也。此明因也，由滿足方便，能破和合識內生滅之相，顯不生滅之性，此根本無明盡故，心無所合，即顯本覺義。」（《卍新續藏》第四十五冊，頁四五三中。）義同《賢首疏》。

[128] 憨山德清：《起信論直解》卷上，《卍新續藏》第四十五冊，頁四九二下。

此處德清以為所謂的「滿足方便」是在菩薩第八地時就能夠「深證真如，破和合識內根本無明」，而非要到第十地後心乃至佛位才能成辦，而德清的這種說法其實也是在調和「性相」，站在唯識論的角度加以會通。如《八識規矩頌》對第八識的敘述說：「不動地前纔捨藏，金剛道後異熟空；大圓無垢同時發，普照十方塵刹中。」[129]當中「不動地」指的就是第八地，德清對此解釋道：

至第七地破俱生我執，此識方得捨藏識名，顯過最重，故云不動地前纔捨藏。以微細法執，及有漏善種間起，尚引後果，名異熟識。至金剛心後，證解脫道，異熟方空，故云爾也。異熟若空，則超因果，方才轉成大圓鏡智。言無垢同時發者，以佛果位中，名無垢識，乃清淨真如。[130]

即至菩薩第七地時才能斷除俱生我執，故從菩薩第八不動地之後阿賴耶識就捨離「藏識」之名而轉名為「異熟識」，德清就是從阿賴耶「捨藏識名」而論其「破和合識內根

[129] 憨山德清：《八識規矩通說》，《卍新續藏》第五十五冊，頁四二四中。

[130] 憨山德清：《八識規矩通說》，《卍新續藏》第五十五冊，頁四二四中。

本無明」。然而，第八識雖轉成異熟識，仍有「微細法執」、「有漏善種」，必須達金剛心（十地後心）之後才可空盡異熟種子，轉成佛果無垢識。那麼，既然八地並非菩薩極果，也非佛位，為何德清要強調八地是「深證真如，破和合識內根本無明」之處，這與他解釋第七地在菩薩修證果位的重要性有關：

補義云：經言十地雜染清淨難過者，《識論》云「不動地前纔捨藏」，以阿賴識中含藏積劫雜染種子，為俱生我執之根本。以從初地至此地，破俱生我執，頓斷俱生種子，轉藏為大圓鏡智，名清淨識。然約俱生一分種子難斷，故云難過。言是二中間者，謂此耶識名和合識，約染淨和合二者之間。蓋約破此俱生和合之相最極為難，故云中間難過。所以此地勝後三者，良由此地翻染令淨之功最大，後三清淨仗此而成，故云皆悉成就。131

由於菩薩修行於第七地以前皆為「有功用行」，在第八地以後則成為「無功用行」，132

131 憨山德清：《華嚴綱要》卷三十七，《卍新續藏》第八冊，頁八〇五中。

132 實叉難陀譯：《大方廣佛華嚴經》卷三十七云：「菩薩從初地乃至第七地，成就智功用分。以此力

所以第七地破俱生我執之後，阿賴耶識中的我執種子則完全斷盡，藏識即轉，以此理路來詮釋《起信論》，則可說第八地之後已破和合識中的「根本無明」，但實際上仍有「俱生一分種子難斷」，故未即是「破和合識」的染淨和合之相，這個概念與他詮解《八識規矩頌》是相同的理路。執實而論，德清這樣的論說只是為了強調菩薩第八地已經「破根本無明」的重要性，也不算違背《海東疏》、《賢首疏》所說「無垢地」才能「破和合識生滅之相」的觀點。然而，必須理解的是，德清一直以來所認知的「阿賴耶識」並不是相宗唯識所說的「染汙賴耶」，即便他在講解《八識規矩頌》或《百法明門論》等唯識典籍，都還是採用了《起信論》阿黎耶為染淨和合識的思想，因是亦能得見德清「會通性相」，乃至「會相歸性」的主觀態度。

五、結語

以《大乘起信論》為主的如來藏思想，特別是當中的如來藏緣起說，對中國佛教的發展可說影響甚鉅，這代表漢傳佛教在「染心說」與「淨心說」的抉擇以及調和的趨

故，從第八地乃至第十地，無功用行，皆悉成就。」（《大正藏》第十冊，頁一九六下。）

勢，可見其不僅繼承印度大乘佛教思想的餘緒，還展現出適應本土根性的現象。從南北朝般若學、涅槃佛性論到地論師、攝論師的相互激盪下，《起信論》的出現便成為中國佛學特別在心性思想上的一個高峰，對隋、唐的宗派佛教也有很重要的指導作用。因此，隋、唐之後，對《起信論》的詮釋及思想的吸收於各宗中人才輩出，其中，華嚴宗人在《起信論》思想的推動上尤是別具意義。

賢首法藏《起信論義記》在圭峰宗密科注為《賢首疏》後，幾為後人學習《起信論》的重要教本，又以歷來的《起信論》注疏多亦偏重在此詮釋，如（北宋）華嚴宗長水子璿依之作《筆削記》。直至晚明憨山德清對《大乘起信論》的註解書，仍可以看得出他受《賢首疏》及《長水記》的深刻影響，這與德清在佛教教理的取捨上特別重視華嚴一家是有關的，即便《賢首疏》在中國的流傳已非法藏《義記》原本，但其義理所及是絕無法被取代。由於這些緣故，德清《起信論疏略》一方面刪削了《賢首疏》，另一方面則採用《長水記》補充，應當是一種作為教學的需求所成。除此之外，他的《起信論直解》就文句的闡發方面就顯得更加直捷，也較能夠發揮新義。本文略從《起信論直解》中的「判教」、「立第七識」及「破阿賴耶根本無明」三個面向討論，皆可見德清在承襲舊說中的一種「調和」風格，這是他不論對教內、教外各種異說判教的基本立場，然而，更可見得他採用的「會相歸性」理論根據，其實就是《起信論》本身。

事實上，晚明諸師所理解的唯識思想，囿於原始資料的限制，並不能符應於玄奘所傳的唯識「正義」，所以像是德清幾乎是將《起信論》染淨和合的「阿梨耶識」等同唯識家的染汙「阿賴耶識」來看待，因此，他所詮釋的唯識典籍，也都認為阿賴耶識是染淨和合識，這是在解讀德清思想時不可忽略的一點。從另一個角度說，德清所重視的其實是在修證一心回歸於真如上，若就華嚴判教來看，唯識始教與如來藏的抉擇中，他便選擇了後者，亦可由此得知《起信論》如來藏思想在晚明佛教的重要性及影響力。

（原文刊登於《興大中文學報》第四十九期，原題為〈憨山德清《起信論》註解探析〉並依之修改。）

【貳】

卷首

〈刻《起信論直解》題辭〉

《起信論》❶者，乃馬鳴大師為破小乘、外道邪見，宗百部大乘經典所作，❷以為

❶《起信論》：全名《大乘起信論》，相傳為印度馬鳴菩薩造論。《大正藏》第三十二冊收有南朝梁真諦三藏譯本及唐代實叉難陀新譯本，以前譯較為流行。本論主要闡發如來藏緣起思想，影響廣及中國佛教天台、華嚴、淨土乃至禪宗等，被認為是中國大乘佛教的重要論典。隋代之後屢有懷疑本論真實性者，或以為是中國人託名印度馬鳴所造，中外學者論辯莫衷一是，但畢竟無法撼動本論在中國佛教思想史上的地位。

❷宗百部大乘經典所作：關於馬鳴菩薩造《大乘起信論》，華嚴宗人圭峰宗密有其宗百本大乘經所造的說法：「如來滅度六百歲已，諸外道等邪見競興，毀滅佛法。有一比丘名曰馬鳴，善說法要，降伏一切諸外道輩，即宗百本大乘經，乃造《起信論》等也。」（圭峰宗密：《華嚴經行願品疏鈔》卷二，《卍新續藏》第五冊，頁二五〇上—中。）【編案：歷來多認為《起信論》內容與《楞伽經》中的如來藏思想有關，所以憨山大師說：「以馬鳴宗此《楞伽》等百部大乘經，造《起信論》。」（憨山德清：《觀楞伽經記》卷一，《卍新續藏》第十七冊，頁三三六上。）】

發起正信❸也。故立論宗法界一心，開真、妄二門，❹徹生、滅之本，窮迷、悟之源，指修行之正路，示止、觀❺之妙門。總括一萬一千餘言，理無不盡，事無不該，可謂大教之關鑰❻，禪宗司南❼也。

---

❸ 正信：對佛陀宣說的正法生起無偽的信心。這裡特指對大乘教法的信仰，以簡別前述的小乘與外道。

❹ 立論宗法界一心，開真、妄二門：《起信論》的立論基礎是從「如來藏自性清淨心」開出「心真如」與「心生滅」二門，解釋一切法界的安立都來自於「如來藏心」。法界，原指第六意識所攀緣的一切事物，屬十八界之一，廣義而言則一切有為、無為諸法都可稱為「法界」。

❺ 止、觀：為佛教實修的兩種主要法門。奢摩他，漢譯為「止」，藉由特定對象來鍛鍊專注力，達到降伏止息煩惱妄念的修持。毘婆舍那，漢譯為「觀」，是透過修止之後的勝觀，以勝觀開發智慧，此智慧能觀照萬有，以了達諸法實相，最終能斷滅煩惱的修持。《菩薩地持經》卷三〈力種性品〉：「係心緣中，遠離一切虛偽輕躁及諸憶想；緣中解脫係心安立，內三昧相，廣說乃至一心，是名為止。觀者，彼止所熏修，憶念思惟，如正思法相，憶念選擇，乃至明慧，是名為觀。」（《大正藏》第三十冊，頁九〇五中。）

❻ 關鑰：開啟關鍵的鑰匙。鑰，音一ㄠˋ（yào）。

❼ 司南：原意為「指南針」，引申對事物的指導方針。

以文約義博，幽深窈眇，❽難以致詰❾。賢首舊《疏》，❿科釋最為精詳，加之《記》文⓫浩瀚，學者望洋，杳莫可究。予嘗就本《疏》，少刪其繁，目為《疏略》，業已刻雙徑，率多尊崇。⓬

---

❽幽深窈眇：表示文義內容精美深妙。眇，音ㄇㄧㄠˇ（miǎo），原文作窅，幽遠的意思。

❾致詰：窮究詢問。詰，音ㄐㄧㄝˊ（jié），詢問。

❿賢首舊《疏》：唐代華嚴宗三祖賢首法藏撰作《大乘起信論義記》，簡稱《賢首疏》，收於《大正藏》第四十四冊。後華嚴宗第五祖圭峰宗密依《義記》作注，稱為《大乘起信論疏》，收於《乾隆大藏經》第一四一冊。【編案：自宗密所注《起信論疏》出，甚為流行，後稱《賢首疏》者多指宗密的注本，依憨山大師《起信論直解》檢視，也是隨順賢首法藏疏、圭峰宗密注的《大乘起信論疏》。又楊文會說：「藏內《賢首疏》五卷，人皆病其割裂太碎，語意不貫，蓋圭峰科會之本也。蓮池重加修輯，刻於雲棲；憨山治為《疏略》，刻於徑山。文義雖覺稍聯，總不能如原作之一氣呵成也。近年求得古逸內典於日本，自六朝以迄元明，凡數百種，內有《起信論義記》。」（參見《楊仁山居士遺書》卷十八，《大藏經補編》第二十八冊，頁六二四下。）由此可知中國所流傳的《賢首疏》是宗密註解的版本，而《起信論義記》則是清末才由日本傳回。】

⓫《記》文：此指北宋華嚴宗長水子璿對圭峰宗密《起信論疏》的注疏《起信論疏筆削記》，收於《大正藏》第四十四冊。

⓬予嘗就本《疏》……率多尊崇：據《憨山老人自序年譜實錄》（以下簡稱《年譜實錄》）載，憨山大師於七十歲時（一六一五）為弟子講《起信論》，並根據賢首法藏疏、圭峰宗密注之《大乘起信

頃念法門寥落，講席荒涼，初學之士，既無師匠可憑，己眼不明，非仗此《論》，無以入大乘生正信，將恐久而無聞焉。山居禪悅之暇，因祖舊章，率意直注本文，貴在一貫，不假⓭旁引枝蔓，而一心真妄迷悟之義，了然畢見，如視白黑，足有便於初學，非敢聞於大方也。⓮

門人超逸⓯，久依在座，深討論義，似得其旨。今攜草歸粵⓰，志欲刻之以為法施。

論疏》纂作《大乘起信論疏略》。（收於《卍新續藏》第四十五冊。《年譜實錄》名之為《起信略疏》，參見《憨山老人夢遊集》卷五十四，《卍新續藏》第七十三冊，頁八四四中）《大乘起信論疏略》卷末則載，該《疏略》於萬曆丁巳歲夏（一六一七）由徑山化城寺主持刊刻（參見《卍新續藏》第四十五冊，頁四八三中。）雙徑，徑山之別名，位於今杭州市餘杭區，唐代即有寺院建設，明朝萬曆年間雙徑寺院多重興，成為杭城佛教聖地之一。

⓭ 假：依靠，憑藉。

⓮ 山居禪悅之暇……非敢聞於大方也：表示寫作《起信論直解》是為了便利初學者對《大乘起信論》的理解，雖然是以《賢首疏》為根據，但沒有採取旁徵博引的玄義，不敢在專家面前掠美。大方即「方家」，指專精佛教義理的學者。

⓯ 超逸：釋超逸（？—一六三五），廣東三水人，俗姓何，字修六，憨山大師弟子。

⓰ 攜草歸粵：攜帶文稿回廣東去。草，此處指的是《起信論直解》的文稿。粵，音ㄩㄝˋ（yuè），廣東的簡稱。

予謂無佛法地，後學有志參究大法者，又當以此為瓦注⑰也。若夫得意遺言⑱，直入唯心現量⑲，是在當人智眼。⑳ 時

泰昌改元㉑歲在庚申仲冬朔

匡山㉒逸叟憨山釋德清述

---

⑰ 瓦注：出自《莊子．達生》，原指以卑賤的瓦器當作賭注。這裡是憨山大師謙稱未來想深究佛法義理者，可以將《起信論直解》當作基礎。

⑱ 得意遺言：語言文字為思想概念的載體，若能夠體會思想概念的實際涵義，就可以放下對語言文字的執著。典出《莊子．外物》：「荃者所以在魚，得魚而忘荃；蹄者所以在兔，得兔而忘蹄；言者所以在意，得意而忘言。吾安得忘言之人而與之言哉？」

⑲ 現量：因明或心識三量之一，唯識中五識（眼、耳、鼻、舌、身等識）接觸五塵（色、聲、香、味、觸）的直覺感受，及意識與五識共同緣念五塵者（五同緣意識）、與五識共同生起的意識（五俱意識）、禪定當中的意識及第八識緣念各種境界等都屬於現量。

⑳ 是在當人智眼：決定開啟人的智慧之眼。

㉑ 泰昌改元：「泰昌」為明光宗朱常洛（一五八二—一六二〇）年號，他在明神宗駕崩（一六二〇）後即位，改元「泰昌」，在位未滿月亦崩殂。改元，更改年號。《起信論直解》於是年刊刻，憨山大師時年七十五歲。

㉒ 匡山：即江西廬山，又稱「匡廬」。《年譜實錄》載憨山大師於明神宗萬曆四十四年（一六一六）

〈華嚴宗法界緣起㉓綱要〉

華嚴七祖以馬鳴為初祖，㉔然此《論》中未及圓融之旨，何以稱耶？㉕向未有知其

登匡廬，「因見其山幽勝，有歸隱之意。」（參見《憨山老人夢遊集》卷五十四，《卍新續藏》第七十三冊，頁八四四下。）

㉓ 法界緣起：華嚴宗判教四種緣起之一，說明一切諸法彼此之間無有窒礙，諸法融通各成彼此之緣起，一法能涵攝萬法，萬法能成就一法，故稱之為法界緣起。

㉔ 華嚴七祖以馬鳴為初祖：華嚴宗是中國佛教宗派之一，主要依於《華嚴經》立宗、判教，故名為「華嚴宗」。開創者為唐代帝心杜順（五五七—六四〇，法名法順）為初祖，至三祖賢首法藏集其大成，所以本宗又名「賢首宗」。圭峰宗密《注華嚴法界觀門》：「京終南山釋杜順集。姓杜，名法順，唐初時行化，神異極多，傳中有證，驗知是文殊菩薩應現身也，是《華嚴》新、舊二《疏》初之祖師。儼尊者為二祖、康藏國師為三祖。」（《大正藏》第四十五冊，頁六八四下。）據《慧因寺志》收錄蔣之奇（一〇三一—一一〇四）〈杭州慧因教院華嚴閣記〉述：「賢首教者，世傳《華嚴經》之學，始於帝心杜順、次尊者智儼、次賢首國師法藏、次清涼國師澄觀、次圭峰禪師宗密……源師因以五師為華嚴五祖。」（參見李翥撰、丁丙補：《玉岑山慧因高麗華嚴教寺志》卷六

說者，後學竟茫然莫辨，故了不加意，使古人建立宗旨，卒無以暢明於世也。故今略示其要，令知所宗。

（臺北：宗青圖書出版公司，一九九四年），頁七十五—七十六。）另曾旼〈宋杭州南山慧因教院晉水法師碑〉說：「（晉水）法師於是推原其本，則教宗雖始於賢首，法義實出於《起信》，乃以馬鳴大士為始祖，龍樹、帝心（杜順）、雲華（智儼）、賢首（法藏）、清涼（澄觀）、圭峰（宗密）以次列之，七祖既立，由是賢首宗裔，皆出一本。」（參見李翥撰、丁丙補：《玉岑山慧因高麗華嚴教寺志》卷八，頁一四八。）由此可知，北宋晉水法師淨源（一〇一一—一〇八八）繼宗密之餘緒立華嚴五祖乃至追溯至馬鳴為初祖、龍樹為二祖而立華嚴七祖。

㉕ 然此《論》中未及圓融之旨，何以稱耶：但是這部《大乘起信論》並沒有涉及圓融無礙的旨趣，為什麼要特別稱揚呢？【編案：華嚴宗判攝佛陀一代時教為小乘教、大乘始教、終教、頓教及圓教等五教。法藏疏、宗密注《大乘起信論疏》卷上又由五教開出五種宗趣：一、隨相法執宗（小乘教）；二、真空無相宗（龍樹、提婆等之般若中觀）；三、唯識法相宗（無著、天親等之唯識）；四、如來藏緣起宗（馬鳴依《楞伽》等經所造《起信論》等）；五、圓融具德宗（事事無礙、重重無盡的《華嚴經》）。當中說明《起信論》依五教說是「正唯終教，亦兼於頓」，而依五宗則屬於「如來藏緣起宗」，故憨山大師依此說「此《論》中未及圓融之旨」。（參見《乾隆大藏經》第一四一冊，頁八十五下—八十八下。）】

華嚴圓宗以一真法界統四法界，㉖依四法界立十玄門㉗。惟四界、十玄，皆由六相㉘

㉖華嚴圓宗以一真法界統四法界：華嚴宗認為萬法最根本的實相是「一真法界」（唯一真實法界），而一真法界即是「心」，由「心」涵攝「事法界」、「理法界」、「理事無礙法界」與「事事無礙法界」等四種法界。圭峰宗密《注華嚴法界觀門》說：「清涼《新經疏》云：『統唯一真法界，謂總該萬有，即是一心。』然心融萬有，便成四種法界：一、事法界，界是分義，一一差別，有分齊故。二、理法界，界是性義，無盡事法，同一性故。三、理事無礙法界，具性分義，性分無礙故。四、事事無礙法界，一切分齊事法，一一如性融通，重重無盡故。」（《大正藏》第四十五冊，頁六八四中—下。）

㉗十玄門：華嚴宗教義認為，若能融通「事事無礙法界」就能入於《華嚴經》所說的「蓮華藏莊嚴世界海」，所以稱之為「玄門」。一如（一三五二—一四二五）《三藏法數》卷二十八：「玄者，妙也；門即能通之義。謂玄妙之門，能通蓮華藏海故也。蓋此十門，乃晉雲華尊者，依《華嚴》大經一乘圓頓妙義而立也。」（《大藏經補編》第二十二冊，頁五二〇上。）十玄門有新、舊二說，初為雲華智儼所立，賢首法藏繼承而另立次第，清涼澄觀（七三八—八三九）再承法藏依止新說立論。新十玄門目參見〈華嚴宗法界緣起綱要〉後文。

㉘六相：《華嚴經》中所稱的六種相，分別為：總相、別相、同相、異相、成相、壞相。華嚴宗依此發展出「六相圓融」的論述，認為這六相只是體、用的不同顯現，彼此不相妨礙。賢首法藏《華嚴一乘教義分齊章》卷四：「總相者，一含多德故。別相者，多德非一故。別依止總，滿彼總故。同相者，多義不相違，同成一總故。異相者，多義相望，各各異故。成相者，由此諸義緣起成故。壞

而立，是則六相以成圓融無礙之宗也。

此《論》總明六相，則包括四界、十玄理趣無遺，以六相為圓融之統，是則此《論》攝法界而無盡矣。故首標一心真如，為「一法界大總相法門體」也。且此《論》宗百部大乘所造，然百部大乘，乃化佛㉙建立，即實之權。㉚今此《論》總攝權乘歸於一實，要顯即權之實，引歸果海㉛圓融之極致也。

然《論》中雖未明顯圓融之旨，且三乘、五性㉜，頓、漸修證，都歸一心果海之源。而圓融具德，皆一心之妙，已具華嚴宗中，故此不說。單為引攝歸於性海，故

相者，諸義各住自法不移動故。」（《大正藏》第四十五冊，頁五〇七下。）

㉙ 化佛：即佛陀之應化身。就大乘佛教思想而言，佛陀有法身、報身、化身三身，其中為了利益凡夫有情，故示現為化身，且以娑婆世界教主釋迦牟尼佛為化佛。

㉚ 即實之權：依著真實義教法權宜施設的意思。實，符合佛陀本懷的真實教法。權，為了方便接引眾生的權宜施設。

㉛ 果海：指佛陀果德的智慧喻如大海。

㉜ 三乘、五性：指各種不同修行根性的眾生。三乘，佛陀施設的三種教化方式，即聲聞乘、緣覺乘及菩薩乘。五性，即眾生五種不同種性。《大乘入楞伽經》卷二〈集一切法品〉：「復次，大慧！有五種種性。何等為五？謂：聲聞乘種性、緣覺乘種性、如來乘種性、不定種性、無種性。」（《大正藏》第十六冊，頁五九七上—中。）

《論》中最初所歸者乃報身佛㉝，及斷惑所見者亦報身佛。而《論》義具明染、淨同真，為一心之相、用，以一念為染、淨之緣起，是則全同華嚴，以「法界緣起」為宗。而十二緣生，即「如來普光明智」也，㉞是知要入華嚴法界，必由此《論》為入法界之

㉝報身佛：佛陀三身之一，指佛陀功德所成就的殊勝相好莊嚴果報身。佛陀的圓滿果報身有自受用及他受用，他受用果報身是為利益眾生而示現。

㉞十二緣生，即「如來普光明智」也：十二因緣是涵攝在佛陀（超越因果）的普光明智慧。十二緣生，即十二因緣、十二緣起，是佛教根本教義之一，主要為緣覺乘所觀修的內容。十二支分別為：一、無明；二、行；三、識；四、名色；五、六處；六、觸；七、受；八、愛；九、取；十、有；十一、生；十二、老死。當中諸項皆以前者為緣而輾轉引發後者，彼此重複循環不已，因此造成有情生命流轉的因果現象。如來普光明智，指佛的智慧無礙，如同光明普遍照耀。澄觀解釋《華嚴經．十定品》時認為，等覺、妙覺菩薩即同有如來普光明智，而這種智慧不屬於因果所生，但為因果所依。因此，這裡憨山大師藉由因果法的十二緣生，即攝屬於如來普光明智，說明《起信論》雖然建立生滅因果，實際則攝屬於真如體性。如澄觀《大方廣佛華嚴經隨疏演義鈔》卷七十三〈十定品〉：「普光明智不屬因果，該通因果，其由自覺聖智，超絕因果故。七卷《楞伽》妙覺位外，更立自覺聖智之位，亦猶佛性有因、有因因；有果、有果果。以因取之是因佛性，以果取之是果佛性，然則佛性非因、非果。普光明智亦復如是，體絕因果，為因果依，果方究竟，故云『如來普光明智』。」（《大正藏》第三十六冊，頁五八〇上。）

門也。

言六相者，乃總、別、同、異、成、壞也。

一者、總相：即一心真如，為法界大總相法門體。

二者、別相：即一心、二門，三細、六麤，[35]五意、六染，[36]修、斷差別[37]也。

三者、同相：即聖、凡，染、淨，因、果，性、相，[38]同一真如，即瓦器、微塵之喻也。

---

[35] 三細、六麤：《大乘起信論》所說枝末無明展現的九種相狀，分為三種微細相與六種粗略相。三細為：無明業相、能見相、境界相。其中更以境界相為緣而生出六粗相：智相、相續相、執取相、計名字相、起業相、業繫苦相。麤，同「粗」字，以下例同者，不再重註。

[36] 五意、六染：即意的五種名稱與六種染汙心。依《大乘起信論》說，因無明妄動，故眾生依於「心」、「意」、「意識」而有流轉，其中「意」具有五名：業識、轉識、現識、智識、相續識。而心為無明所染，故有六種染心，其實是三細、六粗的開合：執相應染（即六粗之執取相、計名字相）；不斷相應染（六粗之相續相）；分別智相應染（六粗之智相）、現色不相應染（三細之境界相）、能見心不相應染（三細之能見相）；根本業不相應染（三細之無明業相）。

[37] 修、斷差別：修行斷除煩惱的次第等，種種差別。

[38] 性、相：一切諸法的不變本體及可分別的相狀。《大智度論》卷三十一〈序品〉：「性、相小有差別。性言其體，相言可識。」（《大正藏》第二十五冊，頁二九三中。）

四者、異相：即染、淨諸法，各各差別，不一不雜，如塵、器之不一也。

五者、成相：即染、淨諸法，皆由一念緣起而成也。

六者、壞相：即染、淨諸法❸❾，各住自位，各各無性，無以自立也。

言四法界，乃理法界、事法界、理事無礙法界、事事無礙法界也。

一者、理法界：即一心真如，更無別法，全一真理。

二者、事法界：即一切聖、凡，染、淨，依、正，因、果，諸差別事法也。

三者、理事無礙法界者：由上理事相成，共有十門。以事攬理成，故全理成事；以理成事，故全事即理；以理能成事，故事不礙理，而能顯理；以事攬理成，故理不礙事，而能融事；理能成事，故全事即理；事能顯理，故全理即事；以理事相即，故得理事融鎔無礙也。《法界觀》十門分別，❹⓪最為昭著，此略舉其要。

---

❸❾ 編案：「法」於《卍新續藏》本誤作「淨」，今據金陵刻經處本改。

❹⓪《法界觀》十門分別：杜順《華嚴法界觀門》第二「理事無礙觀」詮解「理」、「事」融鎔存亡順逆通列有十門：一、理遍於事門；二、事遍於理門；三、依理成事門；四、事能顯理門；五、以理奪事門；六、事能隱理門；七、真理即事門；八、事法即理門；九、真理非事門；十、事法非理門。【編案：杜順《華嚴法界觀門》於《大正藏》中並無單行本，詳細內容可參詳清涼澄觀《華嚴法界玄鏡》、圭峰宗密《註華嚴法界觀門》等，皆收錄於《大正藏》第四十五冊。】

四者、事事無礙法界：以上理事無礙，今全理成事，故不必更言其理。以全事全理，故事事融攝，無障無礙。但以六相該收一切事法，則法法圓融，故成十重玄門，以彰法界之大用。故此《論》義會六相，則已攝事事無礙圓融具德宗[41]也。

十玄門義，具在《華嚴玄談》[42]中說，今但列名。十門玄者：一、同時具足相應門；二、廣狹自在無礙門；三、一多相容不同門；四、諸法相即自在門；五、祕密隱顯俱成門；六、微細相容安立門；七、因陀羅網境界門；八、託事顯法生解門；九、十世隔法異成門；十、主伴圓融具德門。此十玄門義，如《法界觀》及《玄談》中說。

---

41 圓融具德宗：華嚴宗判教十宗之一，以《華嚴經》的教法判攝一切諸法皆圓融無礙、具足眾德。賢首法藏《華嚴經探玄記》稱為「圓明具德宗」，澄觀《華嚴經疏》改為「圓融具德宗」。（參見賢首法藏：《華嚴經探玄記》卷一，《大正藏》第三十五冊，頁一一六中。清涼澄觀：《大方廣佛華嚴經疏》卷三〈世主妙嚴品〉，《大正藏》第三十五冊，頁五二一下。）《三藏法數》卷二十八：「謂此宗說一切諸法，稱性圓融，具足眾德，周徧含融，事事無礙，主伴無盡，是為圓融具德宗。（主即佛也，伴即菩薩也。）」（《大藏經補編》第二十二冊，頁五一九上。）

42 《華嚴玄談》：系錄出清涼澄觀《華嚴經》各相關注疏中之「玄談」部分別成一冊，名為《華嚴玄談》（《華嚴經疏鈔玄談》），收於《卍新續藏》第五冊。

【參】本文

第一章 釋題

一、題名

大乘起信論

直解

此《論》之題目，乃一論之綱宗也。言「大乘起信」者，為欲發起大乘正信故。言「大乘」❶者，即所信之法體。所言「法」者，謂「眾生心」。是心即攝一切世間、出世間法，具有體、相、用三大義，故云「大」也。「乘」者，謂此一心有運載義，以諸佛乘此而證菩提、涅槃；❷菩薩乘此廣修萬行，下化眾生、上求佛果；眾生

---

❶ 大乘：以載運之車乘，譬喻佛陀對不同根器眾生施設的教法，大乘經論多有三乘（聲聞乘、緣覺乘、菩薩乘）之說，其中菩薩乘相對於聲聞、緣覺而名之為「大乘」。

❷ 菩提、涅槃：指佛陀所證悟的覺悟智慧（菩提），與究竟了脫生死輪迴的滅度（涅槃）。菩提，佛

乘此而輪轉生死。以此一心，是一切聖、凡，迷、悟，因、果之總相故。故下文云：「即是一法界大總相法門體。」今者欲令眾生諦信此心即是大乘，正解不謬，❸意要發起大乘正信，故云「大乘起信」。然能信者是人，「大乘」即所信之法，義兼人、法，以法為機設故❹。

此《論》之作，以佛入滅六百年中，小乘之人，不信唯心，心外取法，多起諍論；外道邪執，破壞正法。故論主興悲❺，特造此《論》。故下因緣云：「為欲除疑，捨邪執故。」以疑與信反，今信此心，則疑自除矣。

陀能夠了斷一切煩惱的究竟覺悟。涅槃，佛陀斷除生死輪迴而進入究竟不生不死的寂滅。僧肇《注維摩詰經》卷四說：「道之極者稱曰菩提，秦無言以譯之。菩提者，蓋是正覺無相之真智乎。」（《大正藏》第三十八冊，頁三六二下。）又僧肇〈涅槃無名論〉說：「經稱有餘涅槃、無餘涅槃者，秦言無為，亦名滅度。無為者，取乎虛無寂寞，妙絕於有為。滅度者，言其大患永滅，超度四流。」（《大正藏》第四十五冊，頁一五七中—下。）

❸ 正解不謬：正確理解而沒有錯誤。謬，音ㄇㄧㄡˋ（miù），錯誤。

❹ 法為機設故：佛法施設必須建立在適合不同根機的眾生能夠接受的基礎上，正所謂「應機施教」。機，即根機。

❺ 興悲：發起慈悲心。

此《論》蓋宗《楞伽》❻、《思益》❼等百部大乘經所造，發明唯心、唯識之旨，統歸一心，為性、相二宗❽之綱要。❾深窮❿迷、悟之根源，指示修行之楗要⓫。所謂總攝如來所說深廣之義，實大教之綱宗、禪門之的旨也。

❻《楞伽》：即《楞伽經》，本經有三個漢譯本，分別是（劉宋）求那跋陀羅譯《楞伽阿跋多羅寶經》、（元魏）菩提留支譯《入楞伽經》、（唐）實叉難陀譯《大乘入楞伽經》，皆收於《大正藏》第十六冊。

❼《思益》：即《思益梵天所問經》，（後秦）鳩摩羅什譯，收於《大正藏》第十五冊。

❽性、相二宗：即「法性宗」與「法相宗」。通常以解釋諸法共同實相的教法為法性宗（性宗），而闡發諸法個別差異的教法為法相宗（相宗）。在中國佛教中，慣以天台、華嚴等屬於「性宗」，唯識則屬於「相宗」。當中性宗多發揚「唯心」，相宗則以「唯識」立教。（參見《佛光大辭典》「性相二宗」條。）

❾編案：憨山大師認為《大乘起信論》是融通了唯心、唯識，會通相宗歸於性宗的論典，他在《百法明門論論義》說：「佛說一大藏教，只是說破三界唯心、萬法唯識。及佛滅後，弘法菩薩解釋教義，依唯心立性宗、依唯識立相宗，各豎門庭，甚至分河飲水，而性、相二宗不能融通，非今日矣。唯馬鳴大師作《起信論》，會相歸性，以顯一心迷悟差別。」（《卍新續藏》第四十八冊，頁三〇八上。）

❿深窮：深入詳盡地探究。

⓫楗要：關鍵扼要的部分。楗，「鍵」字的假借。

「論」者，決擇是非，發明正理，揀⓬非經、律，故以「論」明。賢首本《疏》精詳，但科段少隔⓭，前已刪繁從略，謂之《疏略》。然其中文義，少有不馴，⓮故今仍遵本《疏》正義，順為《直解》，以便初學，非敢妄有臆說。⓯觀者幸無以人廢言，取信於心，是所望也。

二、造論者名

馬鳴菩薩造

直解

此造《論》人也。「馬鳴」者，以此菩薩初生之時，感羣馬悲鳴，故以為名。及說

⓬ 揀：揀別、分門別類。
⓭ 科段少隔：指論典羅列而少分科設段的間隔。
⓮ 少有不馴：稍微有些不順暢的地方。
⓯ 非敢妄有臆說：不敢依從沒有根據的虛妄猜測之說。臆，音 ㄧˋ（yì），猜測。

法時，諸馬聞之，亦皆悲鳴。《疏》引《摩訶摩耶經》云：「如來滅後六百歲已，諸外道等，邪見競興，毀滅佛法。有一比丘名曰馬鳴，善說法要，降伏一切諸外道輩。」⑯

三、譯者名

真諦三藏譯

直解

此譯人名也。《論》有二譯，一西印土優禪尼國⑰沙門波羅末陀⑱，此云真諦，梁

⑯ 參見《摩訶摩耶經》卷下，原文為：「六百歲已，九十六種諸外道等，邪見競興，破滅佛法。有一比丘名曰馬鳴，善說法要，降伏一切諸外道輩。」（《大正藏》第十二冊，頁一〇一三下。）

⑰ 優禪尼國：即鄔闍衍那，為古印度阿槃提國首都，約為今印度中央邦的烏賈因（Ujjain）。

⑱ 波羅末陀：梵文音譯，即梁、陳譯經三藏真諦。《續高僧傳》卷一：「拘那羅陀，陳言親依。或云波羅末陀，譯云真諦，並梵文之名字也。」（《大正藏》第五十冊，頁四二九下。）

元帝承聖三年，⑲於衡州建興寺，譯成一卷，二十四紙。一于闐國⑳沙門實叉難陀，此云喜學，大周則天時，㉑於東都㉒佛授記寺，譯成兩卷，亦二十四紙。今行前譯。㉓

〔唐〕西京太原寺沙門　法藏　造疏

〔明〕匡山法雲寺沙門　德清　直解

---

⑲梁元帝承聖三年：西元五五四年。

⑳于闐國：古西域國名，國內盛行大乘佛教，約位在新疆西部和闐（Khotan）。（參見《佛光大辭典》「于闐」條。）

㉑大周則天時：武曌（四二六—七〇五）於西元六九〇年登基為帝，建國號武周，謚號為則天大聖皇后。唐代實叉難陀新譯《大乘起信論》署云「大周于闐三藏實叉難陀奉制譯」，據〈新譯大乘起信論序〉說此本是在大周聖曆三年（七〇〇）譯於授記寺。（《大正藏》第三十二冊，頁五八三下。）

㉒東都：即洛陽。唐代以首都長安（西安）為「西都」，並稱洛陽為「東都」。

㉓今行前譯：《大乘起信論》新、舊兩個譯本中，以舊譯本（真諦譯本）較為流通，註解者眾，賢首法藏《義記》及憨山德清《直解》並皆依於舊譯。

第二章　歸敬請加

將著論文，先歸敬請加。[24]後正述論文。且初。

一、釋歸命

【論】歸命盡十方，

[24] 將著論文，先歸敬請加：撰作論典前先恭敬歸依三寶，祈請加被。這是古德造論之法式。

直解

將造斯論，先須歸命三寶，請求加被。所以然者，以造論釋經，經乃佛說，佛智甚深，非情可測，故請三寶威力加被攝受，故使論義印契佛心，且示法有所宗，以三寶是所依故。

今云「歸命」，表能歸之心也，欲入法性，先忘我相㉕，然命以統攝六根，今以命歸，則身心俱亡，能歸之至也。「十方」乃所歸之分際，意謂所著論義，乃十法界㉖之宗，故須歸命盡十方之三寶。以心無分限，故境亦無量，意在歸十方法界帝網剎㉗中無盡三寶也。

㉕我相：認為有實在的「我」的相狀。依唯識說認為有情眾生的第七識恆常執著第八識為「我」，因此造成生命不斷地輪轉。

㉖十法界：又名為「十界」，指有情眾生依果報及迷悟不同而有十種型態，概分為四聖法界：聲聞、緣覺、菩薩、佛；六凡法界：地獄、餓鬼、畜生、人、阿修羅、天。

㉗帝網剎：如帝釋網一般無量無邊的國土。帝網即因陀羅網，為忉利天主帝釋天宮殿的嚴飾，帝網由寶珠所成，各寶珠能映照其餘寶珠，珠珠相攝、重重無盡，因此以帝網來形容無邊無盡。剎，剎土、國土。

二、釋歸佛寶

【論】最勝業偏知，色無礙自在，救世大悲者。

【直解】此歸佛寶也。佛以三輪㉘應物，今所歸三輪，皆最殊勝，意顯非應化身，乃從法垂報之身㉙也。「偏知」㉚，意業最勝也。凡夫不知、外道邪知、二乘偏知、㉛菩薩

㉘ 三輪：指佛陀的身、語、意三業。四明知禮（九六〇—一〇二八）《金光明經文句記》卷一下：「身業現化名『神通輪』；口業說法名『正教輪』；意業鑑機名『記心輪』。三皆摧碾眾生惑業。」（《大正藏》第三十九冊，頁九十六上。）

㉙ 從法垂報之身：從法身起而為利益眾生示現之報身。法身，謂佛陀自證之無漏功德自性身，唯佛陀自受用。「報身」見本書〈卷首〉註㉝。

㉚ 偏知：佛陀的無漏智慧能夠普遍周知萬法。

㉛ 二乘偏知：聲聞、緣覺二乘斷除見惑（對理的分別煩惱）、思惑（對事的貪愛煩惱），證入偏空涅

分知，㉜唯佛徧知。以實智㉝證理，理無不徹；權智㉞鑒機，機無不宜，乃至法界眾生心念樂欲，無不盡知，故云「徧」也。

「色無礙自在」，身業最勝也。《華嚴》佛有無量相，相有無量好，㉟根根圓融，周徧自在，十身歷然，㊱無壞無雜，故云「無礙」。

「救世大悲」，語業最勝也。佛以音聲輪，應機說法，一音各解，㊲故語最勝也。

槃，但不知有無明惑、塵沙惑等，所以只是偏知。

㉜菩薩分知：菩薩尚有無明惑、塵沙惑未斷盡，從初地至十地各階位漸次斷除，智慧隨之逐步開顯，但下不能知上，因此知亦不能周遍。

㉝實智：了達諸法實相真理的智慧。

㉞權智：了達諸法方便施設的智慧。

㉟《華嚴》佛有無量相，相有無量好：《華嚴經》中說佛陀有無量的色相莊嚴，每一種色相有無量更微細的殊妙。佛陀色身殊勝特異較顯著者名為「相」，較微細者名為「好」，應化身佛具有三十二相與八十種隨形好，而《華嚴經》中毘盧遮那佛為報身佛，因此具有無量相好。

㊱十身歷然：佛陀的十種身能夠區別分明。《華嚴經．十地品》的第八地中提到佛陀的十種身，分別為菩提身、願身、化身、力持身、相好莊嚴身、威勢身、意生身、福德身、法身、智身。（《大正藏》第十冊，頁二〇〇中。）

㊲佛以音聲輪……一音各解：指佛陀善說法要，佛以一種音聲說法，眾生各隨不同根器而有個別的理

「世」，乃眾生世間，所救之處；「大悲」，乃能救之心，如來唯用大悲為力故；「者」，指人也。

三、釋歸法寶

【論】

及彼身體相，法性真如海，無量功德藏。

【直解】

此歸法寶也。「及」者，謂不但歸佛，亦歸法也。「彼身」，指上佛身。佛以法

解，皆能獲得利益。鳩摩羅什譯《維摩詰所說經》卷上〈佛國品〉說：「佛以一音演說法，眾生隨類各得解，皆謂世尊同其語，斯則神力不共法。佛以一音演說法，眾生各各隨所解，普得受行獲其利，斯則神力不共法。佛以一音演說法，或有恐畏或歡喜，或生厭離或斷疑，斯則神力不共法。」（《大正藏》第十四冊，頁五三八上。）

為身故，謂從真如所流教法，即是法身常住，以此中已有如來全身故，意顯此法即佛之體、相，本無二故。「法性真如」㊳，正指法體，謂真如法性，即法身真體。以此法身，在有情為佛性，在無情為法性，以與一切染、淨諸法為體性故。以有隨緣不變，不變隨緣，㊴故喻如海，遇風起諸波浪，濕性無二，故云「相」也。如來藏㊵中，含攝眾德，故云「功德藏」。

㊳法性真如：法性和真如都指諸法真實不變的本性，兩者異名而義同。吉藏（五四九—六二三）《大乘玄論》卷三說：「經中有明，佛性、法性、真如、實際等，並是佛性之異名。」（《大正藏》第四十五冊，頁四十一下。）

㊴隨緣不變，不變隨緣：一切諸法雖然隨染、淨因緣而顯現差異，但本體是不變的真如法性；真如法性雖然體性不變，卻能隨緣而生起諸法的各種現象。

㊵如來藏：眾生雖然具足無明煩惱，本性之中卻含藏清淨不變的佛性，此佛性雖然被煩惱所覆蓋，但不失其本體的清淨，所以稱為「如來藏」。

四、釋歸僧寶

【論】

如實修行等。

【直解】

此歸僧寶也。僧通凡、聖，大、小，㊶今言「如實修行」，乃地上菩薩㊷也。據後譯云：「無邊德藏僧，勤求正覺者。」㊸則上句歎德，人能攝德，故名為「藏」。

㊶ 僧通凡、聖，大、小：僧，即「僧伽」之略稱，包含了凡夫僧、聖賢僧；大乘僧（菩薩僧）、小乘僧（聲聞僧）等。

㊷ 地上菩薩：即指登地菩薩而言。大乘菩薩修道有五十二位，分別為：十信、十住、十行、十迴向、十地、等覺及妙覺。其中進入十地位階即稱為登地、地上，開始能夠分斷煩惱、分證真如，所以又名之為法身菩薩。（參見丁福保《佛學大辭典》「登地」條。）

㊸ 此指實叉難陀新譯《大乘起信論》文。

五、述造論意

下述造論意。

【論】

為欲令眾生，除疑捨邪執，起大乘正信，佛種不斷故。

【直解】

此述造論意也。法不虛設，必有所為，今有四意：一、以二乘不信唯心，故「顯示一心正義」，令除疑惑。二、以外道邪執44，故「對治邪執」，令捨邪見45。三、以修行者未起正行，故「分別發趣道相」46，令起正信以為行本。四、為使信成滿，入住不

44 邪執：指外道固執於「有實我」的見解。
45 邪見：指外道不相信因果等事，不認為善、惡業行會各別感召樂、苦果報，所以稱之為邪見。
46 分別發趣道相：辨別發起趨向於修學菩提道的相狀。趣，即趨向之意。

退，47 堪受佛果，故云「佛種不斷」。為此多意，所以造論。

47 為使信成滿，入住不退：為了使菩薩圓滿成就十信位，進而能夠達到十住正定聚的不退轉果位。賢首法藏《大乘起信論義記》卷下末：「直明菩薩十住已上，決定不退，名『正定聚』。未入十信，不信因果，名『邪定聚』。此二中間十信位人，欲求大果而心未決，或進或退，故《本業經》中，十信菩薩，如空中毛，名『不定聚』。」（《大正藏》第四十四冊，頁二七八中。）

第三章　總論

一、論宗本

【論】

論曰：有法能起摩訶衍信根，是故應說。

【直解】

此總標論宗本❹❽也。「法」者，即論所依宗本，謂一心法具二門、三大義故，正示所宗。「摩訶衍」❹❾，此云「大乘」，謂所宗心法，即是大乘，能信此心，即是大乘根

---

❹❽ 宗本：造論的根本主旨。

❹❾ 摩訶衍：即「大乘」。摩訶衍是「摩訶衍那」的略稱，為梵名音譯，「摩訶」即「大」，「衍那」為「乘」。《一切經音義》卷二十一：「摩訶衍（具云摩訶衍那，言摩訶者，此云大也；衍那云乘

本。有此勝益，是故須說。

二、作論規製

【論】

說有五分。云何為五？一者、因緣分；二者、立義分；三者、解釋分；四者、修行信心分；五者、勸修利益分。

【直解】

此標作論規製[50]。初開章門[51]也，然分章者，使知義有所屬，故此一論大文，立有

也）。」（《大正藏》第五十四冊，頁四四〇上。）

[50] 作論規製：造作論典的常例、法式。

[51] 開章門：說明文章的綱領。

五分而為次第：法不孤起，必有因由，故首列「因緣」；由致既彰，❺❷必有宗本，故次「立義」；宗本幽深，非釋莫解，故次「解釋」；既解法義，非行莫階，❺❸故次「修行信心」；解、行雖陳，鈍❺❹根懈退，故次「勸修」。此一論之大節也。凡經有三分❺❺：此因緣即「序」，中三分為「正宗」，勸修為「流通」。

---

❺❷由致既彰：造論的原因及主旨既然已經彰顯。

❺❸非行莫階：沒有實際修行，就無法登進階位。

❺❹編案：「鈍」於《卍新續藏》原刻本作「純」，誤。今據金陵刻經處本改。

❺❺經有三分：即三分科經，是為解釋經典，將一部經分成三個部分：序分（說明經典的緣起）、正宗分（經典的正文）、流通分（普勸修持流布經典）。三分科經是由東晉道安首創，後玄奘三藏翻譯印度親光論師的《佛地經論》也以三分（教起因緣分、聖教所說分、依教奉行分）來詮釋《佛地經》。《三藏法數》卷五：「三分者，分即分限，謂諸經中皆有序分、正宗分、流通分也。始自晉道安法師，判節諸經皆具三分，爾後親光《論》自西天傳至此土，果有三分之說，是故諸經皆以三分而科節也。」（《大藏經補編》第二十二冊，頁一八二中。）

第四章　釋因緣分（序分）

下釋因緣分。

【論】

初說因緣分。問曰：「有何因緣而造此論？」

答曰：「是因緣有八，云何為八？一者、因緣總相，所謂為令眾生離一切苦，得究竟樂，非求世間名利恭敬故。

【直解】

此八因緣中，第一總相56，與57一論為發起之由也。以凡夫、外道，迷此一心，以

---

56 總相：主要的造論目的，總體的原因。

57 與：為、是。

招苦苦、壞苦、行苦、❺❽分段生死之苦。❺❾二乘、菩薩，尚有變易生死之微苦。❻⓪今開示此心，令依之而修，則證得菩提覺法樂、涅槃寂滅樂。❻①但為眾生離苦得樂，非求世間名利恭敬故。

---

❺❽苦苦、壞苦、行苦：三者合稱為「三苦」。苦苦，本質與現象都只有苦受者。壞苦，雖有樂受，但不能恆常，終必壞滅者。行苦，沒有明顯的苦受，但諸法遷流無常，本質仍然是苦。

❺❾分段生死之苦：三界六道眾生因為各自果報體的不同，因此外相差異、壽命長短各有侷限，有生必有死，所以為分段生死。《三藏法數》卷三：「分即分限，段即形段。謂六道眾生，隨其業力所感果報，身則有長有短，命則有壽有夭，而皆流轉生死，故名分段生死。」（《大藏經補編》第二十二冊，頁一五〇上。）

❻⓪二乘、菩薩，尚有變易生死之微苦：聲聞羅漢、緣覺辟支佛及菩薩，雖然已證得果位、斷除輪迴，不受分段生死苦，但仍有證悟深淺、果位變易的微細狀況，就像此生他死一般，所以稱為變易生死。《三藏法數》卷三：「因移果易名為變易。謂聲聞、緣覺、菩薩雖離三界內分段生死，而有方便等土變易生死，如初位為因、後位為果，又後位為因、後後位為果，以其因移果易，故名變易生死。」（《大藏經補編》第二十二冊，頁一五〇上。）

❻①菩提覺法樂、涅槃寂滅樂：指證入佛果時的覺悟、寂靜等無上樂，是為獲究竟智慧、無苦之樂。

【論】

二者、為欲解釋如來根本之義，令諸眾生正解不謬故。

【直解】

此與立義分及解釋分中，顯示正義、對治邪執，作發起因緣也。以眾生無有正解，多起邪見，以不達62如來根本義故，今立義分中一心、二門、三大之義，乃如來之根本。今廣解釋，令諸眾生正解不謬故也。

【論】

三者、為令善根成熟眾生，於摩訶衍法堪任不退信故。

【直解】

此即下「分別發趣道相」因緣也，以彼文云：「令利根者，發決定信，進趣大道，

62 不達：不能明白、瞭達。

堪任住於不退信故。」此當十信滿心63，故云「成熟」；入十住正定聚64，故云「不退」。

【論】

四者、為令善根微少眾生，修習信心故。

【直解】

此即下「修行信心分」。謂為令善根微少眾生，發四種心、修五種行，65漸得善根成熟。以信未滿，故云「微少」；令進向滿，故云「修行信心」也。

63 十信滿心：菩薩十信位心圓滿而進入十住位。

64 正定聚：指這一類的眾生必定獲得證悟。菩薩以十住位為正定聚。聚，此一類眾的意思。（參見《佛光大辭典》「正定聚」條。）

65 發四種心、修五種行：即《起信論》「修行信心分」中對不定聚眾生所開示修持四種信心（信根本、信佛、信法、信僧）及五門（施門、戒門、忍門、進門、止觀門）等。詳見本書第七章。

【論】五者，為示方便，消惡業障，善護其心，遠離癡、慢，出邪網故。

【直解】此下為根劣易退者，賴多方便，故有四也。❻❻四中前三，為下、中、上，後一勸修。❻❼今當下品，謂為令業重惑多者，善根難發，故說禮懺方便，消惡業障。遠離癡、慢❻❽，出邪魔網故。

【論】六者，為示修習止、觀，對治凡夫、二乘心過故。

---

❻❻ 賴多方便，故有四也：須要依靠各種方便法門，所以舉出四種方便（此處指修行信心五門中，進門後所述的四種方便，即對障重眾生開示禮懺等除障方便；止觀法門；念佛生淨土防退方便；勸修利益）。賴，依靠。

❻❼ 四中前三……後一勸修：四種方便當中的前三者，可分為下、中、上三種層級的修持，最後則是勸進眾生應當努力修持。

❻❽ 癡、慢：愚癡與我慢，為眾生的根本煩惱之二。

直解

此當中品也。下文「修習止觀門」中，雙明止、觀，遣凡、小二執，⁶⁹故云「對治」。

【論】

七者，為示專念方便，生於佛前，必定不退信心故。

直解

此當上品也，即下文「修行信心分」末，勸生淨土，為劣根怯弱眾生，恐後報緣差成退⁷⁰，故令往生淨土，成不退也。⁷¹

---

69 遣凡、小二執：消除凡夫與二乘的兩種執著。遣，遣除。二執：我執與法執，指執著「我」及「法」為實有的錯誤見解。

70 後報緣差成退：這一期生命結束後未達到不退轉位，轉生之後若遇惡因緣則難免退轉。後報，此生結束之後的果報，指未來世而言。

71 往生淨土，成不退也：往生極樂淨土即能成就不退轉。《佛說無量壽經》卷下：「佛告阿難：『其有眾生生彼國者，皆悉住於正定之聚。所以者何？彼佛國中無諸邪聚及不定之聚，十方恒沙諸佛如

【論】八者，為示利益，勸修行故。

【直解】此即下「勸修利益分」。謂為懈慢[72]眾生，舉彼損益，勸令修習，總策[73]成前諸行也。

【論】有如是等因緣，所以造論。」

來皆共讚歎無量壽佛威神功德不可思議。諸有眾生聞其名號信心歡喜，乃至一念，至心迴向願生彼國，即得往生住不退轉，唯除五逆、誹謗正法。』」（《大正藏》第十二冊，頁二七二中。）

[72] 懈慢：懈怠懶散，或因懈怠而產生驕慢，不積極於從事修行。

[73] 策：勉勵的意思。

直解

此總結造論因緣也。蓋菩薩本意，為度眾生，故以眾生發起造論之因緣也。此八因緣，初一是總，餘七別緣。總括一論，具載下文。

【論】

問曰：「修多羅[74]中，具有此法，何須重說？」

答曰：「修多羅中，雖有此法，以眾生根行不等，受解緣別。所謂如來在世，眾生利根，能說之人，色心業勝，[75]圓音一演，異類等解，則不須論。

直解

此問明所以造論之意也。

[74] 修多羅：又名契經，指佛陀所說契合眾生根機的經典教法。賢首法藏《華嚴經探玄記》卷一：「一名修多羅，或云修妒路，或云素呾囕，此云『契經』。契有二義，謂契理故、合機故。」（《大正藏》第三十五冊，頁一〇九上。）

[75] 色心業勝：指佛陀色身與心意智慧的造作都十分殊勝。色，表示色身。

問曰：「如上所示一一法門，佛說契經中具有，何暇重論？[76]」答曰：「以眾生根有利、鈍，受教之緣不等，故有經、論之殊。」

「所謂」下，釋成根機不同，受解各別，故有經、論廣略之不一也。蓋如來在世，眾生根利，機因勝也；[77]親見佛身三業殊勝，親聞圓音，緣勝也。[78]如此，則一音演說，異類齊解，此則尚不假[79]結集之經，又何須論[80]？

【論】

若如來滅後，或有眾生，能以自力廣聞而取解者。

---

[76] 何暇重論：何必多此一舉地重複論述？暇，本意為悠閒，在這裡指多餘的。

[77] 蓋如來在世，眾生根利，機因勝也：佛陀在世的時候，眾生根器敏銳，屬於根機殊勝。

[78] 親見佛身三業殊勝，親聞圓音，緣勝也：親自見到佛陀身、語、意三業的殊勝，親自聽聞佛陀說法的圓滿法音，屬於緣起殊勝。

[79] 假：憑藉。

[80] 論：造論解說。

【直解】

此言如來滅後，根機不一，因緣各別，受解不同，於經於論，則有廣略不等也。且如來滅後，當正法之時，[81]去佛不遠，眾生根利，有自智力，故能廣聞多經而取解者。

【論】

或有眾生，亦以自力少聞而多解者。

【直解】

此亦利根眾生，有自智力，不假多聞。或一言之下，心地開通；一軸之中，義天朗耀。[82]如上二類之機，則不須論。

---

[81] 如來滅後，當正法之時：佛陀入涅槃之後，仍尚屬於正法的時期。【編案：佛法住世分成正法、像法、末法三個階段。其中正法住世時，經教與佛在世時無異，佛弟子能依著經教修行證果。唐代良賁（七一七—七七七）《仁王護國般若波羅蜜多經疏》卷下三〈囑累品〉：「有教、有行、有得果證，名為正法。」（《大正藏》第三十三冊，頁五二〇下。）至於正法住世的時間，有謂五百年，有說一千年，諸經論所述不同。】

[82] 一言之下，心地開通；一軸之中，義天朗耀：聽到一句開示、閱讀一部經典就能開發心性，了解佛

【論】或有眾生無自心力，因於廣論而得解者。

【直解】此乃劣機鈍根，無自智力。不能於經，解甚深義，要假廣論多聞而得解者。

【論】自有眾生，復以廣論，文多為煩，心樂總持少文而攝多義，[83]能取解者。

法義理。這兩句出自圭峰宗密《大方廣圓覺修多羅了義經．序》，原文為：「禪遇南宗，教逢斯典。一言之下，心地開通；一軸之中，義天朗耀。」（《大正藏》第三十九冊，頁五二四中。）旨在讚歎六祖惠能大師（六三八—七一三）的南宗禪及《圓覺經》，前者以一言，後者以一軸就能令聞者、見者契入心地法門而心開義解。軸，經軸，代指經教。

[83] 心樂總持少文而攝多義：內心好樂於掌握少許的論說，就能涵攝廣大繁多的義理。

直解

此自有厭煩要略[84]之機，故略論不可不作，正為此《論》之因緣也。

【論】

如是此論，為欲總攝如來廣大深法無邊義故，應說此論。」

直解

此結今造論之意也。此《論》始終萬一千餘言，則已總攝如來廣大深法，無邊妙義盡在其中，可謂文至略而義至廣。所謂總百部大乘奧義[85]，包括無遺；廓法界一心，如觀掌果。[86]誠入理之玄門、修行之妙指也，[87]學者可不盡心焉？

---

[84] 厭煩要略：不喜好廣大的論述，而追求簡略的意旨。

[85] 奧義：深奧的義理。

[86] 廓法界一心，如觀掌果：廣大無邊的法界收攝在一心之中，就如同觀看自己手掌中的果實一般簡單清楚。廓，音ㄎㄨㄛˋ（kuò），開拓。

[87] 誠入理之玄門、修行之妙指也：實在是了解義理的玄妙門徑，指導修行的巧妙指示。

第五章　釋立義分（正宗分）

一、標宗體

【論】

已說因緣分，次說立義分。「摩訶衍」者，總說有二種，云何為二？一者、法，二者、義。所言「法」者，謂眾生心，是心則攝一切世間、出世間法。依於此心，顯示摩訶衍義，何以故？是心真如相，即示摩訶衍體故；是心生滅因緣相，能示摩訶衍自體、相、用故。

【直解】

此立義分。首標一心宗體，以顯「大乘」名義也。

所言「法」者，謂一真法界大總相法門體，即如來藏清淨真心也。然而此心，體絕聖、凡，本無迷、悟，自性清淨，了無妄染，離名離相，絕諸對待，88唯一真源，更無二法，又何有「大乘」之名耶？《楞伽》云「大乘非乘」89，今言「大乘」者，蓋依眾生心而立此名也。

所言「總攝世、出世法」者，經云「如來藏轉三十二相入一切眾生身中」90，是則迷如來藏而為識藏91，乃眾生心也。以此心乃不生不滅與生滅和合而成，名阿賴耶

88 絕諸對待：超越彼與此的概念，跳脫二元對立。

89 大乘非乘：大乘教法不是實有「乘」的概念。此出於實叉難陀譯《大乘入楞伽經》卷四〈無常品〉偈誦：「我大乘非乘，非聲亦非字，非諦非解脫，亦非無相竟。然乘摩訶衍，三摩提自在，種種意成身，自在花莊嚴。」（《大正藏》第十六冊，頁六〇七下。）

90 此句化引自求那跋陀羅（三九四—四六八）譯《楞伽阿跋多羅寶經》卷二〈一切佛語心品〉，原文為：「世尊修多羅說，如來藏自性清淨，轉三十二相，入於一切眾生身中，如大價寶，垢衣所纏。如來之藏常住不變，亦復如是。」（《大正藏》第十六冊，頁四八九上。）

91 識藏：眾生因為煩惱迷惑，使本體清淨的如來藏變現為染汙煩惱與清淨佛性和合的「識藏」（阿賴耶識），而阿賴耶識即成為眾生輪迴的主體。如求那跋陀羅譯《楞伽阿跋多羅寶經》卷四〈一切佛語心品〉說：「如來之藏，是善不善因，能遍興造一切趣生……為無始虛偽惡習所薰，名為識藏。」（《大正藏》第十六冊，頁五一〇中。）

識92。而此識體原是真如，亦名本覺93，本無生滅，今因無明動彼淨心，而有生滅，故為業識94。以此心本是真如，故攝出世四聖95之法；以依業識則有生死，故攝六凡96之法。故云：「是心攝一切世間、出世間法故。」

今依此心顯示「大乘」義者，以法界一心，具有體、相、用三大義故。今依此一

---

92 阿賴耶識：南北朝舊譯為阿黎耶或阿梨耶，唐新譯為阿賴耶，是法相唯識中的第八識，義為「無沒識」、「藏識」，具有含藏執持善、惡種子，使其不失的功能，成為有情眾生的輪迴主體。賢首法藏《大乘起信論義記》卷中：「又阿梨耶及阿賴耶者，但梵言訛也。梁朝真諦三藏訓名翻為『無沒識』，今時奘法師就義翻為『藏識』。但『藏』是攝藏義，『無沒』是不失義，義一名異也。」（《大正藏》第四十四冊，頁二五五下。）

93 本覺：自心本來就具足的覺性。

94 業識：阿賴耶識的別名。就《大乘起信論》說，阿賴耶識是真心受無明煩惱湧動而成，湧動為業，所以稱為業識。無明，指內心受到煩惱障蔽而癡暗不明，不能了達諸法實相。〔隋〕淨影慧遠《大乘義章》卷六說：「言無明者，依如《毘曇》，癡闇之心，體無慧明，故曰無明；若依《成實》，邪心分別，無正慧明，故曰無明。」（《大正藏》第四十四冊，頁五八二下——五八三上。）

95 出世四聖：指四種出世間的聖賢境界，即佛界、菩薩界、聲聞界及緣覺界。

96 六凡：指六種世間凡夫的境界，即天界、修羅界、人界、畜生界、餓鬼界及地獄界，也稱為「六道」。

心，開真如、生滅二門。若約真如門，則離一切相，名言雙絕，97但顯其體，不顯相、用，故云：「即示摩訶衍體。」若約生滅門，則妄依真起，即顯相、用，故於生滅門中，具顯體、相、用三大之義，是故名「大」。依此真、妄二法有二轉依98，是故名「乘」，故云「依眾生心顯示大乘義」也。

此總出「大乘」得名之所以，先示真、妄心法，通為大乘法體也。99

97 名言雙絕：離開了「名字」與「言說」兩者的分別。意指真如本體不能用相對的言語、概念等去理解。

98 二轉依：指從煩惱障及所知障解脫轉為依止涅槃與覺悟（菩提）二種功德。《成唯識論》卷九：「由轉煩惱得大涅槃，轉所知障證無上覺，成立唯識意，為有情證得如斯二轉依果。或依即是唯識真如，生死涅槃之所依故。愚夫顛倒迷此真如，故無始來受生死苦；聖者離倒悟此真如，便得涅槃畢究安樂。」（《大正藏》第三十一冊，頁五十一上。）

99 先示真、妄心法，通為大乘法體也：先表示依於一心開出真如（真心）、生滅（妄心）二門，用以解釋「大乘」法的本體就是此一心。

二、示三大義

下示三大義。

【論】

所言「義」者，則有三種。云何為三？一者、體大，謂一切法真如平等，不增減故；二者、相大，謂如來藏具足無量性功德故；三者、用大，能生一切世間、出世間善因果故，一切諸佛本所乘故，一切菩薩皆乘此法到如來地故。

【直解】

此標列義門，以顯「大乘」得名，為下「正義」之張本也。[100]所言「義」者，謂「名依義立」。有何義故而立大乘之名耶？以有三大義，故得「大」名；以有二運轉義，故得「乘」名。

[100] 此標列義門，以顯「大乘」得名，為下「正義」之張本也：此處標列解釋意義的部分，先顯示「大乘」名稱的由來，作為接下來的正文說明之根據。張本，開展的根據。

此之名義，蓋因真、妄二法和合而有，故云「依眾生心顯示摩訶衍義」也。若言其體，則唯一真如，平等不二，不增不減，故但言體。今依如來藏隨染、淨緣，以隨淨緣，則具無量自性功德101，則成出世間因果；以隨染緣，則變自性功德而為恆沙煩惱102，則成世間因果，故相、用方顯。以此三大，染、淨之所不虧，生、滅之所不變，是故名「大」。諸佛菩薩皆乘此心，是故名「乘」。一論大旨，唯釋此義，故為宗本。

101 具無量自性功德：指如來藏自體的本性，具足了無量無邊的功德。

102 恆沙煩惱：如同恆河中沙子數量一般的煩惱。恆沙，「恆河沙數」的簡稱，指數量多如恆河中的沙子一般，佛經中常以此表示難以計算。恆原文作「恒」，為異體字，下文字型同者不再註。煩惱，指貪、瞋、癡等種種迷惑，能擾亂有情眾生身心者。鳩摩羅什譯《大智度論》卷二十七〈序品〉說：「『煩惱』名略說則三毒，廣說則三界九十八使，是名『煩惱』。」（《大正藏》第二十五冊，頁二六〇下。）又窺基《成唯識論述記》卷一本云：「煩是擾義，惱是亂義。擾亂有情故名煩惱。」（《大正藏》第四十三冊，頁二三五下。）

第六章　釋解釋分（正宗分）

【論】已說立義分，次說解釋分。

【直解】此結前生後[103]。

【論】解釋有三種，云何為三？一者、顯示正義；二者、對治邪執；三者、分別發趣道相。

---

[103] 結前生後：總結前文，引出後文。

直解

此標列釋名也。「顯示」者，正釋大乘所依法義。「對治」者，既明正體，須遣異計，104 上釋大義。「發趣」者，趣進次第，105 正明乘義。此正宗一分，有此三段，依義解釋。

一、顯示正義

【論】

顯示正義者，依一心法有二種門。云何為二？一者、心真如門，二者、心生滅門。是二種門皆各總攝一切法，此義云何？以是二門不相離故。

---

104 既明正體，須遣異計：既然明白正法本體的意義，進一步應當遣除異端知見。

105 趣進次第：進入實際修持的前後次序。

直解

此標宗本正義，以釋立義「依眾生心顯示摩訶衍義」，為一論之綱要也。

此《論》宗《楞伽》等經所造，今一心二門，蓋依經而立也。經云：「寂滅者名為一心，一心者名如來藏。」[106] 此心一法不立，有、無俱遣，生、佛皆空，[107] 故云：「遠離覺、所覺，是二悉皆離。」[108] 是則真、妄不立，寂滅湛然。[109] 故經中百八句，大慧約十法界名相、妄想而問，故佛答云「一切皆非」。[110]

---

[106] 參見菩提留支譯：《入楞伽經》卷一〈請佛品〉，《大正藏》第十六冊，頁五一九上。

[107] 有、無俱遣，生、佛皆空：在萬法本然的空性中，一併遮遣了有、無的概念，也沒有眾生與佛的分別。

[108] 遠離覺、所覺，是二悉皆離：離開能夠覺悟的人以及所覺悟的法，這兩者的二元分別都能夠遣除。此句化用求那跋陀羅譯《楞伽阿跋多羅寶經》卷一〈一切佛語心品〉，原文為：「一切無涅槃，無有涅槃佛。無有佛涅槃，遠離覺、所覺。若有、若無有，是二悉俱離。」（《大正藏》第十六冊，頁四八〇中。）

[109] 寂滅湛然：指如來藏心的本體寂靜無為、清明透徹。

[110] 經中百八句……故佛答云「一切皆非」：在《楞伽經》中，大慧菩薩以一百零八義啟教，內容包含十法界各種名相、妄想等事，佛陀則以各種正、反（非）相對名相一百零八句來回答。詳見求那跋陀羅譯：《楞伽阿跋多羅寶經》卷一〈一切佛語心品〉，《大正藏》第十六冊，頁四八二下—四八

今云「是心真如，為一法界大總相法門體」，即經所示「寂滅一心」也。以一心寂滅，不可說示，故大慧便問：「諸識有幾種生、住、滅？」111是約生滅門中容有言說，故五法、三自性，112皆依生滅門而有也。

以經云：「諸識略有三種相，謂：真識、現識、分別事識。113」故今《論》依一心立二門者，蓋依真識立「真如門」；依現識、分別事識立「生滅門」。故今真如，乃一

---

111 參見求那跋陀羅譯：《楞伽阿跋多羅寶經》卷一〈一切佛語心品〉，《大正藏》第十六冊，頁四八三上。

112 五法、三自性：《楞伽經》中將有為、無為等一切法總攝為「五法」：相、名、妄想、如如、正智。五法又可以歸納在「三自性」中：妄想自性（新譯遍計所執性）、緣起自性（新譯依他起性）、成自性（新譯圓成實性）。參見求那跋陀羅譯《楞伽阿跋多羅寶經》卷一、卷四。

113 真識、現識、分別事識：這三種識為《楞伽經》所立：「大慧！略說有三種識，廣說有八相。何等為三？謂：真識、現識，及分別事識。」（《大正藏》第十六冊，頁四八三上。）真識即如來藏心，現識相當於第八阿賴耶識，分別事識相當於具有分別諸法功能的眼、耳、鼻、舌、身、意等六識與第七末那識。【編案：此說與《起信論》不完全相同。】

心之真如，故名相、妄想一切皆非，一法不立，四句114俱遣；以依二識115，故三細、六麤、五意、六染，總屬名相、妄想，皆生滅門收，此《論》立義之宗本也。

前立義中云「眾生心攝世間、出世間法」者，蓋總約真、妄和合之一心，以通含染、淨諸法，為顯大乘依之而得名也。今云「是二種門皆各總攝一切法」者，以顯如來藏識藏，真、妄和合，各有力用，互相含攝，以顯不思議熏變之妙也。以如來藏具有恆沙諸淨功德，今迷而為識藏，而變恆沙淨功德而為染緣。

今言「各總攝」者，以如來藏隨淨法熏，則真有力而妄無力，故染緣即變為淨法，則總攝染緣於如來藏中，通為不思議之淨用；若隨無明染緣熏，則妄有力而真無力，故淨德即變為染緣，則攝淨德於藏識116中，通為不思議之業用。是則總是一如來藏，但隨染、淨熏變，以致真、妄各別，互相含攝，故云「以是二門不相離故」也。

此明如來藏不思議熏變之妙，故以此「各總攝」標顯，向下論文中生滅因緣、染淨

---

114 四句：對世間諸法採用「肯定」、「否定」、「部分肯定部分否定」及「雙重否定」等四類議論形式。

115 二識：指前述之「現識」與「分別事識」。

116 藏識：阿賴耶識的別稱，《起信論》認為其以真如為體性，及含藏一切善、惡、無記等種子，故稱為藏識。

熏習，皆發揮此三字而已。

（一）顯動、靜不一

1. 釋心真如門

【論】

心真如者，即是一法界大總相法門體，所謂心性不生、不滅。一切諸法，唯依妄念而有差別；若離妄念，則無一切境界之相。是故一切法，從本以來，離言說相、離名字相、離心緣相，畢竟平等，無有變異，不可破壞，唯是一心，故名「真如」。

━直解

此標釋立義分中「是心真如」也。何以名「真如」耶？謂即是「一法界大總相法門體」。「一法界」者，即無二真心，為萬法之所因依；「界」者，因也。「總相法門體」者，即一切聖、凡，依、正，117因、果之總相，皆依此心而為其體。

然此心體本不生滅，所謂「常住真心」也。既云一真，元118無差別之相；而今有差別者，唯依妄念而有，返顯119若無妄念，則湛寂一心，了無差別境界之相矣。

雖則萬法差別，法法皆真，是故一切法從本已來，言思路絕、心行處滅，120故一切言說、名字、分別，皆不可得，故皆云「離」也。由是染、淨不能異，121故云「畢竟平等」。四相122所不遷，故「無變異」。不屬有為，故「不可破壞」。「唯是一心」，更無別法。以不妄、不變，故名「真如」。

117 依、正：依報與正報。依報指眾生的身相所依止生存的山河大地等環境，正報則指眾生依過去所造業果感得的身相。《三藏法數》卷二十一：「依謂依報，即世間國土也，為身所依，故名『依報』。正謂正報，即五陰身也，正由業力感報此身，故名『正報』。既有能依之身，即有所依之土，故國土亦名『報』也。」（《大藏經補編》第二十二冊，頁四〇五上。）

118 元：通「原」字。

119 返顯：從反面來說的話，顯現出……的道理。

120 言思路絕、心行處滅：無法用言語直接陳述，也不能藉由心念思考而了知。

121 染、淨不能異：一切染法、淨法都不能改變真如心的體性。

122 四相：一切有為法具有的生、住、異、滅四種相狀。

(1)離言以明觀智境

【論】

以一切言說假名無實，但隨妄念，不可得故。言真如者，亦無有相，謂言說之極，因言遣言。此真如體無有可遣，以一切法悉皆真故，亦無可立。以一切法皆同如故，當知一切法不可說、不可念，故名為「真如」。

【直解】

此釋上離緣[123]，以顯真如絕待[124]也。

問：「何以真如離名言相[125]耶？」

答：「以一切言說，假名無實[126]故。」

---

[123] 離緣：指真如離開言說、名字、分別等種種因緣。

[124] 絕待：絕對、無分別。

[125] 離名言相：遠離言語概念的施設。

[126] 假名無實：指為他假立施設的名言，為因緣聚合而有，沒有真實的體性。

問：「何以離心緣相[127]耶？」

答：「以隨妄念不可得[128]故。」

問：「若名言、心緣一切皆離，如何是真如相耶？」

答：「真如者，亦無有相，以真如體離相寂滅，不可以相取[129]故。」

問：「既離名絕相，何以有『真如』之名耶？」

答：「以『真如』之名，乃言說之極[130]，此名之外，更無有可加者。故以『真如』之名，以遣名言之執耳，非是『真如』有相可名也。」

問：「若名言既遣，而此真如之體亦可遣耶？」

答：「此真如之體真實無妄，則無可遣。以可遣者，妄耳；不可遣者，真也。以一切法悉皆真故，無可遣也。」

問：「若諸妄俱遣，唯立[131]真如一法耶？」

---

[127] 離心緣相：遠離攀緣心的造作。

[128] 隨妄念不可得：隨逐虛妄分別念，是無法了知真如。

[129] 不可以相取：不能透過具體意象取著、了解。

[130] 言說之極：言語的極限。指勉強用言語表述、立名。

[131] 立：施設、安立。

答：「亦無可立。謂若真外別有一法，則言可立；以一切法，皆與真如同體，無二無別，又何可立？」

以有如是義故，當知一切法不可說、不可念，故名「真如」，此究竟離相之地也。

【論】

問曰：「若如是義者，諸眾生等，云何隨順而能得入？」

答曰：「若知一切法，雖說無有能說、可說，雖念亦無能念、可念，是名『隨順』。若離於念，名為『得入』。」

直解

此問明「隨順」、「得入」，以明觀智境也。

問曰：「言真如之體，既言思路絕，舉心即錯、動念即乖，[132] 則諸眾生等，云何隨順而得悟入？[133]」

---

[132] 言思路絕，舉心即錯、動念即乖：言語、概念無法表達，舉動心念都是違誤。

[133] 云何隨順而得悟入：要如何順從（真如）才能夠契入實相。

答曰：「若知一切法，雖說無有可說，雖念無有可念，此是『方便隨順』。若離於念，名為『得入』。」

以離念境界，唯證相應，故云「得入」。134

上明離言以明觀智境。

下依言辯德以明生信境。

(2)依言辯德以明生信境

【論】

復次，真如者，依言說分別有二種義，（云何為二？）135一者、如實空，以能究竟顯實故。二者、如實不空，以有自體，具足無漏性功德故。

---

134 以離念境界，唯證相應，故云「得入」：由於真如是捨離思維的一種境界，只有真實的體證才能與真如本體相應，所以說（體證離念）才能契入。【編案：本段問答說明真如雖然離言說名相、思念等事，但仍可以方便隨順言說、思念的觀照，最終若證得離念，則真實相應入於真如本體。】

135 編案：「云何為二」四字在《起信論直解》中佚漏，今據《大正藏》真諦譯《大乘起信論》本補入。

直解

此依言辯德，以釋立義分中「是心真如相」也。前顯離言，但示其體，故云「即一法界體，平等無二」。今則依言辯相，故云「有二種義」，「義」即「相」也。以即體之相故，但標「真如」，謂顯體有空、不空二義也。

「如實空」者，謂真如實體之中，空無妄染，以妄空故，實體自顯，故云「究竟顯實」。

「如實不空」言「有自體」者，以異妄無體，謂自體不空，[136]非斷滅[137]也。

言「具足無漏[138]性功德」者，以異恆沙有漏煩惱[139]，故云「具足」等，言如實體

---

[136] 以異妄無體，謂自體不空：為了簡別與虛妄不實、不具本體的妄想不同，所以稱真如的自體體性是「不空」。

[137] 斷滅：認為生命沒有善、惡業果的相續，死亡之後生命體就完全消失。

[138] 無漏：與有漏煩惱不相應，而能解脫煩惱、脫離生死的智慧及涅槃，稱之為「無漏」。

[139] 有漏煩惱：有漏與煩惱同義，眾生因煩惱而流轉於輪迴，不能出離，故名之為「有漏煩惱」。《阿毘達磨大毘婆沙論》卷四十七：「復次前已說漏，是留住義。無餘煩惱留諸有情，久住生死，如無明者，故獨立漏。」（《大正藏》第二十七冊，頁二四五上。）

中，雖空無妄染，而能具足無漏性功德故。《佛性論》云：「由客塵空故，與法界相離。無上法不空，與法界相隨。」[140]是則妄染雖空，而德相不空也。

【論】所言「空」者，從本已來，一切染法不相應故。謂離一切法差別之相，以無虛妄心念故。

【直解】此略釋「空」義也。

謂真如實體，但依妄染本無，故說體空，若離妄染，則無空可說，謂此真體從來與一切染法不相應故。謂離一切妄法差別之相，則絕境；以無虛妄心念，則絕心。心、境

[140] 由客塵空故，與法界相離。無上法不空，與法界相隨：由於煩惱如同外染的塵埃一般，隨因緣有而不真實，故「空」，所以和法界實相本體不相干涉。無上真如的自性功德則不是因緣法，故「非空」，和法界實相本體不相捨離。語出真諦譯《佛性論》卷四，原文為：「無一法可損，無一法可增，應見實如實，見實得解脫。由客塵故空，與法界相離；無上法不空，與法界相隨。」（《大正藏》第三十一冊，頁八一二中。）

皆絕，141故言「如實空」耳。

【論】

當知真如自性，非有相；非無相；非非有相、非非無相；非有、無俱相。非一相；非異相；非非一相、非非異相；非一、異俱相。

【直解】

此廣釋「空」義，以顯真如實體，本離四句、絕百非142也。然有、無四句，乃內教學佛法不得意者所計也；一、異等四句，乃外道謬計也。143謂

141 心、境皆絕：虛妄的分別心念，及外境諸相的差別等悉皆斷絕。

142 離四句、絕百非：這裡指真如體性非世間有為法，所以離開了名言、思想及各種相對的概念。四句，以肯定、否定、部分肯定部分否定、雙重否定等四類議論分判世間諸法的各種相對概念。百非，由四句所開展的百種否定。實叉難陀譯《大乘入楞伽經》卷三〈集一切法品〉：「觀察智者，謂觀一切法，離四句不可得。四句者，謂：一異、俱不俱、有非有、常無常等。我以諸法離此四句，是故說言一切法離。」（《大正藏》第十六冊，頁六〇五中。）

143 然有、無四句……乃外道謬計也：此處憨山大師依《楞伽經》所說，認為佛教內部不了解真如本體

真如之體，即般若真空；[144]若不得般若義，則妄起四計，是為四謗。[145]今顯四句既離，百非自遣，[146]般若實體，平等現前，故總云「非」。《楞伽》百八俱非，總不出此二四句計。

為空性者，執著各種「有」、「無」相對的分別見解；而認為真如體外別有他法的「一」或「異」等虛妄分別，則是外道的錯誤知見。如實叉難陀譯《大乘入楞伽經》卷四〈無常品〉說：「一切眾生於種種境，不能了達自心所現，計能、所取，虛妄執著；起諸分別，墮有、無見，增長外道妄見習氣。心、心所法相應起時，執有外義種種可得，計著於我及以我所，是故名為虛妄分別。」（《大正藏》第十六冊，頁六〇九中。）

144 真如之體，即般若真空：真如心的本體就是般若空性智慧。

145 妄起四計，是為四謗：依於有無、一異等四句的分別妄想，則成為對真如空性的毀謗。清涼澄觀《大方廣佛華嚴經隨疏演義鈔》卷七十五〈十忍品〉說：「言四謗者，謂定有者是『增益謗』，若定無者是『損減謗』，亦有亦無『相違謗』，非有非無『戲論謗』。」（《大正藏》第三十六冊，頁五九二上。）

146 四句既離，百非自遣：既然離開四類議論的分別，那麼也就自然遣除了由四類議論所延伸的百種否定。

【論】

乃至總說，依一切眾生以有妄心，念念分別，皆不相應，故說為「空」，若離妄心，實無可空故。

【直解】

此結顯「空」義也。

謂真如實體，非思量分別之境，故眾生種種妄想分別，皆與此體總不相應。以為遣彼妄念，故說「體空」，若離妄心，則空亦不立矣，又何有「空」之一字可說也？此則妄念既離，真亦不立，所謂「究竟顯實」也。

【論】

所言「不空」者，已顯法體空無妄故，即是真心，常恆不變，淨法滿足，則名「不空」。亦無有相可取，以離念境界，唯證相應故。

【直解】

此明「不空」義也。

謂此「不空」更非別法，即前已顯法體空無妄染，即是真心常恆不變之實體。而此體中本有恆沙淨德，向被妄染遮障不顯；今妄染既離，則本有淨法滿足，以此義故，名為「不空」，不是別有實法可取也。

惟此「不空」之體，非妄念分別可到，[147]乃是離念境界，唯證相應，故永嘉云：「唯證乃知，難可測也。」[148]

上釋心真如門竟。

2. 釋心生滅門

(1) 釋生滅心法

下釋心生滅門有二大科：初、釋生滅心法。二、辯所示之義。

---

[147] 非妄念分別可到：不是虛妄分別的思維可以觸及。

[148] 語出唐代禪宗六祖惠能大師的弟子永嘉玄覺（六六五—七一三）禪師所作之《永嘉證道歌》，以此表示只有透過修證才能了知真如本體。原文作：「寂滅性中隨飲啄，諸行無常一切空，即是如來大圓覺。決定說表真僧，有人不肯任情徵。直截根源佛所印，摘葉尋枝我不能。摩尼珠人不識，如來藏裏親收得。六般神用空不空，一顆圓光色非色。淨五眼得五力，唯證乃知難可測。」（《大正藏》第四十八冊，頁三九五下。）

初中又二：初、染淨生滅。二、染淨相資。

且初。

I 染淨生滅

【論】

心生滅者，依如來藏，故有生滅心。所謂不生不滅與生滅和合，非一非異，名為阿黎耶識。

直解

此釋立義分中「是心生滅因緣相」，先明「生滅心」以顯一心之源也。

言「依如來藏」者，即所立「一心真如」，乃「一法界大總相法門體」也。以此心體本來無染，故云「自性清淨」；寂滅湛然，故云「不生」；常住不動，故云「不滅」；不妄不變，故名「真如」；一切如來恆沙淨德性自具足，故名「如來藏」。

以此藏性本無迷、悟，了無聖、凡，149而為十法界一切聖、凡因果所依，故云「一

149 了無聖、凡：在聖人與凡夫處一點也沒有差別。

法界大總相法門體」，故《論》立此為一心真源。《楞伽》云：「如來藏為生死因，若生若滅。」150故今在生滅門中，要顯此心為迷、悟依，故云「依如來藏有生滅心」，譬如波濤依海水而有也。若據此一心真如，則了絕聖、凡，151故云「三界唯心」，則心外無一法可得。

今顯聖、凡，迷、悟因果，皆生滅門收，152所謂不了一法界義故，不覺動念而有無明，迷此真心變為藏識，故經云「識藏如來藏」153，故云「不生不滅與生滅和合，非一非異，名為阿黎耶識」。經喻如波濤依水，154正顯萬法唯識也。故《論》立此識為生法

---

150 此句化用《楞伽經》語，菩提留支譯《入楞伽經》卷七〈佛性品〉：「如來之藏是善不善因故，能與六道作生死因緣，譬如伎兒出種種伎，眾生依於如來藏故，五道生死。」（《大正藏》第十六冊，頁五五六中。）又求那跋陀羅譯《楞伽阿跋多羅寶經》卷四〈一切佛語心品之四〉則說：「如來藏者，受苦樂與因俱，若生若滅。」（《大正藏》第十六冊，頁五一二中。）

151 了絕聖、凡：結束聖人與凡夫之間的差別。

152 今顯聖、凡，迷、悟因果，皆生滅門收：這裡顯示凡夫迷惑與聖人覺悟的因果等事，都收納在生滅門當中。收，容納。

153 語見求那跋陀羅譯《楞伽阿跋多羅寶經》卷四〈一切佛語心品之四〉，原文為：「大慧！若無識藏名如來藏者，則無生滅。」（《大正藏》第十六冊，頁五一〇中。）

154 經喻如波濤依水：《楞伽經》中對藏識的譬喻，如同海水與水波，水波雖然因風而起湧動，但其體

之本，故下三細、六麤、五意、六染，皆依識變；即返妄歸真，亦依此識斷、證。故《楞伽》約真如門，則一切皆非，不容有說；而可說者，蓋約生滅門耳。此一論之宗依，學者須先識其源頭，故概155示於此。

【論】

此識有二種義，能攝一切法，生一切法。云何為二？一者、覺義；二者、不覺義。

【直解】

此依「真、妄和合」，釋「此識有二種義」，以顯迷、悟因依也。

「二義」者，即覺、不覺二義也。經云：「如來藏轉三十二相入一切眾生身

性與海水無異。就如同無明煩惱風掀起波動而成阿賴耶識，但其體性與真如大海無異。實叉難陀譯《大乘入楞伽經》卷二〈集一切法品〉：「如海共波浪，心俱和合生。譬如海水動，種種波浪轉；藏識亦如是，種種諸識生。」（《大正藏》第十六冊，頁五九四下。）

155 概：約略或總括。

中。」156以此識稱心、意、意識157，故名眾生。謂此識本如來藏所成，而為眾生本有之佛性，故云「覺義」；今被無明障蔽而不知，故云「不覺義」。

「能攝」、「能生」者，謂聖、凡，依、正因果，依此一心建立，含攝無遺，故云「攝一切法」。今以隨無明流，而生三細、六麤一切世間之染法，依始覺158返流，則生出世四聖之淨法，是則染、淨因果，皆從真、妄熏變，皆此識之力用，故云「能攝」、「能生」。

156 此句化引自求那跋陀羅譯《楞伽阿跋多羅寶經》卷二〈一切佛語心品之二〉，原文作：「世尊修多羅說，如來藏自性清淨，轉三十二相，入於一切眾生身中，如大價寶，垢衣所纏。如來之藏常住不變，亦復如是。」（《大正藏》第十六冊，頁四八九上。）

157 心、意、意識：在《起信論》中所說的心、意、識與後來的法相唯識界定不同。就憨山大師的解釋可知，《起信論》定義的「心」為「如來藏自性清淨心」；「意」有五名，涵蓋了第七末那識與第八阿賴耶識；「意識」則指前六識。詳見後文。

158 始覺：開始修行而開發覺悟之心。《起信論》立本來清淨的真如為「本覺」，但真如受到無明妄動成為妄染的阿賴耶識。透過修持佛法除滅阿賴耶識的無明妄染，因而開始漸次覺悟，便稱為「始覺」。《三藏法數》卷一：「謂眾生本覺心源，由無明熏動，覺成不覺，多劫在迷。今始覺悟，是名始覺。始覺究竟，即成佛也。」（《大藏經補編》第二十二冊，頁一三一上。）

【論】

所言「覺義」者，謂心體離念。「離念相」者，等虛空界無所不徧，法界一相，即是如來平等法身，依此法身說名「本覺」。

【直解】

此顯眾生本有不迷之佛性也。

所言眾生佛性者，乃如來藏，實諸佛之法身，今雖流轉五道159而為眾生，而本體湛然常住，不動周圓，未曾欠缺；但因眾生一念無明，妄心遮障而不顯現，故日用而不自知。

以眾生從來不曾離念故，若能離念，則本體廓然，如太虛空，160無所不徧，則一切

---

159 五道：即流轉生死輪迴的五種眾生型態，又名為五趣，分別為：天、人、地獄、餓鬼、畜生。諸經或將阿修羅判攝為天、畜生或鬼趣，若加上阿修羅則為六道。如《佛地經論》卷六說：「諸阿素洛【編案：即阿修羅】種類不定，或天或鬼，或復傍生【編案：即畜生】，故不別說。」（《大正藏》第二十六冊，頁三一七上。）

160 本體廓然，如太虛空：本覺理體廣闊的樣子，就像宇宙虛空一般。

妄念差別境界，融成一味真心，唯法界一相，更無對待。⑯惟此即是如來平等法身，乃眾生之本有，故依此法身說名「本覺」。大經云：「我於一切眾生身中成等正覺。」⑯蓋依此平等法身，故說「眾生舊來成佛」⑯，依此義也。

【論】何以故？「本覺義」者，對始覺說。以始覺者，即同本覺。「始覺義」者，依本覺故而有不覺，依不覺故說有始覺。又以覺心源故，名「究竟覺」；不覺心源故，非究竟覺。

---

⑯ 唯法界一相，更無對待：只有法界一體的相狀，泯除了二元對立。對待，主體與客體彼此相對的二元對立概念。

⑯ 此句化用《華嚴經》，如憨山大師《法華經通義》卷三也有這樣的化引：「《華嚴經》云：『毗盧遮那，於一切眾生身中，成等正覺。』」（《卍新續藏》第三十一冊，頁五四九上。）若對應於《華嚴經》文，具有類似義者為：「佛子！菩薩摩訶薩應知，自心念念常有佛成正覺。何以故？諸佛如來不離此心成正覺故。如自心，一切眾生心亦復如是，悉有如來成等正覺。」（《大正藏》第十冊，頁二七五中。）

⑯ 眾生舊來成佛：眾生早就成佛了（眾生本來就成佛了）。

直解

此覈[164]「本覺」得名，以顯「始覺」為返流還淨之智[165]也。

由前明妄依真起，故說「依黎耶有覺、不覺」，此迷妄之通相[166]也。今就一覺而分本、始二義，蓋別顯從迷返悟，要依始覺之智為張本也。然此覺性，若約不迷，但直名「覺」。今因在迷中，一向不覺，特因「始覺」而顯；然非新生，乃是眾生之本有，故云「本覺」；今日方覺，故云「對始覺而說」也。且此始覺亦不從外來，特由本覺內熏之力而發，更無二體，故云「即同本覺」，是則始、本不二，元一覺也。

又今言「始覺義」者，亦非創起，蓋依迷本覺之無明心中而發，一向不覺，今始覺之者，要顯實由本覺內熏之功，故云「依本覺」等。譬如醒人而有睡夢，從夢覺者，即本醒人，非他人也。原此覺性元無二義，今就三細、六麤迷源既遠，若返流還淨，要始覺有功，本覺乃顯。然依四相，始覺滅相，漸漸覺至生相；[167]生相既破，歸一心源，法身全

[164] 覈：音ㄏㄜˊ（hé），檢核的意思。

[165] 返流還淨之智：逆著煩惱的流向而恢復本來清淨覺性的智慧。

[166] 迷妄之通相：指阿賴耶識乃是迷於妄想的共通相狀，依此而有覺、不覺二途。

[167] 然依四相……漸漸覺至生相：這裡所指的是始覺的觀照次第，對眾生心「生、住、異、滅」的現象而言，是先從觀照「滅相」下手。由覺知心念的「滅相」為始，逐漸而能覺知心念生起的「生

顯，名「究竟覺」。其在中路⑯⑧，未至心源，皆非究竟也，故下約四相以明始覺之漸。

【論】
此義云何？如凡夫人，覺知前念起惡故，能止後念令其不起，雖復名覺，即是「不覺」故。

【直解】
此徵釋上「究竟」、「不究竟」義，以明始覺漸次也。若約返流寄位⑯⑨，當依三細、六麤，此中正說一心生滅，尚未發明麤、細之相。

今因說始覺故，姑就始終生、住、異、滅四相，以明從凡至聖，以顯返流漸漸至究竟覺，假此以顯始覺之相也。「如凡夫人」下，謂從觀行位⑰⓪，先覺「滅相」也。言

相」。依據《起信論》的始覺觀照次第分別為「滅相」、「異相」、「住相」乃至「生相」，所以說「漸漸覺至生相」。關於始覺觀照四相的內容詳見下文。

⑯⑧ 中路：即中道，在半途還未到達的意思。

⑯⑨ 返流寄位：指斷除煩惱的修證位階。

⑰⓪ 觀行位：指從明白道理開始進入觀照實修。天台宗立圓教六即中第三為「觀行即」，如諦觀（生卒

「覺滅相」者，謂眾生造業之心，念念生滅，未曾暫止。今覺此一念滅處，正是引起後念造業之心令生也，故覺了前念起惡之心滅時，即就滅處，止其後念之惡，更不容起。故念念滅時，念念止之，止之既久，則令惡念不生。此所謂「止惡防非」，故雖覺惡念不容其起，但在生滅心中遏捺，未見不生滅性，故云「雖覺即是不覺」。若約後六麤，當覺「起業相」。[171]

【論】 如二乘觀智，初發意菩薩等，覺於念異。念無異相，以捨麤分別執著相故，名「相似覺」。

年不詳）《天台四教儀》中說：「依教修行，為觀行即（五品位）。」（《大正藏》第四十六冊，頁七八〇上。）

171 故雖覺惡念不容其起……當覺「起業相」：所以雖然能覺知惡念而勉強壓抑不使它生起，但卻只是以生滅心來壓抑，而不能了知心性的無生滅性，因此說這種生滅的覺知也是「不覺」，相當於覺知六粗相中的「起業相」。遏捺：刻意壓制。遏，音ㄜˋ（è），阻絕；捺，音ㄋㄚˋ（nà），抑制。當，相當於。

直解

此明「覺異相」，當三賢位[172]也。

言「如二乘觀智」者，謂二乘人，作生空觀[173]，破分別我執。「初發意菩薩」即依

---

172 三賢位：有三乘共通的三賢與大乘三賢位兩種解釋。三乘共通指的是五停心、別相念、總相念。大乘菩薩三賢位則是指十住、十行、十迴向。天台智顗（五三八—五九七）《四教義》卷八說：「三乘初心通名乾慧地者，乾慧地即是三賢之位也：一、五停心；二、別想念處；三、總想念處。」（《大正藏》第四十六冊，頁七四八中。）《三藏法數》卷十：「三賢覺異相者，三賢即十住、十行、十迴向也。謂菩薩修行證此三賢位，則能覺了心中念念異相分齊也。」（《大藏經補編》第二十二冊，頁二五五下。）【編案：「賢位」指的是修行者調伏煩惱、累積資糧，離開凡夫位但未進入聖者位的階段。這裡的「三賢位」是指菩薩修行階次的十住、十行與十迴向等。】

173 生空觀：又稱為我空觀、人空觀，主要為二乘行者所修持，觀察五蘊（色、受、想、行、識）為假合無我，勘破執著於「我」的煩惱障礙。如淨影慧遠《大乘義章》卷三說：「一、生空觀，觀察五陰無我人故。」（《大正藏》第四十四冊，頁五三六中。）又《成唯識論》卷一說：「後修道中，數數修習勝生空觀，方能除滅分別我執。」（《大正藏》第三十一冊，頁二上。）

彼生空作法空觀⑰，破分別法執。從信入住，至十向滿心，漸斷分別二障，⑰名「相似覺」⑰，為「覺異相」。

言「異相」者，謂我、法差別對待不忘，漸漸覺破執取之念，了不可得，故云「念

⑰ 法空觀：觀照一切外在、內在諸法都是因緣假合所生，沒有自性，稱之為法空觀，是大乘菩薩修習之空觀，能勘破執著一切諸法為實有的障礙。如《大乘義章》卷三說：「二、法空觀，觀法虛假無自性故。」（《大正藏》第四十四冊，頁五三六中。）又廣益（生卒年不詳）《百法明門論纂》說：「始從凡夫作生空觀，熏修至七信位，斷分別我執。從八信位，作法空觀，熏修歷三賢，至初地初心，斷分別法執。故云『分別二障極喜無』。」（《卍新續藏》第四十八冊，頁三二七下—三二八上。）

⑰ 從信入住……漸斷分別二障：菩薩修持從成就十信位而入於十住位、十行位一直到十迴向位後心圓滿，藉由生空觀及法空觀對治分別我執與分別法執，就能漸次斷破由分別我執所生的「煩惱障」，及由分別法執所生的「所知障」這兩種障礙。

⑰ 相似覺：指菩薩修持空觀後，理解開發出相似於真實覺悟的力量。如諦觀《天台四教儀》說：「相似解發，為相似即（十信）。」（《大正藏》第四十六冊，頁七八〇上。）天台宗以十信位屬於「相似即」，而《起信論》則以十住、十行、十迴向的修持過程為「相似覺」，分判位階有所不同。

無異相」。約六麤，當破執取、計名字，⑰故云「捨麤分別執著故」。以未見真如，但比觀而知⑱，故云「相似」。

【論】

如法身菩薩等，覺於念住。念無住相，以離分別麤念相故，名「隨分覺」。

【直解】

此明「覺住相」，當地上菩薩⑲也。

言「法身」者，謂地上菩薩，依真如法為自體，故名「法身」。言「住相」者，謂分別境界能、所對待⑳，念念未忘，心有所著，故云「住相」。今地上菩薩，入真

⑰ 當破執取、計名字：《起信論》認為六粗中的「執取相」、「計名字相」，相當於四相中的「異相」。所以「念無異相」就相當於勘破「執取相」與「計名字相」。

⑱ 比觀而知：透過比類觀照而能夠了知。

⑲ 地上菩薩：指證入初地（十地位中的第一地）以上的菩薩。

⑳ 能、所對待：指尚有主、客二元對立的分別。在兩個對立層面而言，主體稱之為「能」，主體行為所施加的客體稱之為「所」。

如觀，觀察自心念念分別，住無住相，則能離分別麤念，此約六麤、三細，當覺「智相」、「相續」，及「能見」、「能現」，四種住相181，此四名為俱生我、法二執182，分破、分證，故名「隨分覺」183。此上三相，184皆非究竟，以未至心源故。

【論】

如菩薩地盡，滿足方便，一念相應，覺心初起，心無初相，以遠離微細念故，得見

181 四種住相：指前述六粗中的「智相」、「相續相」及三細中的「能見相」、「境界相」（現相），《起信論》認為這四者相當於四相中的「住相」。

182 俱生我、法二執：與生俱來的我執與法執，相對於分別我執與分別法執而言，俱生二執是先天業習氣熏染而有，不須要透過後天學習的分別才能引生，所以較分別二執微細而難斷。

183 隨分覺：相對於究竟圓滿的覺悟而言，從初地法身菩薩直至九地，分分斷破俱生二執，並隨著層次深淺的不同分證菩提，然而由於尚未達到圓滿，所以稱為「隨分覺」。相當於天台宗六即中的「分證即」，惟天台宗以「初住」以上為「分證即」，《起信論》以「初地」以上為「隨分覺」，分判不同。如諦觀《天台四教儀》說：「分破分見，為分證即（從初住至等覺）。」（《大正藏》第四十六冊，頁七八〇上。）

184 此上三相：指前述覺「滅相」的「觀行位」、覺「異相」的「相似覺」與覺「住相」的「隨分覺」這三個階段。

心性，心即常住，名「究竟覺」。

直解

此明「覺生相」也。

謂十地菩薩，真窮惑盡，悉皆究竟，故云「滿足方便」。言「方便」者，乃觀行修、斷之法也。以此菩薩研真斷惑[185]至此，以一念觀心，與無念相應，從此更無可斷矣。此總顯「究竟覺心」，下明究竟之所以[186]。

言「相應」者，但覺一念無明動心初起之時，自心體中了無初起之相，本自寂滅無生，故云「心無初相」。是則無念真心，遠離最初微細動念，故「得見心性」。既無生相變異，唯一心源，故云「心即常住」。至此始、本合一[187]，名「究竟覺」[188]也。

---

[185] 研真斷惑：研析真如本性，斷破煩惱迷惑。

[186] 究竟之所以：達到究竟覺悟的原因及方法。

[187] 始、本合一：始覺合於本覺，二者終究無別的境界。

[188] 究竟覺：指菩薩證得心性本體，達至究竟圓滿的覺悟，成就佛果菩提，相當於天台宗六即中的「究竟即」。如諦觀《天台四教儀》說：「智斷圓滿，為究竟即（妙覺位）。」（《大正藏》第四十六冊，頁七八〇上。）又《三藏法數》卷六：「究竟，即決定終窮之義也。謂能覺了染心之源，究竟

【論】

是故修多羅說：「若有眾生能觀無念者，則為向佛智故。」

【直解】

此證明「無念」為成佛之捷要[189]也。

意謂不但菩薩修、斷，以至無念，名為「究竟」。即凡諸眾生，二六時中，[190]苟能觀察無念者，則念念向佛智矣。成佛之要，無踰[191]此者，故特揭示於此。

【論】

又心起者，無有初相可知，而言「知初相」者，即謂「無念」。是故一切眾生，不名為「覺」，以從本來念念相續，未曾離念，故說無始無明。

終窮，同於本覺，故名『究竟覺』。」（《大藏經補編》第二十二冊，頁一九一上。）

[189] 捷要：快速成就的關鍵。

[190] 二六時中：指一天二十四個小時當中。依漢人計時的慣例，一個時辰相當於現在所說的兩個小時，晝有六時、夜有六時，故稱為二六時。

[191] 踰：音ㄩˊ（yú），超過，越過之意。

【直解】

此重顯無念，以釋心有初相之疑也，恐惑者聞覺心初起之說，將謂「有初相可知」，⑲²故此釋云：「又心起者，無有初相可知。」今言「知初相」者，蓋知最初本無念也，以此無念為「究竟覺」，則知一切眾生皆不名「覺」，以從來未曾離念，以有此念，故說無始無明。由是觀之，一切眾生無邊生死，但依一念而繫之也。

【論】

若得無念者，則知心相生、住、異、滅，以無念等故，而實無有始覺之異。以四相俱時而有，皆無自立，本來平等，同一覺故。

【直解】

此明究竟一心真源也。

---

[192] 恐惑者聞覺心初起之說，將謂「有初相可知」：或許有不明白的人，會因為聽到「剛剛生起明覺的心」這種說法，而產生「有一個初始的相狀可以被了知」的誤解。

良以真源湛寂，[193]本無生滅。然此生滅，但因妄念而有。今若得無念，則知四相同時，寂滅平等，唯一真心，更無先後。是則真覺圓明[194]，本來不迷，又何有覺？以寂滅心中，四相同時，其體本空，故皆「無自立」[195]。以當體無生，故云「平等同一真覺」。此言既無四相可覺，又何有始覺之異耶？此實究竟一心之旨也。

上明始覺。

下明本覺義，有二：初、明隨緣本覺。二、明性淨本覺。

且初。

【論】

復次，本覺隨染分別，生二種相，與彼本覺不相捨離。云何為二？一者、智淨相；二者、不思議業相。

[193] 良以真源湛寂：真如心的本源其實是清淨寂滅的。良，表示確認。

[194] 真覺圓明：真如覺性本來圓滿而光明。

[195] 無自立：沒有獨立不改的自性，即是無自性。

【直解】

此承上始覺有功，本覺乃顯，故此明本覺出纏還淨[196]有二種相也。言「生二種」者，以前云「黎耶生一切法」，以本覺內熏，起始覺之智，轉染令淨，顯此二種，故云「生」。[197]用不離體，故云「不相捨離」。言「智淨相」者，由始覺智除染還淨，此「出纏本覺」也；「不思議業相」者，謂本覺轉染還淨，自然而有不思議用也。

此標名。

下釋相。

【論】

「智淨相」者，謂依法力熏習，如實修行，滿足方便故，破和合識相，滅相續心相，顯現法身，智淳淨故。

---

[196] 出纏還淨：離開煩惱的纏縛而恢復本覺的清淨。纏，纏縛，用以形容煩惱對內心的束縛。

[197] 以本覺內熏……故云「生」：透過本覺內熏而生起始覺的智慧，使受染的阿賴耶識恢復清淨時，顯現的兩種相狀，所以稱為「生」。「二種」即下文的「智淨相」與「不思議業相」。

直解

此明本覺出纏，「智淨相」也。

「依法力」者，謂由真如內熏之力，及所流教法外熏之力，⑲⑧發起信解，依教熏修，故云「法力熏習」，此地前三賢比觀相似行也。⑲⑨以修習力，得見真如，稱真實而修，⑳⓪故云「如實修行」，此登地修真如三昧也。⑳①「滿足方便」者，以至八地深證

198 謂由真如內熏之力，及所流教法外熏之力：就是說因著真如本性內發的熏習力量，及佛陀宣說流布的教法從外在熏習的力量。

199 此地前三賢比觀相似行也：這是屬於初地以前的三賢位（十住、十行、十迴向）菩薩，等同於相似覺的修持。

200 稱真實而修：依靠本來實在而不虛妄的真如來修持。

201 此登地修真如三昧也：這是登入初地開始的法身菩薩，依著清淨真如體性所修持的三昧。三昧，又名三摩地、三摩提，意譯為「等持」或「正定」，指心穩定安住於一境。《三藏法數》卷五：「梵語三昧，華言正定，亦云正心行處。謂眾生之心，從無始已來，常不正直，得是三昧，心行正直，故名三昧。」（《大藏經補編》第二十二冊，頁一八八上。）

真如，破和合識內根本無明，[202]滅三細相續微細生相，[203]顯現法身，染緣脫盡，覺體淳淨，此全仗始覺之功也。

【論】

此義云何？以一切心識之相，皆是無明。無明之相，不離覺性，非可壞、非不可壞。如大海水，因風波動，水相、風相不相捨離。而水非動性，若風止滅，動相則滅，濕性不壞故。

如是眾生自性清淨心，因無明風動，心與無明，俱無形相，不相捨離。而心非動性，若無明滅，相續則滅，智性不壞故。

---

[202] 以至八地深證真如，破和合識內根本無明：菩薩修持至第八地，便深刻體證真如本性，覷破阿賴耶識中的根本無明。佛馱跋陀羅譯《大方廣佛華嚴經》卷二十六〈十地品〉對第八地菩薩的說明為：「入如來智，一切心、意、識憶想分別，無所貪著；一切法如虛空性，是名菩薩得無生法忍，入第八地。入不動地，名為深行菩薩……住不動地，一切心、意、識，不現在前。」（《大正藏》第九冊，頁五六四中。）

[203] 滅三細相續微細生相：滅除阿賴耶識三細相（無明業相、能見相、境界相）最細微連續的初念生相（以達到無念）。

直解

此明相滅、性不壞，以釋上「滅相續心」之疑也。

恐疑者前云「不生不滅與生滅和合成阿黎耶識」，此識生滅，即相續心也；今滅相續心，則連體俱滅，豈不淪於斷滅耶？故此釋云：「生滅者，心之相也；不生滅者，心之體也。」

以一切生滅心相，皆是無明。以此無明依真而起，故云「不離覺性」。非一非異，故云「非可壞、非不可壞」[204]。以非一，故可壞，以無明生滅，而覺性不生滅。然可壞者，無明生滅心也。如波因水有，波可滅而水不可滅，「濕性不壞故」。以非異，故不可壞，以無明不離覺性，其體本空，故云「俱無形相」。無明實性，即是覺性，是則但了無明體空，則相續心相自滅，非覺性滅，「智性不壞故」也。《楞伽》云：「非自真相識滅，但業相滅。若自真相識滅者，藏識則滅。藏識若滅者，不異外

---

[204] 非可壞、非不可壞：指心識的覺性是「非可壞」者，而其無明之相則是「非不可壞」者。這是由於心識中「無明」乃依著「真如」為體性，無明的生滅與真如的不生滅「非一非異」，因此下文就從「非一」解釋「可壞」，「非異」解釋「不可壞」。

道斷見論議。」[205]故可滅者，乃轉識生滅心相，非不生滅之心體也。

【論】

「不思議業相」者，以依「智淨相」，能作一切勝妙境界，所謂「無量功德之相」，常無斷絕，隨眾生根自然相應，種種而現，得利益故。

【直解】

此明本覺還淨，而有不思議業用也。

意謂本覺在迷，而眾生依之造業，故云「業力不可思議」。今出纏還淨，而本有不思議神通妙用，能作勝妙境界、無量功德之相，隨眾生根自然相應而現，令得利益。此正觀音大士「生滅既滅，寂滅現前，即得上與十方諸佛同一慈力，下與六道眾生共一悲

[205] 此句引用宋譯《楞伽經》而減字，參見求那跋陀羅譯：《楞伽阿跋多羅寶經》卷一〈一切佛語心品〉，《大正藏》第十六冊，頁四八三中。自真相識，具有真如為體性、無明為相用的阿賴耶識自體。斷見，即認為世間及眾生終必歸於滅亡的見解，屬於斷滅的邪見。

仰。」[206]故能現三十二應、十四無畏等，[207]一一功德，利益眾生。

此不思議力，性自具足，故云「依智淨相」也。故唯識若破七識，則云「如來現起他受用，十地菩薩所被機」[208]。諸佛既爾，則眾生有能修得本智，則妙用亦然。此顯始

---

206 生滅既滅……下與六道眾生共一悲仰：滅盡生滅心後，真如寂滅朗然體現，於上便能同於諸佛的慈悲與智慧力量，於下亦能體解悲憫眾生仰望諸佛救拔之心。此出《楞嚴經》中觀世音菩薩對佛陀自陳過往修行的經歷。（參見般剌蜜帝譯：《大佛頂如來密因修證了義諸菩薩萬行首楞嚴經》卷六，《大正藏》第十九冊，頁一二八中。）憨山德清《楞嚴經通議》卷六解釋云：「圓照自心眾生無不願度，故曰『同一慈力』；下與六道一切眾生共一法身，以眾生心中之悲仰，即諸佛拔苦之覺地，故曰『同一悲仰』。」（《卍新續藏》第十二冊，頁五九一下。）

207 三十二應、十四無畏等：三十二應，《楞嚴經》中指陳觀音菩薩為救度眾生，所化現的三十二種應化身，又《妙法蓮華經．觀世音菩薩普門品》中則有三十三身之說，內容有所不同。十四無畏，觀音菩薩聞熏、聞修金剛三昧無作妙力，悲憫眾生而使其於觀音菩薩身心中獲得十四種無畏的功德。以上詳見《楞嚴經》卷六。

208 如來現起他受用，十地菩薩所被機：此句出自《八識規矩頌》，指破除第七末那識的我、法二執，轉第七識成平等性智，佛陀依此智就能夠化現微妙殊勝的他受用報身，度化應機的地上菩薩。如憨山德清《八識規矩通說》云：「若此七識轉成無漏平等性智，在佛果位中，現十種他受用身，為十地菩薩說法，菩薩所被之機也。」（《卍新續藏》第五十五冊，頁四二三下。）

覺之成功也。

上明隨染本覺竟。

下明性淨本覺。

【論】

復次，「覺體相」者，有四種大義，與虛空等，猶如淨鏡。

【直解】

此標性淨覺體，意顯不迷之本覺也。

謂即指前覺體，故云「復次」，上由始覺所顯「智淨相」，意顯屬修生，[209]此下四種顯屬本有，故云「覺體相」。以「虛空」喻其廣博包含；以「淨鏡」喻其圓明能現。二喻相成，故雙舉之。

---

[209] 由始覺所顯「智淨相」，意顯屬修生：意指透過始覺的修證，而顯現出智慧清淨的相狀，所以是分屬「修證而出生」的。

若依法界一心，約海印三昧⑩，則虛空即鏡，以森羅萬象，皆現於空鏡之中，若海湛空澄，⑪則空鏡之影像，印於海底，謂之海印。佛心普印法界，故名海印三昧，此理更著。

【論】

云何為四？一者、如實空鏡。遠離一切心境界相，無法可現，非覺照義故。

直解

此明「性淨本覺，如實體空」⑫義也。

---

⑩ 海印三昧：又名海印定，佛陀所證入的三昧名稱，在《華嚴經》中是佛陀宣說《華嚴經》時所依持的總三昧定。這個三昧定以海為譬喻，說明入此定中，心則如同大海能如實照現諸法，所以稱為「海印」。《三藏法數》卷三十：「海印是喻，梵語『三昧』，華言『正定』。從喻立稱，故名『海印三昧』。謂大海澄渟，湛然不動，萬象皆現，如印印物。如來智海，清淨湛然，一切眾生心念根欲，悉在如來三昧智中，猶海現像也。」（《大藏經補編》第二十二冊，頁五四九中。）

⑪ 若海湛空澄：如同清淨的大海與澄明的虛空一般。

⑫ 性淨本覺，如實體空：清淨本覺自體的狀態是絕對的空性。

謂本有真心乃真如實體，本自清淨，不屬迷悟，不假修為，廣博包含，寂滅離相，故云「遠離一切心境界相」。絕諸對待，唯一真心，故云「無法可現」。寂滅湛然，故云「非覺照義」213。此乃眾生本具法身，不假始覺而有者。

【論】

二者、因熏習鏡。謂如實不空，一切世間境界悉於中現，不出不入、不失不壞，常住一心，以一切法即真實性故。又一切染法所不能染，智體不動，具足無漏熏眾生故。

直解

此明性淨，「如實不空」義也。此有二義，先明不空，次明熏習。言「不空」者，謂此真覺之體如大圓鏡，「一切世間境界悉於中現」，以十法界染、淨，依、正因果，皆在此一心中分明顯現。此心本無內外，故云「不出不入」；緣至即現，故云「不失」；所現即真，故云「不壞」；以離生滅，故云「常住一心」。此心亦名「常住法身」，即是一切諸法真實之性。故在無情，謂之「法性」；在有情，謂

213 非覺照義：不是透過始覺的修行，才顯現出觀照的智慧。

之「佛性」。[214] 以眾生本具，故作內熏之因也。

「又一切」下，明熏習義。謂此覺性，雖在眾生無明染汙之中，其體清淨，故「一切染法所不能染」。以「智體不動」故，以「性具恆沙無漏淨德」故，能與眾生作內熏之因，故令眾生覺悟無常、厭生死苦，發心修行、求出離道，實仗此自體為內熏之因，故云「因熏習」[215] 也。

---

[214] 故在無情，謂之「法性」；在有情，謂之「佛性」：諸法的真實性即是空性，空性該攝一切有情眾生與無情（木石山河大地等）。對無情而言，沒有依之生起善惡的功能，故只能稱為「法性」；對有情眾生而言，能依此修證而成就佛果菩提，所以稱其為「佛性」。圭峰宗密《大方廣圓覺修多羅了義經略疏》卷一中說：「法界性與如來藏體同義別，別有其二：一者、在有情數中名如來藏，在非情數中名法界性。如《智論》明佛性、法性之異。二者、謂法界則情器交徹、心境不分，如來藏則但語諸佛、眾生清淨本源心體，如云『能造善惡，能起厭求』；就法界言，即無斯義。」（《大正藏》第三十九冊，頁五三五下。）

[215] 因熏習：本覺自體具足了一切無漏清淨功德，能對眾生的心產生內熏習的作用，所以成為眾生覺悟的「主因」。

【論】

三者、法出離鏡。謂不空法，出煩惱礙、智礙，離和合相，淳淨明故。

【直解】

此明本有覺性依法出離也。

謂眾生覺性，本自具有智慧德相，但為妄想顛倒而不證得。216今由始覺之功，治障離垢，斷二種礙217，破和合識，顯現本有，淳淨明故。譬如磨鏡，垢淨明現，雖云

216 謂眾生覺性……但為妄想顛倒而不證得：此句化用《華嚴經》所述，表明眾生本有佛性，具備了佛陀一切智慧與功德的因素，但由於受到煩惱妄想遮蔽，內心虛妄顛倒，所以佛性光明不能顯現，無法證得佛陀果位。如實叉難陀譯《大方廣佛華嚴經》卷五十一〈如來出現品〉說：「爾時，如來以無障礙清淨智眼，普觀法界一切眾生而作是言：『奇哉！奇哉！此諸眾生云何具有如來智慧，愚癡迷惑，不知不見？我當教以聖道，令其永離妄想執著，自於身中得見如來廣大智慧與佛無異。』即教彼眾生修習聖道，令離妄想；離妄想已，證得如來無量智慧，利益安樂一切眾生。」（《大正藏》第十冊，頁二七三上。）

217 二種礙：煩惱礙及智礙，相當於煩惱障與所知障。煩惱礙能障蔽涅槃解脫，智礙能障蔽覺悟菩提佛果。《成唯識論》卷九說：「煩惱障者，謂執遍計所執實我薩迦耶見（人我執）而為上首，百二十八根本煩惱，及彼等流諸隨煩惱，此皆擾惱有情身心，能障涅槃，名煩惱障。所知障者，謂執遍計

離[218]垢，而光明本有，不是新生，但一向障蔽，今始出離耳。

【論】

四者、緣熏習鏡。謂依法出離故，偏照眾生之心，令修善根，隨念示現故。

【直解】

此明出纏本覺，即能與眾生作外緣熏習也。

言「法出離」者，即上離障、出纏之本覺也。謂此覺體，生、佛等同，向為眾生本有佛性，作內熏之因。今修行者離障出纏，證得法身，即能偏照眾生之心，而起同體大悲，現種種身相，調伏眾生，作外熏之緣。[219]以大圓鏡平等顯現，與眾生心光明互照，

所執實法薩迦耶見（法我執）而為上首，見、疑、無明、愛、恚、慢等，覆所知境無顛倒性，能障菩提，名所知障。」（《大正藏》第三十一冊，頁四十八下。）

[218] 編案：「離」於《卍新續藏》本作「雖」，誤。今據金陵刻經處本改。

[219] 謂此覺體……作外熏之緣：這個本覺理體在眾生與諸佛處是平等相同的，眾生依靠原來存在的本覺佛性，成為其內熏習的主因。而修行者斷破二障、出離煩惱，就能恢復本覺的清淨本體，證成法身菩薩。此時對眾生具足大慈悲心，便能夠化現不同的身相教化眾生，成為熏染眾生漸次遣除煩惱妄

以眾生迷而不覺，覺智圓明，[220]故能偏照也。

上釋覺義。

下釋不覺義。

【論】

所言「不覺義」者，謂不如實知真如法一故，不覺心起而有其念。念無自相，不離本覺，猶如迷人，依方故迷，若離於方，則無有迷。[221]眾生亦爾，依覺故迷，若離覺性，則無不覺。以有不覺妄想心故，能知名義，為說真覺。若離不覺之心，則無真覺自相可說。

想的助緣（外緣）。向，一直以來。

[220] 覺智圓明：本覺智慧圓滿而光明。

[221] 猶如迷人……則無有迷：就如同迷路的人，是因為有「方向」這種概念，才有「迷路」的想法；如果捨離了「方向」的概念，也就不存在「迷路」這件事。

直解

此明「不覺依覺」而有，要顯「不覺即覺」也。

問曰：「覺性湛然，圓明寂照，何以而成不覺耶？」

答曰：「由不稱真實而知真如法一故，忽然心起而有其念，即此一念，名為『生相無明』222。由此無明即失本明，故云『不覺』。即此一念本無自相，不離本覺之體，是則全真覺之體而成不覺故。如迷人依方故迷故，眾生依覺故迷。若離覺性，則無不覺之相矣。223」

問曰：「何以知其不覺即真覺耶？」

答曰：「然『不覺』者，乃眾生妄想之心也。眾生雖是妄想，一向不覺，若今指示

---

222 生相無明：此一念不覺的根本無明，能顯現諸法之相狀，所以稱為「生相無明」。

223 即此一念本無自相……則無不覺之相矣：這一念不覺本來就沒有獨立的自體相狀，它不能離開本覺理體而存在，因此真實「本覺」就是不覺的體性。如同迷路的人因為有「方向」的概念才有「迷路」的意義存在，眾生也是依著本覺體性才有「迷惑」的概念。如果離開本覺體性，也就沒有不覺的相狀了。【編案：此段說明「不覺」是由於「覺性」受到一念妄動無明的遮蔽，所以無法展現出覺性本來的光明。但從「不覺」的本體就是「覺性」來說的話，離開了覺性本體，也就沒有不覺的顯相可說了。】

『即心是佛』，即能知名義；以能知名識義，便是本有真覺之性，執持生解，[224]以此故為說眾生佛性，即是真覺。以此不覺，乃是真覺全體而成故，若離不覺之心，則無真覺自相可說。以此不覺即覺故，眾生但一念迴光，即同本有；[225]能知無念，便證法身。」

上明根本不覺。

下明枝末不覺二：初、無明不覺生三細。二、境界為緣長六麤。

且初。

【論】復次，依不覺故生三種相，與彼不覺相應不離。

---

[224] 執持生解：對持有自性的法，能產生相應的理解。執持，持有自性之法。如窺基《成唯識論述記》卷一說：「法謂軌持、軌謂軌範，可生物解；持謂住持，不捨自相。」（《大正藏》第四十三冊，頁二三九下。）

[225] 以此不覺即覺故……即同本有：因為這個「不覺」是以「覺性」為本體，眾生只要一念迴返於覺性的光明，其心就同於固有的本覺理體。

直解

此標「無明為因生三細」也。末不離本，226故云「相應不離」。

【論】

云何為三？一者、無明業相。以依不覺故心動，說名為業。覺即不動，動即有苦，果不離因故。

直解

此標「無明業相」也。以揀227本覺不思議業，故云「無明業相」。以依最初一念不覺心動，即此動心，名為「業相」。返顯「覺即不動」，謂覺真如，則無動念，足知不覺故心動也。

「動即有苦」者，以無邊生死苦果，皆因此動念而生，故云「果不離因故」。若離

226 末不離本：以下論述的枝末無明是由根本無明所產生，因此不離於根本無明。

227 揀：音ㄐㄧㄢˇ（jiǎn），辨別。

動念，則二死[228]永亡，故云「若觀無念，則為向佛智」。

【論】

二者、能見相。以依動故能見，不動則無見。三者、境界相。以依能見故，境界妄現，離見則無境界。

直解

此標釋轉、現二相也。

以「能見」名「轉相」者，謂真如智照，本無能、所，今既迷智體而轉為妄見，以妄有境界可見，故名為「轉」。此見蓋依動念而有，以一念動心失彼精了[229]，便成妄見，返顯不動則無見也。

---

[228] 二死：二種生死，指六道凡夫的分段生死，與三乘聖賢的變易生死。

[229] 失彼精了：失去它原本的純淨。般剌蜜帝譯《大佛頂如來密因修證了義諸菩薩萬行首楞嚴經》卷四云：「如是六根，由彼覺明，有明明覺，失彼精了，粘妄發光。」（《大正藏》第十九冊，頁一二三中。）

「境界相」者，即「現相」也。以無相真心，因一念妄動，則形所相而為妄見所見之境界，[230]故云「以依能見，故境界妄現」。然此境界，即虛空四大之妄相，《楞嚴》「三細」云：「因明立所，所既妄立，生汝妄能。」[231]則先現後轉，此則先轉後現。然彼約山河大地生起之相，重在「境」；此單約心法生起之相，重在「心」。[232]其實三細

---

[230] 以無相真心，因一念妄動，則形所相而為妄見所見之境界：由於真實的心體本來沒有相狀，因為一念無明的虛妄生起，所以才顯現出被妄想知見所認知的境界相。

[231] 因明立所……生汝妄能：從「恢復光明」的角度來說（明），安立了「被恢復」的對象（所）。既然安立出虛妄的對象，才產生了虛妄的「認知」主體（能）。這裡在說明由於本覺受妄動所染，因此才有需要恢復本覺光明的概念。原文出自《楞嚴經》卷四：「性覺必明，妄為明覺；覺非所明，因明立所。所既妄立，生汝妄能；無同異中，熾然成異，異彼所異，因異立同。」（《大正藏》第十九冊，頁一二〇上。）【編案：據思坦《楞嚴經集註》卷四引竹庵可觀（一〇九二—一一八二）《楞嚴經補遺》將這段《楞嚴經》經文與《起信論》三細搭配，認為「性覺必明，妄為明覺」相當於「業相」；「覺非所明至生汝妄能」相當於「轉相」；「無同異中至因異立同」相當於「現相」。（《卍新續藏》第十一冊，頁三四八上。）】

[232] 先現後轉……重在「心」：從《楞嚴經》所說的「明」、「所」、「能」來分析，是先有「所」（現相），才有「能」（轉相），這和《起信論》先有轉相（認識主體）才有現相（認識對象）的說釋角度不同。那是因為《楞嚴經》觀照山河大地等（為心所生起的）外相境界，因此著重在「外

同時，本無先後也。此三細皆依「無明」而立，前云「若無明滅則相續心滅」，蓋相續心依此三細而立也。以不相離，故滅則同滅。

上明無明不覺生三細。

下明境界為緣生六麤。

【論】

以有境界緣故，復生六種相。云何為六？一者、智相。依於境界，心起分別，愛與不愛故。

【直解】

此標六麤，先明「智相」也。

「智」即「分別心」也，謂先所現境界，不了唯心虛妄，創起慧數分別逆順好醜，233愛與不愛故。

境」；而《起信論》則闡述外相是由心所生，因此著重在「心法」。

233 創起慧數分別逆順好醜：由慧心所對各種順境、逆境喜好與否的分別概念，並加以決定。慧數，即

【論】

二者、相續相。依於智故，生其苦樂，覺心起念，相應不斷故。

【直解】

此釋「相續相」也。

謂依所分別逆、順二境，可愛則生樂受，不愛則生苦受。數數起念，相續不斷，起惑潤業，引持生死，[234]相續不斷，故名相續相。

唯識中百法五別境心所中的「慧心所」，具有分別外境的特性。窺基《大乘百法明門論解》卷上說：「言慧者，於所觀境，揀擇為性，斷疑為業。謂觀得、失、俱非境中，由慧推求得決定故。」（《大正藏》第四十四冊，頁四十八上。）

[234] 起惑潤業，引持生死：產生煩惱惑而滋潤所造之業，牽引至未來成為生死的輪轉。潤業，指煩惱能助長已經造作的業，使其產生未來生死的果報。就唯識思想的立場，潤業位主要是十二緣起中「愛」、「取」二支的動力所引發。如《成唯識論》卷八說：「雖諸煩惱皆能發潤，而發業位無明力增，以具十一殊勝事故，謂所緣等，廣如經說。於潤業位愛力偏增，說愛如水能沃潤故，要數溉灌方生有芽，且依初後分愛、取二。」（《大正藏》第三十一冊，頁四十四上。）

【論】

三者、執取相。依於相續，緣念境界，住持苦樂，心起著故。

【直解】

此釋「執取相」也。

謂先緣念境界，於苦、樂等不了虛妄，深生取著。故下文云，「即此相續識，依諸凡夫取著轉深，計我、我所」也。

【論】

四者、計名字相。依於妄執，分別假名言相故。

【直解】

此釋「計名字相」也。

謂依先執取虛妄心境，分別假名言相[235]，云「計名字相」。上來四相，若配我、法

---

[235] 假名言相：依著緣起和合才施設的「名字」、「言說」，並非實相，所以稱之為「假名言相」。

二執，前二法執，後二我執。236又惑、業、苦三，上四皆惑，下二業、苦。237

【論】

五者起業相。依於名字，尋名取著，造種種業故。

直解

此釋「起業相」也。

謂依前所分別假名言相，尋名取著，發動身、口，造種種業，238名「起業相」。

---

236 上來四相……後二我執：前邊所討論六相中的前四相（智相、相續相、執取相、計名字相），如果搭配我執與法執來說，智相、相續相屬於「法執」，而執取相、計名字相則屬於「我執」。

237 又惑、業、苦三……下二業、苦：如果從惑、業、苦三者作分別，六粗相的前四相（智相、相續相、執取相、計名字相）都屬於「煩惱惑」，而後兩種相（起業相、業繫苦相）則分別屬於「業」及「苦」。【編案：眾生因煩惱惑而造作善、惡業，又由善、惡業引生苦、樂果，所以惑、業、苦三者的持續循環便造成了生死輪迴的現象。】

238 依前所分別假名言相……造種種業：對前述因分別而有的假名言相生起執著，乃至動用身、口的造作，便形成了各種業。業，指由身、口（及意）所發動的行為，引起未來相續的善、惡果報。

【論】

六者業繫苦相。以依業受報，不自在故。

【直解】

此釋「業繫苦相」也。

謂先所造善、惡等業，受苦、樂等報，輪迴三界[239]，長縛生死，不自在故，名「業繫苦」。

【論】

當知無明能生一切染法，以一切染法，皆是不覺相故。

---

[239] 三界：眾生流轉生死輪迴中的三種居處，即欲界、色界、無色界。欲界眾生具有情欲、飲食欲等，下自無間地獄，上至第六他化自在天都屬之。色界眾生離於飲食、男女等不淨的染欲，但尚有清淨的色質存在，從初禪天至阿迦膩吒十八天的色究竟天屬之。無色界眾生只有受、想、行、識，而沒有任何色質的存在，無色界共有四天，最頂者為非想非非想處。

【直解】

此結末歸本，以顯「無明」為生死染法之因也。然一切染法，皆依「根本無明」而生，根本無明，乃最初動念也。以眾生從來未曾離念，故云「一切染法皆是不覺之相」。意顯若了無念，則一切煩惱頓斷。故此結指最初一念為生死苦本，欲令行人見苦知因，要知「離念」為修行之要也。

上總釋無明為染法因。

下雙辯真妄同異。

【論】

復次，覺與不覺，有二種相，云何為二？一者、同相；二者、異相。

【直解】

此辯「真妄同、異相」也。

初云：「依如來藏有生滅心，不生不滅與生滅和合，非一非異，名阿黎耶識。」今既明生滅心，要明生滅即不生滅，故此辯同、異也。

【論】

同相者，譬如種種瓦器，皆同微塵性相。如是無漏、無明，種種業幻，皆同真如性相。

【直解】

此喻顯「生滅即不生滅」也。

依微塵而有瓦器，喻顯染淨生滅，皆依真如也。無漏，本覺淨法；無明，染因。此二乃是真如隨緣相因，故同一真如之性也。240 種種業幻，謂本覺有不思議業，能作一切勝妙境界；無明業力，能生三細、六麤，作一切生死苦樂等事。此真、妄二法，皆是幻有，所謂生死、涅槃，皆如幻夢，故云「皆同真如性相」。故染、淨二法，皆真如相、用也。241

240 無漏，本覺淨法……故同一真如之性也：無漏涅槃是本覺清淨之法，無明煩惱是心相染汙的主因，這兩者是真如本體隨順淨、染因緣而相互依存，所以兩者同樣具有真如的體性。【編案：指真如隨種種淨緣而有不可思議功德業用，隨染緣而有生死輪迴之苦，但其體性都是真如本體。】

241 故染、淨二法，皆真如相、用也：所以雜染與清淨這兩種顯相，都是真如本體隨著染緣或是淨緣，所顯現的相狀與作用。

【論】

是故修多羅中，依於此義，說一切眾生，本來常住，入於涅槃。菩提之法，非可修相、非可作相，畢竟無得。亦無色相可見，而有見色相者，唯是隨染業幻所作，非是智色不空之性，以智相無可見故。

【直解】

此引經證成「同相義」也。

謂覺與不覺皆即真如，故「眾生本來常住，入於涅槃」。故《淨名》云：「一切眾生即涅槃相，不復更滅。」[242]謂本、始二覺皆即真如，故諸佛菩提非可修相，畢竟無得。前約不覺即如，故眾生舊來入涅槃；次約覺智即真，故諸佛菩提無新得也。[243]

---

[242] 一切眾生即涅槃相，不復更滅：一切眾生本性具足寂靜涅槃，並不是有一個新的寂滅可得。此化用《維摩詰所說經》卷一〈菩薩品〉，原文為：「諸佛知一切眾生畢竟寂滅，即涅槃相，不復更滅。」（《大正藏》第十四冊，頁五四二中。）

[243] 前約不覺即如……故諸佛菩提無新得也：前段說明「不覺」的本體就是「真如」，所以眾生本來具足涅槃的特質；次段說明覺悟的智慧即是真如本體，所以諸佛證悟的菩提並不是新得而有。【編案：此處強調眾生與佛在菩提、涅槃的體性上皆是本來具備的真如，並不是由外來新得的。】

問曰：「眾生既本是佛，何故不見報、化之色相[244]耶？」

答曰：「但約真如性德而言，以真如法體，本無色相可見故也。」

又問言：「真如法性非色相者，何故諸佛證之而有報、化種種色相耶？」

答曰：「彼諸佛色相，但隨眾生染幻心中變現，亦非本覺不空性中而有也，以本覺智非可見相故。[245]」

【論】
異相者，如種種瓦器，各各不同。如是無漏、無明，隨染幻差別，性染幻差別故。

【直解】
此喻明「即同而異」也。

言種種瓦器雖同微塵，但以隨造作緣各各不同，如是本覺、無明，真、妄二法，雖

---

[244] 報、化之色相：指佛陀的報身及化身示現，有殊勝的色相可見。

[245] 彼諸佛色相……以本覺智非可見相故：佛陀報身、化身的色相，是隨順眾生煩惱垢染的心所幻化顯現，並不是由本覺自體的不空所產生的相狀，因為本覺的智慧自身並沒有分別的色相可見。

同一真如法性，本無差別，但今隨染幻緣故，種種差別。

真、妄皆言隨染差別者，以諸淨功德，皆就染翻成，故單約染幻。所謂心性有動，則有過恆沙等妄染之義；心性無動，則有過恆沙等諸淨功德相義示現。246此但就眾生心中轉變，故云「隨染幻」也，意謂差別者乃是染幻差別，非真如法性有差別也。此結歸本無差別義也。

上釋生滅心竟。

下釋生滅因緣。

【論】

復次，生滅因緣者，所謂眾生依心、意、意識轉故。此義云何？以依阿黎耶識，說有無明，不覺而起，能見、能現、能取境界，起念相續，故說為意。

---

246 真、妄皆言隨染差別者……則有過恆沙等諸淨功德相義示現：「真實」與「虛妄」都是隨著雜染而有差別，因為各種清淨的功德，都是根據是否有雜染的角度而立論，所以便單就虛幻的雜染來說。因此心性受到妄念擾動，就有超過於恆河沙數虛妄雜染的概念；心性沒有擾動，就有超過恆河沙數的各種清淨功德相狀呈現。過恆沙，超過恆河沙數一般難以計量的數目。

直解

此明一心生滅，乃真、妄互為因緣，以顯阿黎耶識生一切法也。而眾生長劫相續生死不斷者，獨「意」之一法為過最重，以眾生依心、意、意識轉故也。

依心者，經云：「如來藏若生若滅，今識藏即如來藏。」247故說依心。然此藏心本無生滅，而生滅相續者乃「意」，而起惑造業者「意之識」也，此句標定。下徵釋云「此義云何」，謂「如何生滅相續者是意耶？」答曰：「以依阿梨耶識，說有無明，不覺而起。」此生滅之源也。

依心等者，謂真如一心本無生滅，但以一念妄動，熏彼心體，迷本圓明，故說無明。此無明依真而起，熏彼藏心變為藏識，此真如為因，無明為緣，生起賴耶，當「業相」也。248是則心通真、妄，然此無明業相，尚未分能、所，了無對待，故雖生不生。

---

247 如來藏若生若滅，今識藏即如來藏：如來藏受到煩惱染汙才有生滅現象，所以這識藏（阿黎耶識）其本體就是不生滅的如來藏。此化用求那跋陀羅譯《楞伽阿跋多羅寶經》卷四〈一切佛語心品〉，原文為：「大慧！如來藏者，受苦、樂與因俱，若生若滅。」（《大正藏》第十六冊，頁五一二中。）又同卷：「大慧！善、不善者，謂八識。何等為八？謂如來藏，名識藏……。」（《大正藏》第十六冊，頁五一二中。）

248 此無明依真而起……當「業相」也：這個無明是依著真如為體性而妄起的，且無明熏染如來藏心後

但以無明返熏賴耶，則本有智光，變為「能見」之妄見，令無相真體，變為所現之妄境，由此見、相既分，能、所對待，[249] 故妄見能取境界，心、境和合，復起念著，相續不斷，故說此相續者乃「意」，非心也。[250]

此以無明為因，境界為緣，故又生起六麤之相，所以生死相續長劫而不斷者，「意」之過也。論顯「意」為生滅之主，以七、八二識通名為「意」，[251] 故下釋有五種。

轉變為藏識阿賴耶識，這便是以真如為種子，無明為因緣才生起成為阿賴耶識，這相當於枝末不覺三細中的「無明業相」。

249 但以無明返熏賴耶……能、所對待：然而因為無明煩惱再反熏阿賴耶識，將阿賴耶識原有的智慧光明，變成能夠執取認知的「虛妄見識」，讓原本無相的真如本體，變成所顯現的虛妄外境，這時候既然分別成能見的「妄見」與所見的「妄相」，就產生出「能」、「所」的二元對待。

250 妄見能取境界……非心也：虛妄的見識能夠取著虛妄的外境，當心與境相和合時，又生起愛念執著而相續不間斷，所以說這個相續是已經受染汙的「意」，而不是清淨的「心」本體。

251 論顯「意」為生滅之主，以七、八二識通名為「意」：本論顯示「意」為眾生輪迴生滅的主因，將第七與第八兩識都稱為「意」。【編案：《起信論》的「意」所說的是相當於唯識家中的第七識與第八識兩者。唯識中認為第七識（末那識）對第八識具有恆常相續不斷的執持性，所以認第八識的見分為「我」而產生我執；第八識（阿賴耶藏識）則是恆常執持一切善、惡種子，成為眾生生死果報的主體。如《八識規矩頌》中的第七識頌說：「恒審思量我相隨，有情日夜鎮昏迷。」（憨山德

【論】

此意復有五種名，云何為五？

一者、名為「業識」，謂無明力不覺心動故。（此顯最初生相，即名為意。）

二者、名為「轉識」，依於動心，能見相故。（此顯能轉真智而為妄見者，亦意也。）

三者、名為「現識」，所謂能現一切境界。猶如明鏡現於色像，現識亦爾，隨其五塵，對至即現，無有前後。以一切時任運而起，常在前故。（此顯精明識體，圓現五塵境界[252]，所以任運恆起，持而不失。「常在前」者，亦意之力，取以為境。此「三細」[253]也。）

四者、名為「智識」，謂分別染、淨法故。（此顯八識雖能圓現五塵，但現而無分別；至分別染、淨取捨者，乃意為主也。此六麤之「智相」也。[254]）

清：《八識規矩通說》，《卍新續藏》第五十五冊，頁四二三中。）第八識頌則說：「受熏持種根身器，去後來先作主公。」（《八識規矩通說》，《卍新續藏》第五十五冊，頁四二四上。）】

[252] 五塵境界：指色、聲、香、味、觸等，如同塵垢能覆蓋真如本性，所以稱為五塵境界。

[253] 「三細」：指意的五種名稱中前三者，可搭配枝末不覺的「三細」。即「業識」配「無明業相」，「轉識」配「能見相」，「現識」配「境界相」。

[254] 此顯八識雖能圓現五塵……此六麤之「智相」也：這裡說明第八識雖然能夠顯現出五塵境界，但只能顯現而沒有分別外境的功能；至於能夠分別諸法的染、淨，並對其做取捨的，仍然是以「意」

五者、名為「相續識」，以念相應不斷故。（此正顯念念相續不斷者，指歸於意也。以一念最初無明，雖生三細，心、境尚未和合，故不相應。因智識分別，取以為境，而念念攀緣、生生不斷者，名相續相，皆是意轉。故此三細、二麤，皆名「意」也。[255]）**住持過去無量世等善惡之業，令不失故。**（上言「念念相續」，乃自體相續；今云「住持過去等業不失」，乃令他生死相續。[256]以此意乃執取善、惡，染、淨等法，以賴耶所藏之處以為種子，名「我愛執藏」，故不失壞，以作未來長劫生死之因，亦意之力也。[257]）**復能成熟現在未來苦、樂等**

為主。「智識」搭配枝末不覺六粗則約於「智相」。【編案：從憨山大師「七、八二識通名為『意』」的主張來說，這裡能分別染、淨取捨的「意」既不屬第八識，則其所指應為第七識。】

[255] 此三細、二麤，皆名「意」也：前述「無明業相」（業識）、「能見相」（轉識）、「境界相」（現識）等三細，及六粗中之「智相」（智識）、「相續相」（相續識），這五者都可以稱為「意」。

[256] 上言「念念相續」……乃令他生死相續：前述「念念相續」是指「意」本身所具有的相續功能；這裡所說「住持過去業等不失」，是使生命（眾生）不斷生死流轉的相續功能。

[257] 以此意乃執取善、惡，染、淨等法……亦意之力也：這裡所說的「意」是能夠恆常執持善、惡；染、淨諸法，由於第八阿賴耶識為含藏（善、惡；染、淨）種子的所藏處所，稱為「我愛執藏」，而其所執持的種子不會壞失，成為眾生未來長遠輪迴生死的主體，也是「意」的能力使然。【編案：這裡的「相續識」可通於第七識與第八識。第七識相續執第八識為我，而第八識則相續執持含

報，無差違[258]**故。**（此明以前所藏善、惡種子為因，能感未來生死苦、樂之果而不差者，亦意之力也。）**能令現在已經之事，忽然而念；未來之事，不覺妄慮。**（此明眾生日用念念攀緣者，蓋由種子習氣內熏，發起現行，念念不斷。現前起業者，亦意之力也。下結妄源。）

是故三界虛偽，唯心所作，離心則無六塵境界。（此結過歸意[259]也。謂如來藏中，本無三界生死虛假之相，故曰「唯心」。於今現有三界之相者，乃意依心所作耳。若此妄意一念不生，則無六塵[260]之相；塵相既空，則妄見亦泯，一心圓明，如此則六塵境界又何從而有耶？蓋顯生死乃意依心所作耳。）

【**直解**

此明生滅因緣最初以真如為因，以一念妄動之無明為緣，故轉彼真心而為藏識之業相也。既而妄念返熏業識，而轉成能見、能現，此「無明不覺生三細」也。見、相一藏一切種子。】

---

258 無差違：沒有差錯、違誤的情況。

259 結過歸意：總結過失都是歸屬在「意」的範疇。

260 六塵：五塵（色、聲、香、味、觸）加上由意識所緣慮的「法塵」合稱為六塵。

立，心、境對待，而妄念取為我有，分別淨、穢，執之不捨，種種分別，念念相續，以取長劫生死者，此以無明為因，境界為緣，生起六麤之相。

總之皆以「念念相續」而為根本，故此三細、二麤通名為「意」。故八識論通名「思量」，是知「意」乃生滅之本。261故此《論》云「眾生依心、意、意識轉」，此特生滅相續者乃「意」轉，至若起惑造業者乃「意識」，謂是此意所發之識耳，故下意識別說，顯此意為根也。262

261 故八識論通名「思量」，是知「意」乃生滅之本：所以在闡述八識的唯識論著中，通稱它為「思量」，因此可以知道「意」就是生死輪迴的根本。【編案：在唯識論典裡，不論是《成唯識論》或《八識規矩頌》等，都指稱第七識為「意」，具有「思量」的特性。由於第七識恆常執持第八識為「我」，這種我執就是造成生死輪迴的煩惱根本。如《成唯識論》卷五說：「第七名意，緣藏識等恒審思量為我等故。」（《大正藏》第三十一冊，頁二十四下。）】

262 此特生滅相續者乃「意」轉……顯此意為根也：這裡特別標舉眾生的生滅輪迴等相續是由「意」的牽引所產生，至於生起煩惱造作惡業的則屬於「意識」（第六識），也是依於「意」所開展出來，因而下文另外解說「意識」，本段則凸顯意（此處所指含第七識與第八識）為意識（第六識）的根源。【編案：誠如《瑜伽師地論》中認為依於第七識（末那識）而有第六識，因其為第六意識所依止，所以稱為「意根」。如《瑜伽師地論》卷五十一說：「由此末那為依止故，意識得轉。譬如依止眼等五根，五識身轉，非無五根。意識亦爾，非無意根。」（《大正藏》第三十冊，頁五八〇向云此《論》不立七識，今此智相、相續為意，即是七識。故云：「一種是思量，七識偏名意。」263今三細、二麤通名「意」者，正《瑜伽》之「作意」，以念念生滅者乃作意耳，264故以此意為生滅之源。

【論】

此義云何？（徵問生滅既云是「意」，如何說依「心」生滅耶？）**以一切法皆從心起，妄念而生。**（謂「心」是法界總相之體，本來不生，了無一法；今現一切法者，皆從「妄念」作意而

中。）】

263 一種是思量，七識偏名意：第七末那識主要就是以「思量」的功能而得名，所以具思量的末那特別名之為「意」。此句化用（五代）永明延壽《宗鏡錄》卷五十二語，原文為：「（第七識）一種是思量，三分皆名意。」（《大正藏》第四十八冊，頁七二三中。）【編案：據《宗鏡錄》之說，第七識具有相分、見分、自證分及證自證分等四分，其中除了相分為所分別的外境，其餘三分皆屬於思量意。】

264 今三細、二麤通名「意」者……以念念生滅者乃作意耳：本論枝末不覺的三細、二粗通稱為「意」，正與《瑜伽師地論》所述的「作意」功能一樣，念念的生滅即是作意。【編案：「作意」是一種「警心」的作用，也就是刻意對外在的境相產生某種警覺，使自心有所趨向，屬於五遍行心所之一，通八識皆有。】

生，非心生也。）**一切分別，即分別自心。**（諸法唯心所現，以無明不了，妄生分別；其實所分別者，皆自心耳，以心外無法故。）**心不見心，無相可得。**（以所分別者，皆妄相耳；真心無相，豈可得分別耶？）**當知世間一切境界，皆依眾生無明妄心而得住持。**（若了真心無相，則三界頓空，當知現有三界之相者，特依妄心而得住持耳。）**是故一切法如鏡中像，無體可得，唯心虛妄。**（三界妄相乃業幻所作，[265]本來不實，如鏡現像，但唯眾生妄心分別而有。）**以心生則種種法生，心滅則種種法滅故。**

直解

從「此義云何」下，徵明諸法由心生滅，蓋歸重一念為生法之本[266]也。良以真心本無生滅，只因最初一念無明妄動，遂轉廣大無相真心，而為三界之妄法。是則諸法皆從心起，由妄念而生也。推一念元無自體，依真而立，則妄本即真，

---

[265] 三界妄相乃業幻所作：三界生命的虛妄流轉之相，都是從眾生的業緣造作所幻現，並非真實。

[266] 一念為生法之本：一念無明妄動就是產生一切諸法的根本。

故諸法唯心，而妄分別者皆自心也。[267]所謂：「自心取自心，非幻成幻法。」[268]但眾生不了心本無相，故妄境不空。故知眾生妄法，皆依妄心住持，於真心中了不可得。以一念之迷，則萬法齊彰，[269]故云「心生則種種法生」。若了一念無生，則三界頓空，故云「心滅則種種法滅」。

此《論》直指一心，但了「一念無生」，則頓發佛地。所謂「若能觀無念者，則為向佛智」矣。悲夫！眾生從本已來，念念相續，未曾離念，故生死不斷耳。

上明相續意。

下明意識。

[267] 是則諸法皆從心起……而妄分別者皆自心也：雖說諸法的依據主體都來自如來藏清淨心，然而卻是從虛妄的一念無明而生出諸法。尋究一念無明本來就沒有自性本體，乃根據真心而安立，因此虛妄無明的根本即是如來藏心，所以說「諸法唯心」，一切虛妄分別都只是從自心幻現出來罷了。

[268] 自心取自心，非幻成幻法：依自心的妄見取著原本無相之真心，使無相的真心，轉變為虛妄幻化之相。此句是引用《楞嚴經》偈頌，般刺蜜諦譯《大佛頂如來密因修證了義諸菩薩萬行首楞嚴經》卷五云：「陀那微細識，習氣成暴流；真非真恐迷，我常不開演。自心取自心，非幻成幻法，不取無非幻，非幻尚不生，幻法云何立？」（《大正藏》第十九冊，頁一二四下。）

[269] 以一念之迷，則萬法齊彰：因一念無明的迷惑，所以一切諸法就同時顯現出來。彰，彰顯之意。

【論】

復次，言「意識」者，即此「相續識」，依諸凡夫取著轉深，計我、我所，種種妄執，隨事攀緣，分別六塵，名為「意識」，亦名「分離識」，又復說名「分別事識」，此識依見、愛煩惱增長義故。

【直解】

此明「意識」即前「相續識」，270但依凡夫取著外境，執為我、我所，攀緣六塵，為我受用，故名「意之識」。

蓋以相續為根，故深執著我愛、起惑造業者乃「意識」耳，271此六麤之「執取」、

---

270 此明「意識」即前「相續識」：此處在表明「意識」（第六識）是依著前論「意」之五名中的「相續識」（第七識）而有。

271 蓋以相續為根……起惑造業者乃「意識」耳：（意識）是以相續識（第七識）為根本，所以深刻執著對「我」的愛著心，生起煩惱造作各種業的是「意識」啊。【編案：據唯識論所說，第七識（末那）相續執持第八識為「我」，因而有「我所」（我所有）的分別，這是眾生的我愛執。而由第七識外轉成分別外境六塵者則為第六意識（意之識），第六意識便成為眾生生起煩惱惑，進一步造作善、惡業的所依。憨山德清《八識規矩直解》說：「謂身、語二業皆由此第六識方能動發。由

「計名字」二麤相也。以此識外依五根分別取境，故名「分離識」。[272]又通緣內、外根境種種事相，故又名「分別事識」[273]。「此識依見、愛等」者，蓋五住地無明。[274]顯前五意，總依「無明住地」，此意識見、愛等四住地煩惱，將以起惑、造業也。[275]

第六識與發業惑相應，能造善、惡『引業』，此業雖謝，所熏種子至成熟時，能招『六道總報』。由第六識與潤生惑相應，能造善、惡『滿業』，此業雖謝，所熏種子至成熟位能招『六道別報』。所招總報名『真異熟』，所招別報名『異熟生』，若總、若別，苦、樂萬狀，皆第六識造業所牽感也。」（《卍新續藏》第五十五冊，頁四三七中。）】

272 以此識外依五根分別取境，故名「分離識」：因為這個識（第六識）是緣取外五根（眼、耳、鼻、舌、身）所接觸的五塵境界（色、聲、香、味、觸），並加以分別，所以又稱為「分離識」。

273 分別事識：這裡有兩種詮釋：一、指第六識向內緣取第七識為根，且向外緣取分別塵境。二、指第七識向內緣取第八識為「我」，向外轉為前六識的分別。【編案：若就分別意、意識的解釋，以第一種解釋較為恰當。】

274 「此識依見、愛等」者，蓋五住地無明：這個識（第六分別事識）是由「見」、「愛」煩惱等現起，而見、愛煩惱則是攝屬在「五住地無明煩惱」當中。【編案：五住地，即五住地煩惱，前四住地就是三界的「見惑」（見一處住地）、「思惑」（欲、色、有愛住地）煩惱，而第五住地就是根本無明煩惱。】

275 顯前五意……將以起惑、造業也：顯示前述有五名的「意」都是依止「無明住地」為主；而「意識」則是依著見、愛等四住地煩惱而生起煩惱惑，造作各種善、惡業。《三藏法數》卷十七說：

上明一心生滅因緣，乃順無明流，生起生死染法。下明依一心生滅因緣，即染還淨，以明頓、漸不同。

【論】依無明熏習所起識者，非凡夫能知，亦非二乘智慧所覺。謂依菩薩從初正信發心觀察，若證法身，得少分知；乃至菩薩究竟地，不能盡知，唯佛窮了。

【直解】此略明還淨，以顯緣起甚深也。謂此根本無明，業識甚深，最極微細。今欲返妄歸真，直須破此無明根本業識，方證一心之源，乃為究竟。良由此識甚深，施功不易。[276] 以非凡夫所知境界，亦非二乘

「無明者，即根本無明惑也。謂聲聞、緣覺未了此惑，沉滯真空，即住方便土。大乘菩薩方能除斷，由餘惑未盡，住實報土。故名無明住地惑。」（《大藏經補編》第二十八冊，頁三六一中。）

[276] 施功不易：由無明煩惱所染汙而成的「業識」直接著力並不容易。

智慧所覺，以二乘不知有此識[277]故。即菩薩修行，從初正信發心觀察，歷過三賢，但以比觀，故少分知；乃至登地法身大士，但覺住相，以極十地究竟，亦不能盡知，皆屬分知，唯佛能了。故知此識甚深，豈易破哉？此言頓悟之難也。悲夫！今之參禪之士，此識行相尚且不知，即以悟道自負，豈非增上慢者[278]哉？

下釋難知所以。

【論】

何以故？是心從本已來，自性清淨而有無明，為無明所染，有其染心；（此明本不染而染，故難可了知。）雖有染心，而常恆不變，（此染而不染，難可了知。）是故此義唯佛能知。所謂心性常無念故，名為「不變」。以不達一法界故，心不相應，忽然念起，名為「無明」。

---

[277] 二乘不知有此識：二乘人取著於前六識的勘破，而不知有第七、第八識。【編案：「此識」指的是根本業識，即第八識。】

[278] 增上慢者：指還沒有證得果位，而自以為已經證得的人。《阿毘達磨俱舍論》卷十九：「於未證得殊勝德中，謂已證得，名增上慢。」（《大正藏》第二十九冊，頁一〇一上。）

直解

此徵明甚深難知之所以也。

問：「何故以識唯佛能知耶？」

答曰：「以清淨心中，本來無染，因無明故，有其染心。此不染而染，難可了知也。雖有染心，而心體清淨，常恆不變。此染而不變，故難可了知也。以此甚深微細，故非三賢、十聖㉗⑨可及，唯佛能了耳。」

問曰：「既云有染，何以說常恆不變耶？」

答曰：「以眾生妄想，念念攀緣；而此心體恆常，本自無念。即念處無念，故說『不變』，此所以難可了知也。」

問曰：「既云是心從本已來自性清淨，因何而有無明耶？」

答曰：「以不達一法界故，心體自不相應，忽然起念，名為無明。㉘⓪即此忽然起

㉗⑨ 十聖：即十地菩薩。

㉘⓪ 以不達一法界故……名為無明：因為不能瞭達唯一真實法界，染心與真如自體不能相合不離，這忽然生起的染著之念，就稱之為「無明」煩惱。

處，最極微細，不可思議，所謂『不思議熏』281故，難可了知。以從中起故，唯佛能知，所以非菩薩所知也。282」

上略明還淨因緣。

下詳示約位斷惑，廣明還淨因緣。

【論】

染心者有六種，云何為六？

一者、執相應染。（此六麤執取、計名字二相。）依二乘解脫，及信相應地遠離故。

（此當第六意識見、思二惑283，故二乘及十信能離。）

---

281 不思議熏：以真如本體忽然而有無明熏染心體，此事難可心思口議，故稱為「不思議熏」。

282 以從中起故……所以非菩薩所知也：因為無明煩惱是從真如本體忽然而起，這只有佛能夠了知，所以不是菩薩能夠完全明白的。

283 見、思二惑：見惑及思惑是三界眾生都具足的煩惱。見惑是由後天邪師引導而有的邪分別念，計度諸法為「常」、「斷」或「有」、「無」等。如《三藏法數》卷四說：「分別曰『見』，謂意根對法塵非理籌度，起諸邪見，如外道計斷、計常乃至有、無等見，是名『見惑』。」（《大藏經補編》第二十二冊，頁一六七上。）思惑是因五根（眼、耳、鼻、舌、身）接觸五塵（色、聲、香、

二者、不斷相應染。（此相續相。）依信相應地修學方便，（從十信至十向。[284]）漸漸能捨，得淨心地究竟離故。（從三賢至初地。）

三者、分別智相應染。（此智相。）依具戒地（二地。[285]）漸離，乃至無相方便地究竟離故。（從二地至七地能離。）

四者、現色不相應染。（三細「現相」。）依色自在地（八地。）能離故。

五者、能見心不相應染。（見相。）依心自在地（九地。）能離故。

六者、根本業不相應染。（無明業相。）依菩薩盡地，得入如來地能離故。

不了一法界義者，從信相應地觀察學斷，入淨心地隨分得離，乃至如來地能究竟離

味、觸）時，內心生起貪著的煩惱，此煩惱不待邪師、邪分別而有。如《三藏法數》卷四說：「貪愛曰『思』，謂眼、耳、鼻、舌、身五根，對於色、聲、香、味、觸五塵，貪愛染著，迷而不覺，是名『思惑』。」（《大藏經補編》第二十二冊，頁一六七上。）

[284] 從十信至十向：指從菩薩修行階位中的十信位到十迴向位。即從十信的「凡位」直至十住、十行、十迴向等「三賢位」。

[285] 二地：菩薩階位中的第二地能具足三聚淨戒，所以稱為「具戒地」。賢首法藏疏、圭峰宗密注《大乘起信論疏》卷二說：「以二地三聚戒具，故云具戒地。」（《乾隆大藏經》第一四一冊，頁一一四下。）

故。

直解

此詳約位以辯離惑漸次淺深，廣明還淨因緣也。[286]由前略示還淨，頓破最初根本無明，非三賢、十聖所能，唯佛能了，故此詳示依位漸離之次第也。

言「信相應地」者，乃從信入住，入生空觀，單破見、思，即見、愛煩惱；[287]此地雖發心志斷無明，其力未充，麤垢先落，止能斷見、思耳。

「執相應染」乃六麤「執取」、「計名字相」，為見、愛煩惱，屬第六識，正二乘所斷。[288]

「不斷相應染」乃「相續相」，天台以此名界內外塵沙惑[289]；三賢斷此，乃登初

---

[286] 此詳約位以辯離惑漸次淺深，廣明還淨因緣也：這段是詳細敘說修行的位階，用以分辨如何逐漸斷離各種深淺不一的煩惱，並廣泛地說明恢復本性清淨的緣由。

[287] 乃從信入住……即見、愛煩惱：指菩薩從十信位入於十住位，發起生空觀（我空觀）。此生空觀可觀破見、思二惑，二惑就是四住地的見、愛煩惱。

[288] 編案：二乘人不知有七、八識，所以惟就六識心修持我空觀，以斷破見、思惑。

[289] 塵沙惑：天台宗所立三惑（見思惑、塵沙惑、無明惑）之一，指菩薩雖自能斷破見、思二惑，但為

地，故從初住至初地能離，以捨分別二障290故。「分別智相應染」乃六麤之細分，即「智相」，屬「俱生我執」；然地上雖志破無明，以從初至七，有相觀多，但能破俱生我執耳。291「現色不相應染」乃「現識」，此在八地，已證平等真如，得色自在，故能離

利益眾生，故須使眾生亦能斷除各自的見、思惑，而眾生如同塵沙數多，故於菩薩則稱為「塵沙惑」。如《三藏法數》卷八說：「塵沙惑者，謂眾生見、思數多如塵若沙，乃他人分上之惑。菩薩之行專為化他，若令眾生能斷見、思之惑，於菩薩即是斷塵沙惑，而亦名『別惑』者，別在菩薩所斷故也。」（《大藏經補編》第二十二冊，頁二二四中。）【編案：菩薩為斷塵沙惑，必須從空觀中出而修假觀，體證俗諦之理。如《天台四教儀》卷一說：「次從八信至十信，斷界內外塵沙惑盡，假觀現前見俗諦理，開法眼，成道種智，行四百由旬。與別教八、九、十住及行、向位齊，行不退也。」（《大正藏》第四十六冊，頁七七九下。）】

290 分別二障：分別我執與分別法執這兩種障礙。

291 地上雖志破無明……但能破俱生我執耳：登地菩薩雖然志在破除無明惑，但從初地到第七地主要的修持大部分是「有相觀」，所以只能破除俱生我執而已。有相觀，有造作地觀照世俗染、淨諸法的差別。【編案：就《成唯識論》說，第七地的菩薩雖已入於無相觀，但仍無法任運；一直要到第八地任運無相觀才能破俱生的法執。參見《成唯識論》卷九，《大正藏》第三十一冊，頁五十三中。】

之。[292]「能見不相應染」乃「轉識」，為「見相」，九地得心自在，故能離之。[293]「根本業不相應染」乃「業識」，即「業相」，此依十地滿心，至等覺金剛道後，

---

[292] 此在八地……故能離之：這是在第八地菩薩的階位，已經證得平等真如法身、超越色法的質礙而得自在，所以能夠遣離「現色不相應染」。如曇鸞（四七六—？）《無量壽經優婆提舍願生偈註》卷下說：「平等法身者，八地已上法性生身菩薩也。寂滅平等者，即此法身菩薩所證寂滅平等之法也。以得此寂滅平等法，故名為『平等法身』。以平等法身菩薩所得，故名為『寂滅平等法』也。此菩薩得報生三昧，以三昧神力能一處、一念、一時遍十方世界，種種供養一切諸佛及諸佛大會眾海，能於無量世界無佛、法、僧處，種種示現種種教化，度脫一切眾生常作佛事。」（《大正藏》第四十冊，頁八四〇上。）【編案：八地菩薩因為沒有色質的障礙，所以能夠於十方示現，供養諸佛、普度眾生。】

[293] 九地得心自在，故能離之：第九地菩薩已經證得心自在，所以得破除「能見心不相應染」的「能見相」。【編案：得心自在的九地菩薩能夠了知一切眾生心及根器，應機施教，所以稱為「心自在」。如佛馱跋陀羅譯《大方廣佛華嚴經》卷二十六〈十地品〉解釋九地菩薩的偈頌說：「菩薩住是地，悉知眾生心，諸根及欲樂，種種差別義。深心善思惟，隨宜而說法，通達無礙智，善以言辭說。」（《大正藏》第九冊，頁五七〇中。）】

斷此即入如來果海。[294]

此上離染還淨之漸次也，上云「為無明所染，有其染心」，是則六染皆依無明為根，六染乃無明差別之相耳。今染心既滅，則無明亦隨滅。今云「不達一法界義等」者，正指忽然起念之無明，亦從信相應地觀察云云，乃至如來地究竟離也，實教斷無明約四十二分[295]。初發信心志斷無明，義見於此。然生滅因緣，義該染淨生滅，此還淨因緣也。

---

[294] 此依十地滿心……斷此即入如來果海：這是依著圓滿第十地菩薩心的階位，直到證入等覺菩薩金剛道後心，斷捨業識即能成就智慧功德如大海般的佛陀果位。如窺基《瑜伽師地論略纂》卷十五說：「若得金剛道後，一切不受果報，種子無故。」（《大正藏》第四十三冊，頁二一九中。）憨山德清《八識規矩通說》亦解釋：「至金剛心後，證解脫道，異熟方空，故云爾也。異熟若空，則超因果，方才轉成大圓鏡智，言無垢同時。發者，以佛果位中，名無垢識，乃清淨真如。」（《卍新續藏》第五十五冊，頁四二四中。）

[295] 斷無明約四十二分：指斷破四十二品無明的意思。這是天台宗圓教對斷破無明煩惱的分判，從菩薩十住位開始漸次破除無明，歷經十行、十迴向、十地及等覺、金剛後心（等覺菩薩最後心）這四十二個階位，每一階位斷破一品無明惑，因此共有四十二品無明。如智顗《四教義》卷十二說：「無明雖無所有，不有而有，不無淺深階品，一往大分為四十二品。」（《大正藏》第四十六冊，頁七六四中。）又蒙潤（一二七五—一三四二）《天台四教儀集註》卷九說：「望于妙覺，猶有一等，比下名覺，故名『等覺』。所修觀智，純一堅利，喻若金剛，名『金剛心』。一生補處者，猶有一

【論】

言「相應義」者，謂心、念法異，依染、淨差別，而知相、緣相同故。「不相應義」者，即心不覺，常無別異，不同知相、緣相故。

【直解】

釋上六染相應、不相應所緣同、異也。

前三染言「相應」者，謂心王、心所各別 296，故云「心、念法異」297，緣、所緣之

品無明，故有一生，過此一生即補妙覺之處。」（《永樂北藏》第一八九冊，頁二二二上。）

296 心王、心所各別：指心王與心所各自不同。就相宗唯識說，心王為精神作用的主體，是以眼、耳、鼻、舌、身、意、末那及阿賴耶八識總名為「心王」。而心所是伴隨著八識而起的各種精神作用，為心之所有，所以名為「心所」，共有五十一種。如廣益《百法明門論纂》說：「此上八識，名異體同，總名心王。其次五十一心所法，皆心王之使，但各具多寡之不同。」（《卍新續藏》第四十八冊，頁三一五下。）相宗百法並將五十一心所分為六位，《百法明門論纂》云：「心所有法，略有五十一種，分為六位。一、遍行有五；二、別境有五；三、善有十一；四、煩惱有六；五、隨煩惱有二十；六、不定有四。」（《卍新續藏》第四十八冊，頁三一六上。）

297 心、念法異：心王、心所不同。心即「心王」；念法即「心所」。

境染、淨不同。若心王緣染、淨，而心所亦隨同之，故云「知相、緣相同故」，名「相應」也。[298]

「不相應」者，乃即心不覺，未分王、所，不與外境相應，故常無別異，故云「不相應」也。[299]此中約無明熏真心成業識，生起三細，為即心不覺，未分王、所，故云「不相應」耳。

【論】

又「染心義」者，名為「煩惱礙」，能障真如根本智故；「無明義」者，名為「智礙」，能障世間自然業智故。

---

298 若心王緣染、淨……名「相應」也：如果心王緣取染、淨的相狀時，心所有法也隨之緣取染、淨。所以說「緣取外境的主體『知相』（心王），及伴隨其一起緣取外境時的『緣相』（心所），兩者所緣取的染、淨相同」，名之為「相應」。

299 「不相應」者……故云「不相應」也：「不相應」的意思是，依著如來藏心一念不覺時，還沒有心王、心所的分別，不與外境相應攀緣，因此心王、心所恆常沒有分別的差異，所以稱為「不相應」。

直解

此明「染心」依「無明」而有，其體雖同，而為礙不同也。以染心喧動，為「煩惱礙」，故障根本智；染相差別，故障真如平等。300 無明昏迷，故障世間自然業智，此如量智也。301 此出體，下徵其相。

300 以染心喧動……故障真如平等：因為染汙心的擾動，屬於煩惱的障礙，能障礙根本無分別的智慧；且染汙的相狀造成諸法的各種差別，所以說那會障礙真如的平等性。根本智，真如自體不受心、境分別取著的根本智慧。如《三藏法數》卷二說：「根本智，亦名無分別智，謂此智不依於心，不緣外境，了一切法皆即真如境智無異。如人閉目，外無分別，由此無分別智，能生種種分別，是名根本智。」（《大藏經補編》第二十二冊，頁一三六上—中。）

301 無明昏迷……此如量智也：無明本身有昏暗迷亂的特性，所以會障礙世間自然所成業的智慧，所障礙的就是「如量智」。如量智，又名後得智、俗智，依於無分別根本智而起的分別諸法之智，是諸佛菩薩為救度眾生，如實分別世間諸法的智慧。如《三藏法數》卷二說：「謂依止於心，緣於外境，種種分別境智有異。如人開目，眾色顯現，以其於根本智後而得此智，是名後得智。」（《大藏經補編》第二十二冊，頁一三六中。）又《攝大乘論釋》卷四說：「故如來本識永離一切解脫障及智障，此識或名『無分別智』，或名『無分別後智』。若於眾生起利益事，一分名『俗智』；若緣一切法無性起，一分名『真如智』。」（《大正藏》第三十一冊，頁一八一上。）

【論】

此義云何？

【直解】

問意云：「無明細，應障『理智』；染心麤，應障『量智』，何以不然？」302

【論】

以依染心，能見、能現，妄取境界，違平等性故。

【直解】

此釋「煩惱障理」之所以也。

302 無明細，應障「理智」……何以不然：無明煩惱較微細，應當是障礙理智（根本智）；而染心較為粗重，應當是障礙量智（後得智），但論文此處的說明為何不是如此？（為何兩者的說法相反？）

能見、能現，三不相應染也；妄取境界，三相應染也。303 謂真如平等本智，無能、所相，今染心妄取境界，能、所對待，覿體相違，故障理智也。304

【論】以一切法常靜，無有起相。無明不覺，妄與法違，故不能得隨順世間一切境界種種知故。

【直解】此釋「無明礙障量智」也。

303 能見、能現……三相應染也：阿賴耶識具有「能見」與「能現」的功能，（但尚未緣取相應境界）因此阿賴耶識是屬於六種染心中的後三種不相應染（現色不相應染、能見心不相應染、根本業不相應染）。依著阿賴耶識轉得前七識，對外境的分別漸增，虛妄地取著外境，就是六種染心中的前三種相應染（執相應染、不斷相應染、分別智相應染）。

304 謂真如平等本智……故障理智也：指真如本體的根本智慧是平等而沒有能（主體）、所（客體）對立，但染心虛妄取著外境便產生了能、所對立，因此顯相和本體的真實相狀彼此違背，所以障礙了根本無分別的智慧。覿，音ㄉㄧˊ（dí），顯而易見的意思。

以世間諸法常寂滅相，無有起動，此唯量智能知。今無明昏迷，妄有生滅，不了諸法寂靜，妄與法乖，故正障量智，使之不能隨順世間種種知也。305

上釋生滅因緣。

下釋生滅相。

【論】

復次，生滅相者有二種，云何為二？一者、麤，與心相應故；二者、細，與心不相應故。又麤中之麤，凡夫境界；麤中之細，及細中之麤，菩薩境界；細中之細，是佛境界。

此二種生滅，依於無明熏習而有，所謂依因、依緣。依因者，不覺義故；依緣者，妄作境界義故。若因滅則緣滅，因滅故不相應心滅；緣滅故相應心滅。

305 以世間諸法常寂滅相……使之不能隨順世間種種知也：由於世間諸法恆常寂滅的本然狀態，並沒有生滅變動的差別，這只有透過量智（後得智）才能夠了知。現在由於無明昏迷的緣故，產生虛妄的生滅現象，不能知道諸法寂靜的真實狀態，虛妄地與法（的平等性）相違背，所以主要障礙量智（後得智），讓心無法如實地了知世間各種差別相。

直解

此釋立義分中「是心生滅相」也。謂心本無相，因生滅麤、細無明惑染以顯其相。言「相應」者，乃分別、執、計三麤306，則有外境與心相應，又王、所相應。「不相應」者，心、境未分故，無可相應，307此辯麤、細之相也。

下約人以明，謂執、計二染乃麤中之麤，是三賢所覺。308分別、相續乃麤中之細，及轉、現二染乃細中之麤，是地上菩薩所覺。309若無明業相，乃細中之細，唯佛

306 分別、執、計三麤：指六粗相中之智相、執取相、計名字相等三粗，屬於心、境相應染。

307 心、境未分故，無可相應：心、境尚未分別的狀態是三細相（無明業相、能見相、境界相），屬於不相應染。

308 謂執、計二染乃麤中之麤，是三賢所覺：指六粗相中的「執取相」、「計名字相」是粗中之粗，為三賢位的菩薩所覺悟斷破。【編案：本論說「麤中之麤」是凡夫境界，憨山大師在這裡說為「三賢位菩薩所覺悟者」，依《起信論疏》卷二解釋：「三賢位名內凡，能覺此染故。」（《乾隆大藏經》第一四一冊，頁一一六上。）】

309 分別、相續乃麤中之細……是地上菩薩所覺：指六粗相中的「智相」及「相續相」是粗中之細；三細相中的「能見相」（轉相）及「境界相」（現相）是細中之粗，這些都是登地菩薩以上才能漸次覺悟斷破。

能了。310 此離染之大段也。311

言二種生滅依無明而有者，顯此染心依因緣而生，亦依因緣而滅也。初因無明不覺生三細，境界為緣長六麤。今因滅則緣亦滅矣，故因滅則三細滅，緣滅則六麤滅，此相依自然之勢也。

【論】

問曰：「若心滅者，云何相續？若相續者，云何說究竟滅？」

答曰：「所言『滅』者，唯心相滅，非心體滅。

【直解】

此問答以明「妄相滅而心體不滅」也。

---

310 若無明業相……唯佛能了：至於三細相中的「無明業相」是細中之細，只有佛才能完全了知而盡除。

311 此離染之大段也：說明論文中解釋的粗、細兩種生滅相的段落，是根據斷破染汙相，以體證菩薩、佛階位的大概次第來說。

蓋問者以妄心為體，故疑相滅而心亦滅耳。言「若心滅者，云何相續？」此疑相應心若滅，則不相應染云何相續？「若不相應心體不滅，則無明細染亦相續不滅，云何說究竟滅耶？」意謂無明依心而有，故疑心不滅，而無明相續亦不滅也。

答意但滅妄染心相，不滅心體。若心、體俱滅，則墮斷滅，誰證佛果耶？

下以喻明「相滅性不滅」。

【論】

如風依水而有動相，若水滅者，則風相斷絕，無所依止。以水不滅，風相相續，唯風滅故，動相隨滅，非是水滅。無明亦爾，依心體而動，若心體滅者，則眾生斷絕，無所依止。以體不滅，心得相續，唯癡滅故，心相隨滅，非心智滅。」

【直解】

此喻明「妄滅而心不滅」也。

水喻「真心」，風喻「無明」，動相喻「波浪生滅相」。法喻❸❶❷中，水滅則風相斷

❸❶❷ 法喻：指用譬喻的方式來說明教法的道理。

絕，無所依止者，顯波有麤細，因風有大小，謂大風滅則巨浪滅，不無小風微波，正喻麤染雖滅，而細染尚續，如止巨浪而微波尚存，其義自含兩重耳。

法合[313]中，若心體滅者，則眾生斷絕，無所依止。前云「眾生依心、意、意識轉」，故言心體若滅，則眾生斷絕，無所依止也。義顯二種生、住、滅[314]中，相生、

[313] 法合：指從譬喻所知的道理合於教法的正式說明。

[314] 二種生、住、滅：出自宋譯《楞伽經》，經中指出諸識有「相」及「流注」（相續）這兩種生、住、滅，文說：「諸識有二種生、住、滅，非思量所知。諸識有二種生：謂流注生，及相生。有二種住：謂流注住，及相住。有二種滅：謂流注滅，及相滅。」（《大正藏》第十六冊，頁四八三上。）【編案：良賁《仁王經疏》卷二引海東元曉之說：「海東解云：言流注者唯目第八，三相微隱、種現不斷，名為流注。由無明緣，初起業識，故說為生；相續長劫，故名為住；至金剛定，等覺一念，斷本無明，名流注滅。相生、住、滅者，謂餘七識，心、境麁顯，故名為相。雖七緣八，望六為細，具有四惑，亦云麁故。依彼現識，自種諸境，緣和生七，說為相生；長劫熏習，名為相住；從末向本，漸伏及斷，至七地滿，名為相滅。」（《大正藏》第三十三冊，頁四七九下。）此中「流注」指的是「第八識」，「相」則是指具有粗分別的「前七識」。從「流注」來說，第八識因無明起而「生」成為業識，相續不斷「住」，於金剛喻定等覺位時，即「滅」第八染汙識。而前七識中，第七識對第八識而言為粗，但相對前六識則為細。第七識緣第八識現識而有「生」，恆常對第八識熏習故為「住」，直到第七地果位方「滅」第七識。】

住、滅雖滅，而流注生住尚在故，十地菩薩依止異熟而入佛果故。315 以此流注為依止故，宗門名「真常流注」者此耳。316

---

315 十地菩薩依止異熟而入佛果故：十地菩薩仍然是依止第八異熟識，待其斷破根本無明則能證入佛陀的果位。異熟，指異熟識，明此識能住持善、惡種子，引生未來果報之意。【編案：憨山德清《八識規矩直解》說：「此識有種種名，一名『阿賴耶識』，以其被第七識執為『我』故，此名至不動地前，我執永伏，即便先捨。二名為『異熟識』，以是善、惡；漏、無漏業至成熟時所招感故，此名直至金剛道後圓滿佛果，方得捨之。三名『一切種識』，通于因果凡、聖等位，但至成佛之後，則惟持圓滿無漏善種，盡未來際利樂有情，更不受熏。」（《卍新續藏》第五十五冊，頁四三八中。）說明在不動地（八地）菩薩前（即第七地時）能永伏我執，就捨卻「阿賴耶識」（藏識）之名而轉為「異熟識」，仍能執持善、惡；有漏、無漏業種，引生異熟果。一直要到金剛道等覺後心，完全斷破根本無明才能捨離「異熟識」之名，成就佛果。】

316 以此流注為依止故，宗門名「真常流注」者此耳：因為（菩薩）仍須依止這個流注心（第八異熟識），所以宗門稱它是真常（為體）的流注心。「真常流注」出自洞山良价（八〇七—八六九）〈寶鏡三昧〉：「宗趣分矣，即是規矩。通宗趣極，真常流注。」（收於晦巖智昭（生卒年不詳）：《人天眼目》卷三，《大正藏》第四十八冊，頁三二一上—中。）指菩薩雖證悟真常，但留有微細的無明而顯現為異熟識。如憨山德清《觀楞伽經記》卷八說：「等覺已還，雖轉『藏識』而容有生滅，以雖趣自覺聖智，住現法樂，而不捨於勇猛精進，度生事業。且『異熟』未空，尚有微細生相無明未盡，所謂『真常流注』，故亦有生滅。」（《卍新續藏》第十七冊，頁四五四中。）

上生滅因緣相中有二大科：初、染淨生滅。次、染淨相資。

前染淨生滅已竟。

下明染淨相資。

II 染淨相資

釋染淨相資。

【論】

復次，有四種法熏習義故，染法、淨法起不斷絕。云何為四？一者、淨法，名為「真如」；二者、一切染因，名為「無明」；三者、妄心，名為「業識」；四者、妄境界，所謂「六塵」。

【直解】

上標四種名，下顯「熏習義」。

【論】

「熏習義」者，如世間衣服實無於香，若人以香而熏習故，則有香氣。此亦如是，真如淨法實無於染，但以無明而熏習故，則有染相。無明染法實無淨業，但以真如而熏習故，則有淨用。

【直解】

上顯染、淨生滅生一切法；此明染、淨相熏，以顯一切淨法起不斷絕也。前云「阿黎耶識能攝一切法、生一切法」，上文但顯染、淨生滅之相，乃一往所示，未明聖、凡因果相續不斷之義，故此特云真、妄互相熏習，以致因果相續，長劫不斷也。先列真、妄心境四名，次喻明熏義，法合真、妄互為因緣317。經云：「如來藏為惡習所熏故。」318真如為因，被無明緣所熏故，變成阿賴耶識中

317 真、妄互為因緣：真如與無明互相熏染，成為彼此生出染、淨諸法的因緣。

318 此句化用求那跋陀羅譯：《楞伽阿跋多羅寶經》卷四〈一切佛語心品〉，原文為：「如來之藏，是善、不善因，能遍興造一切趣生。譬如伎兒，變現諸趣，離我、我所。不覺彼故，三緣和合方便而生。外道不覺，計著作者。為無始虛偽惡習所薰，名為識藏。」（《大正藏》第十六冊，頁五一〇中。）

見、相心境。319又，黎耶為因，境界為緣，返熏心體，成六塵染相，由此故有生死流轉不斷。

若以真如熏無明，滅諸染因，則有淨用，成四十二位320進修，以取菩提、涅槃常住之果。此不思議熏變之力大矣哉！故此特示之。

下先明「染熏」，以在生滅門中，故先明「無明熏真如」。

【論】

云何熏習起染法不斷？

---

319 真如為因……變成阿賴耶識中見、相心境：真如為根本，受無明為條件的熏染，變成阿賴耶識中能緣、分別的「見分」，及所緣的對象「相分」等自心的境界。

320 四十二位：指菩薩修行階位除十信外的十住、十行、十迴向、十地、等覺及妙覺等四十二位。由於十信位尚在凡位，所以此處不列入。

【直解】

此徵明[321]。熏習約有二義，一、習熏[322]；二、資熏[323]。謂根本無明熏真如，為「習熏」。業識返熏無明，增其不了，為「資熏」。又現行心境，及諸惑相資，亦名「資熏」。

【論】

所謂以依真如法故，有於無明；（此言「無明依真而起」[324]。）**以有無明染法因故，即熏習真如。**（是以「真如為因，無明為緣」，故即返熏真如。）**以熏習故，則有妄心；以有妄心，即熏習無明。**（此「無明熏真如」變為阿賴耶識。有於無明，故今顯無明有力，熏真如成

---

[321] 徵明：以詢問闡明意義。指對無明熏習真如不斷的原因提出疑問，以明白這個道理。

[322] 習熏：又名「熏習」（廣義），染、淨緣一次又一次地熏染心體，稱為「習熏」。

[323] 資熏：業識熏染無明，增加它的染汙勢力，以及分別外境的心識與煩惱相互熏染等，稱為「資熏」。《翻譯名義集》卷六說：「又，熏者，發也、致也。習者，生也、近也、數也。即發致果於本識內，令種子生，近生長。故熏有二種：一、熏習，謂熏心體成染、淨等事。二、資熏，謂現行心境及諸惑相資等。」（《大正藏》第五十四冊，頁一一五四上。）

[324] 無明依真而起：無明煩惱是就著清淨真如為其本體的意思。

業識，故此無明即依業識。故此業識，即熏習無明，增其不了，故云。）

不了真如法故，不覺念起，（真如本自無念，以無明又熏習真如，增其不了，故不覺起念，此當「轉相」。）**現妄境界。**（此當「現相」。）**以有妄境界染法緣故，即熏習妄心，**（初以熏真如成業識，即以業識返熏無明，令其增長，是則無明、業識和合為一。故此為因，起「轉」、「現」二相，故有「境界」，即此境界返熏業識，生起六麤，故云「境界為緣長六麤」也。）**令其念著，**（此「智」等四麤[325]。）**造種種業，受於一切身心等苦。**（此後二麤[326]也。）

直解

此通顯無明為緣，熏習真如，變起三細、六麤生死染法不斷也。

言「無明」者，即不了真如法一故，忽然念起，故名「無明」。經云：「此無明者，非實有體。」[327]依真而起，即此一念熏習之力，障蔽本明故，失彼真明，故變真如

[325]「智」等四麤：指六粗相中的智相、相續相、執取相、計名字相。

[326]後二麤：指六粗相中的「起業相」及「業繫苦相」。

[327]語出《圓覺經》，參見佛陀多羅譯：《大方廣圓覺修多羅了義經》，《大正藏》第十七冊，頁九一三中。

而為業識，故云「妄心」。

此起處難知，最極微細，故唯佛能了。大概以一念而為生因也，真如被熏，既變為業識，則此無明一念，即為依止。而業識返熏無明，增其不了，故成「轉」、「現」，而三細炳然328，心、境因斯而立矣！故云「不覺念起，現妄境界」也。即以境界資熏心海，起前七波浪329而成六麤，以至造業、受苦，故生死不斷，實由於此耳。六麤，初二為「念」；330次二為「著」。331

上總明由「無明熏真如」，變起三細、六麤；下別明由一境界資熏妄心，成六麤相，故生死不斷。

【論】

此妄境界熏習，義則有二種，云何為二？一者、增長念熏習；二者、增長取熏習。

328 炳然：明白地展現。

329 前七波浪：指前七識是境界熏染第八識所轉得，如同大海因風吹拂所產生的波浪。

330 初二為「念」：指六粗相中的「智相」與「相續相」是屬於分別念。

331 次二為「著」：指六粗相中的「執取相」與「計名字相」是對境界的虛妄執著。

直解

上明無明熏業識故現境界，此即以境界資熏業識，令其增長六麤中前四相也。

一、增長念者，即業識無明，今以境界資熏之力，增長意識中智相、相續，法執分別念332也。

二、增長取者，即增長事識中執取、計名字相，人我見、愛煩惱333也。

【論】

妄心熏習義有二種，云何為二？一者、業識根本熏習，能受阿羅漢、辟支佛、一切菩薩生死苦故。（此變易生死之苦。）二者、增長分別事識熏習，能受凡夫業繫苦故。（此分段生死之苦。）

直解

此明妄心資熏無明，致二種生死之苦也。

---

332 法執分別念：即分別法執之意。

333 人我見、愛煩惱：即我執之意。

一者、業識資熏根本無明，不能離念，所執法相不忘，故令三乘人受變易生死之苦。

二者、由增長分別事識資熏見、愛無明，不了境界不實，則分別執取，起惑、造業，故令凡夫受分段麤生死苦。

【論】

無明熏習義有二種，云何為二？一者、根本熏習，以能成就業識義故。二者、所起見、愛熏習，以能成就分別事識義故。

【直解】

前「無明熏真如，故有妄心」等，乃約無明依真而起，以成三細、六麤總相而言；此「無明熏習真如成業識」，蓋約所成差別也。以此業識該五意[334]故，謂根本無明熏真如成五意。「所起見、愛」乃枝末無明，熏妄心成分別事識。[335]以前云「境界熏妄

[334] 業識該五意：指業識是涵蓋了意的五種名稱，即：業識、轉識、現識、智識、相續識。

[335] 此「無明熏習真如成業識」……熏妄心成分別事識：【編案：此節指根本無明熏染真如而變現為業

心，成六麤中念、著」，此說「無明熏真如」，故不同耳。

前染熏。

下淨熏。

【論】

云何熏習起淨法不斷？所謂以有真如法故，能熏習無明，以熏習因緣力故，則令妄心厭生死苦，樂求涅槃。以此妄心有厭求因緣故，即熏習真如。

【直解】

此明真如內熏無明，發心修行，令成淨業，此本熏也。336即此淨因反熏真如，增其勢力，此新熏也。337

識，此中業識該攝「五意」，據憨山大師說五意是統攝了七、八二識；而見、愛煩惱則是屬於枝末無明，再熏染業識本體而變現出分別事識。】

336 真如內熏無明……此本熏也：指真如熏染無明而發起修行之心，成辦清淨的行業，這是真如本體自己的內熏。

337 即此淨因反熏真如……此新熏也：以清淨的行業為因，反過來熏染真如，讓真如的清淨力量增長，

【論】

自信己性，（當十信。338）知心妄動，無前境界，（當十解。）修遠離法，（當行、向。339）以如實知無前境界故，（當初地。）種種方便，（二地至九地。）起隨順行，不取不念，乃至久遠。（當十地。）熏習力故，（上明返流因行次第340。）無明則滅。（下明果斷次第341。）以無明滅故，心無有起；（滅前三染。342）以無起故，境界隨滅；（滅後三染。343）以因緣具滅故，心相皆盡，名「得涅槃」，成自然業。

對真如而言，這是新的熏染。

338 當十信：即菩薩修行階位的「十信位」。【編案：《卍新續藏》本此處作「十解」與後文重出；金陵刻經處本則作「十信」，《賢首疏》解釋「自信己性」亦云：「十信位中信也。」（《大乘起信論疏》卷三，《乾隆大藏經》第一四一冊，頁一二〇上。）可知《卍新續藏》本誤植。】

339 當行、向：即菩薩修行階位的「十行位」及「十迴向位」。

340 返流因行次第：從證得真如清淨本體的因位來看，開始逆煩惱流、恢復清淨真如的修行次序。

341 果斷次第：從證得真如清淨本體的果位角度，往下斷除煩惱的次序。

342 滅前三染：斷滅六染中的「根本業不相應染」、「能見心不相應染」及「現色不相應染」等前三不相應染。

343 滅後三染：斷滅六染中的「執相應染」、「不斷相應染」及「分別智相應染」等後三相應染。【編案：就《起信論》言，六染中前三者是相應染，後三者是不相應染，相應染較粗而不相應染較細。

直解

此明淨熏因果斷滅次第也。

因行中「知心妄動」，解也；「修遠離」，行也。依解成行，修唯識尋、伺344等比觀如實知345，則登地，見如實理。

「種種」者，十地位中廣修萬行；「不取」者，所取無相；「不念」者，能念不生；「久遠」者，謂經三祇熏修346也。

這裡是就果位斷破的角度來說，所以解釋細的不相應染是前三染，粗的相應染是後三染。兩者次第不同。】

344 尋、伺：指觀照思惟諸法，粗的觀照稱為「尋」，細的觀照稱為「伺」。如玄奘譯《瑜伽師地論釋》說：「尋謂尋求，伺謂伺察。或思或慧，於境推求，麁位名尋；即此二種，於境審察，細位名伺。」（《大正藏》第三十冊，頁八八六上。）

345 比觀如實知：指藉由唯識尋、伺的比類觀照而如實了知真如法性。

346 三祇熏修：指菩薩須經歷三大阿僧祇劫的時間熏習修持，最終才能證得佛陀的果位。三祇，三大阿僧祇劫的簡稱。「阿僧祇」為古印度計數中無量數的意思；「劫」則是古印度所指長遠的時間。【編案：關於菩薩三祇熏修的時間階位，憨山德清《大乘起信論疏略》卷二說：「久遠者，三祇熏故。三祇者，三賢至初地為一僧祇；二地至八地為一僧祇；九地至佛果為一僧祇。」（《卍新續藏》第四十五冊，頁四六五上。）】

果中根本無明，即「業」、「轉」二識，故云「心無有起」，以無此二染為能熏故，境界隨滅。「因」即無明，「緣」即妄界，「心相」即六染。以無明滅，則前三不相應染盡；境界滅，則後三相應染盡。一切心相不出六染，故云「皆盡」。翻347前妄心、妄境，故得「涅槃」，以六染皆「煩惱礙」故；翻前無明，成自然業，以無明為「智礙」故。

上通明還淨因果。

下別明觀行之人。

【論】「妄心熏習」義有二種，云何為二？一者、分別事識熏習，依諸凡夫、二乘人等，厭生死苦，隨力所能，以漸趨向無上道故。二者、意熏習，謂諸菩薩發心勇猛，速趣涅槃故。

347 翻：同「反」。

直解

此別釋真如所熏妄心，麤、細還淨，約「人」以彰頓、漸也。348
問曰：「妄心熏習應成染法，何以云成返流淨行？349且論標『妄心熏習』，而釋云『真熏』者何耶？350」

答曰：「此意最微，古今解者，但約觀行，至於妄心熏習之意，竟未發明，故未見作者之妙耳。以此章明標真如熏習，而此云『妄心』者，以前云『以有真如法故，能熏習無明』、『則令妄心厭生死苦，樂求涅槃』。但明內以真如為因，乃『本熏』也。次云『妄心有厭求因緣故，即熏習真如』，乃『新熏』也，即是觀行。以前云真如所熏妄心，通該五意，自有淺深。上但通說始終因果，351然尚未及分別頓、漸，今

---

348 約「人」以彰頓、漸也：從修行者的根器來彰顯證悟佛果的快、慢不同。

349 妄心熏習應成染法，何以云成返流淨行：虛妄心的熏染應該會成為染汙法，為什麼說是成為逆煩惱流的清淨業行？

350 論標「妄心熏習」，而釋云「真熏」者何耶：論文標目是「妄心」的熏習，為什麼卻是解釋「真如」的熏習？

351 上但通說始終因果：上文只是整體說明由真如為因，熏染無明的因緣及結果。

以受熏之妄心返熏真如，則此能熏妄心，自有麤、細二義，以明頓、漸差別。[352]若因受熏之『事識』發心者，故成二乘之機；若因受熏『五意』發心者，則成三賢、十聖之機。然標妄心，乃已受真如所熏之妄心。今起觀行，返熏真如，殆非無明所熏之妄心也，[353]微哉！」

上明妄心熏真如，麤、細不同。

下明真如熏無明，體、用不同。

【論】

「真如熏習」義有二種，云何為二？一者、自體、相熏習；二者、用熏習。「自體、相熏習」者，從無始世來，具無漏法，備有不思議業，作境界之性。依此二義[354]恆

---

[352] 今以受熏之妄心返熏真如……以明頓、漸差別：現在從受到真如熏染的妄心（本熏），成為「有厭求因緣的妄心」，依此起清淨的業行，再返熏真如（新熏）。那麼這個能夠熏染真如的「有厭求妄心」本來就有粗、細兩層意義，從這裡彰顯證悟快、慢的不同。

[353] 今起觀行……殆非無明所熏之妄心也：這裡所發起的觀行，是（妄心）依循教理修行的清淨業行返過來熏染真如，所以並不是指被無明熏染的妄心。

[354] 二義：此處指體、相二義。

常熏習，以有力故，能令眾生厭生死苦，樂求涅槃，自信己身有真如法，發心修行。

直解

此明真如內、外熏習，有體、用二義也。

言「體」者，即眾生無始以來所具「無漏法性」[355]，乃本有之「正因佛性」[356]，此「本體」也。

而言「相」者，此「即體之相」，乃所具無漏功德之相，即所謂「恆沙稱性功德」也。

言「備有」等者，謂此體、相，備有不思議之業用，在外能與一切無情[357]作境界之性，名為「法性」。故法法皆真，乃外境也。內為「即體之智」，作所觀之境，即地上

[355] 無漏法性：不受到有漏之煩惱所染汙的清淨法性。

[356] 正因佛性：《涅槃經》所立三因佛性之一，指眾生本來具足的清淨真如本性，依這個清淨本性為基礎，眾生能證悟成就佛果菩提。吉藏《涅槃經遊意》引用新安法瑤法師解釋說：「眾生有成佛之道理，此理是常，故說此眾生為正因佛性。此理附於眾生，故說為本有也。」（《大正藏》第三十八冊，頁二三七下。）

[357] 無情：指如山河、大地、草木、石頭等沒有情識作用之物。

作有相、無相觀，乃內境也。[358]以具有體、相不思議作用恆常熏習之力，故能令眾生發心，厭生死，樂涅槃，知真本有，不假外求，故發心修行耳。意謂若不仗此本有真如之力，則眾生永無發心之時也。

【論】

問曰：「若如是義者，一切眾生悉有真如，等皆熏習，云何有信、無信，無量前後差別？皆應一時自知有真如法，勤修方便，等入涅槃。」

【直解】

此設問眾生等具真如，發心修證不等也。

然問意含有兩種差別之不等：一、疑謂眾生既同稟真如一性平等，如何有利鈍、邪正、信不信等無量差別之不等耶？二、疑謂眾生同仗真如內熏發心，則當一時同信、同

[358] 謂此體、相……乃內境也：【編案：此段指真如自體、相的不可思議業用，對外而言，成為一切無情的法性；對內而言，成為一切有情的觀照之智，顯現為登地菩薩作有相觀、無相觀的內在對境。】

修、同證涅槃，如何有先後、遲速無量差別之不等耶？以「差別」居中，義該上下，359 譯之巧耳。

【論】

答曰：「真如本一，而有無量無邊無明，從本已來自性差別，厚薄不同故。過恆河沙等上煩惱，依無明起差別；我見、愛染煩惱，依無明起差別。如是一切煩惱，依於無明所起，前後無量差別，唯如來能知故。

【直解】

此答意亦有兩種差別不等：一、謂眾生固是同稟真如一性，但以根本無明內熏，厚薄不等，故機有利鈍、邪正、信不信等之差別也。二、謂雖是一等無明內熏，其所熏成之煩惱，麤、細不等，故修證有遲速之差別耳。

359 義該上下：指譯文中「無量前後差別」一句，包含了前述的「利鈍、邪正、信不信」及後述的「先後、遲速」兩部分之意義。

恆沙上煩惱[360]，所知障也，細而難斷，故取證遲。我見、愛染，煩惱障也，麤而易斷，故取證速。是則信與不信、利鈍、遲速差別，乃無明惑染之過，非真如之有差別也。

上約無明熏習不一。

下約外緣不一。

【論】

又諸佛法，有因有緣，因緣具足，乃得成辦。如木中火性，是火正因，若無人知，不假方便，能自燒木，無有是處。

【直解】

此約緣具闕，明不一也。

[360] 上煩惱：此處指依於無明所生起的各種煩惱，對一切諸法產生癡昧的疑惑。如法藏《大乘起信論義記》卷下本：「過恒沙上煩惱，依無明起差別者，是從無明所起，迷諸法門事中無知，所知障中麁分攝也。」（《大正藏》第四十四冊，頁二七二上。）

佛性有三：謂正因、緣因、了因。❸❻❶然真如乃本具，「正因佛性」也；善知識助發，「緣因」也；因、緣具足，方得開悟，「了因」也。如鑽木取火因緣，木中火，喻正因；人力鑽取，喻緣因；火出燒木，喻斷證了因。

【論】

眾生亦爾，雖有正因熏習之力，若不遇諸佛菩薩善知識等以之為緣，能自斷煩惱入涅槃者，則無是處。若雖有外緣之力，而內淨法未有熏習力者，亦不能究竟厭生死苦，樂求涅槃。

---

❸❻❶正因、緣因、了因：三因佛性原出自《涅槃經》，「正因佛性」是眾生成就佛陀果位的基礎，即本具清淨的真如；「了因佛性」是能觀照證入真如佛性的智慧；「緣因佛性」是幫助了因智慧開啟本具真如正因佛性的各種助緣。天台智顗《金光明經玄義》卷上說：「云何三佛性？佛名為覺，性名不改，不改即是非常、非無常。如土內金藏，天魔、外道所不能壞，名『正因佛性』。了因佛性者，覺智非常、非無常，智與理相應，如人善知金藏，此智不可破壞，名『了因佛性』。緣因佛性者，一切非常、非無常，功德善根資助覺智，開顯正性，如耘除草穢，掘出金藏，名『緣因佛性』。」（《大正藏》第三十九冊，頁四上。）

【直解】

眾生本具佛性，為「正因」；佛、菩薩、善知識所說真如，所流教法，為「外緣」。得此內、外交熏，故斷惑、證真則易，若一有所缺，則不能厭生死苦、樂求涅槃。

【論】

若因緣具足者，所謂自有熏習之力，又為諸佛、菩薩等慈悲願護，故能起厭苦之心，信有涅槃，修習善根。以修善根成熟故，則值諸佛、菩薩示、教、利、喜，乃能進趣向涅槃道。」

【直解】

此明因緣具足，故成就道果之易也。

謂修行者，內仗真如勝因熏習之力，外有諸佛、菩薩勝緣助發之力，故令速趣涅槃耳。示、教、利、喜者，謂得「開示、教誨、利益、歡喜」，此助緣之勝也。

上明自性之用。

下明真如之用。

【論】

「用熏習」者，即是眾生外緣之力。如是外緣有無量義，略說二種，云何為二？一者、差別緣；二者、平等緣。

直解

此二種緣，乃諸佛菩薩已證法身，自然而有不思議業用362，隨眾生心感而應現。以悲願力，作種種身形、事業，363成就物機，以為發心求道眾生，作外助緣，此法身之用，故為真如用也。以眾生所具本覺心體，即是諸佛平等法身，體同而用亦同故，眾生有發心之用，故感諸佛成就之用也。

言「差別」、「平等」者，在能感之機發心不等364，故應有差別、平等之不一。謂從事識365發心者，則現隨類種種化身，為「差別緣」。若從業識366發心者，則現報

362 不思議業用：指佛陀及登地的法身菩薩，任運自然而具有不可思議業的造作功用。

363 作種種身形、事業：諸佛、菩薩以慈悲願力利益眾生，能夠示現不同的身相，從事各種利生事業。

364 能感之機發心不等：指能夠感召諸佛、菩薩教化的眾生，其根機、發心有所不同。

365 事識：具有分別諸法功能的第六識，又稱「分別事識」。

366 業識：真如受無明熏染而成能起惑之識，就憨山大師的解釋應涵攝第七識及第八識。

身，而為「平等緣」。隨其所感而應現也。

【論】

「差別緣」者，此人依於諸佛、菩薩等，從初發意始求道時，乃至得佛，於中若見、若念，或為眷屬父母諸親，或為給使，或為知友，或為冤家，或起四攝。

【直解】

此略示「差別緣相」也。

差別雖多，不出慈愛以攝之367、居卑以事之、368同類以益之、369冤家以折之、370四攝以攝之，371五者而已。故若見其身、若念其德，以此五類而已。

367 慈愛以攝之：用慈愛來引導他。此指論文中諸佛、菩薩示現「眷屬父母諸親」教化眾生。

368 居卑以事之：處於卑下的地位來侍奉他。此指論文中諸佛、菩薩示現「給使」幫助眾生。給使，供給使喚的奴僕。

369 同類以益之：以朋友同事的立場來利益他。此指論文中諸佛、菩薩示現「知友」利益眾生。

370 冤家以折之：以冤家的身分來折服他。

371 四攝以攝之：以「四攝法」來引導他。四攝法，菩薩四種親愛引導眾生的方法，有布施攝、愛語

【論】乃至一切所作無量行緣，以起大悲熏習之力，能令眾生增長善根，若見若聞，得利益故。

【直解】此顯諸佛、菩薩成就眾生作外緣者，無非出於無作大悲[372]熏習之力，殆非有心而作也。此言化用之差別。

【論】此緣有二種：一者、近緣，速得度故；二者、遠緣，久遠得度故。是近、遠二緣，分別復有二種，云何為二？一者、增長行緣；二者、受道緣。

攝、利行攝及同事攝等。如不空（七〇五—七七四）譯《仁王護國般若波羅蜜多經》卷上說：「復次，信忍菩薩，謂：歡喜地、離垢地、發光地，能斷三障色煩惱縛；行四攝法——布施、愛語、利行、同事……利益安樂一切眾生。」（《大正藏》第八冊，頁八三六下。）

372 無作大悲：指諸佛、菩薩的大慈悲是清淨真如的自然流露，並非分別識心的刻意造作。

直解

此明能化久、近差別也。

此二種緣，通始終因果，故云「久」、「近」。如佛於大通智勝佛時為弟子[373]，下一乘緣種，今乃成熟，各得授記，此「久緣」也。如佛住世，靈山所化之機，[374]見佛新發心者，為「近緣」，又為將來得度因緣，此通約時說。

又經云：「佛言：『我今出世，開示一切眾生，令未信者信，已信者增長。』」[375]

---

[373] 佛於大通智勝佛時為弟子：出自《法華經》的本生故事，指釋迦牟尼佛在過去無量劫前，曾為大通智勝佛座下弟子，也是佛陀俗家十六王子之一，因為在大通智勝佛座下聽聞《法華經》「一佛乘」的教法而種下成佛的種子，一直到此世才成熟而成就佛陀果位。當時的十六位王子都出家，並得到大通智勝佛的預言授記，也都已經成就佛果，因此說在久遠劫以前大通智勝佛的時候，就已經種下成佛的遠因。（參見鳩摩羅什譯：《妙法蓮華經》卷三〈化城喻品〉，《大正藏》第九冊。）

[374] 靈山所化之機：指釋迦牟尼佛在靈鷲山開示《妙法蓮華經》時，化導相應機緣的眾生。【編案：據《妙法蓮華經》〈方便品〉說，釋迦牟尼佛在宣說《法華經》「一佛乘」義前，有比丘、比丘尼、優婆塞（男居士）、優婆夷（女居士）五千人為增上慢人，不應機故退席，所以在座聽聞《法華經》教法都是應化之機。】

[375] 此處化用《華嚴經》，原文為：「爾時，如來大悲普覆，示一切智所有莊嚴，欲令不可說百千億那由他阿僧祇世界中眾生，未信者信，已信者增長，已增長者令其清淨，已清淨者令其成熟，已成熟

此「增長緣」。又云「各得生長」[376]，此「受道緣」也。若約位遠、近，若二乘、三賢增長者「近」，若十地、佛果成就者「遠」。總約機說，可以意會。[377]

【論】

「平等緣」者，一切諸佛、菩薩，皆願度脫一切眾生，自然熏習，常恆不捨。[378]以同體智力故，隨應見、聞而現作業。所謂眾生依於三昧，乃得平等見諸佛故。

者令心調伏。」」（《大正藏》第十冊，頁一一九下——一二〇上。）

[376] 各得生長：指根機利、頓不同的眾生，都能夠藉由聽聞佛陀的教法而各自獲得不同的利益，就如同大地草木都能普遍受到雨露潤澤一般。語出《妙法蓮華經》卷三〈藥草喻品〉。

[377] 編案：此段在說明眾生得度的不同因緣，有「增長行緣」（聽聞佛、菩薩說法之緣）及「受道緣」（眾生各自根器），二者分別有久、近的差別：一、以增長緣來說，現在成就之因為過去聽聞佛法的「久緣」；當下聽聞佛法則是種下未來成就之因的「近緣」。二、以受道緣來說，成就二乘、三賢的果位是「近緣」；成就十地菩薩及究竟佛果為「遠緣」。

[378] 常恆不捨：《大正藏》收錄真諦譯本作「恆常不捨」。

【直解】

此明「平等緣」也。

謂諸佛、菩薩，皆本願度脫一切眾生，故以同體悲、智恆熏不捨，以眾生乃諸佛心內之眾生，故念念熏習，未曾一念暫捨。故眾生但有能入三昧者，隨其夙習見、聞379，即於三昧中現身說法，令其成就。如普賢之現身、觀音之隨應，380皆「平等緣」也。

【論】

此體、用熏習，分別復有二種，云何為二？一者、未相應。謂凡夫、二乘、初發意菩薩等，以意、意識熏習，依信力故而能修行。未得無分別心與體相應故；未得自在業修行與用相應故。

379 夙習見、聞：過去曾熏習，所見、所聞的各種教法。夙，音ㄙㄨˋ（sù），過去的。

380 普賢之現身、觀音之隨應：典出《妙法蓮華經》卷七〈普賢菩薩勸發品〉及同卷〈觀世音菩薩普門品〉。正如同普賢菩薩於佛前發願，若未來世有受持《法華經》者，當於其前現身守護；及觀世音菩薩隨緣應化，救度眾生等。

【直解】

此合明能熏真如體、用平等，而所熏之機有差別也。以凡夫、二乘、初發心菩薩，但依意識熏習，發心者淺。唯依信力修行，未能深入真如三昧，未得無分別心381與體相應；未得自在智業與用相應。此差別在機。

【論】

二者、已相應。謂法身菩薩，得無分別心，與諸佛智用相應，唯依法力自然修行，熏習真如，滅無明故。

【直解】

此合明體、用平等也。謂地上菩薩已證真如，「得無分別心，故得與真如體、用相應」者，以唯依法力任運進修，是故得與真如體、用相應也。

381 無分別心：又稱「無分別智」，為諸佛、登地菩薩所證，捨離能、所，主、客對立的真實智慧。世親菩薩釋、真諦譯《攝大乘論釋》卷七云：「由不分別故，成就無分別智，得入初地。即初地以上為無上覺。」（《大正藏》第三十一冊，頁二〇二中。）

以真智照理，故云「法力」；382 任運無功，故云「自然」。383 以此智行熏習真如，故得滅無明惑，而與諸佛體、用相應也。以初地至七地，與體相應；八地已後，與用相應。384 以二乘、三賢，依六識比觀，故未得相應也。

上明染淨相資中「染淨熏習」已竟。

下明染淨熏習盡、不盡義。

【論】

復次，染法從無始已來，熏習不斷，乃至得佛，後則有斷。淨法熏習則無有斷，盡

382 以真智照理，故云「法力」：憑藉清淨真實的智慧觀照真如理體，所以稱為「法力」。法力，真如法性的力量。

383 任運無功，故云「自然」：隨順法性而不用刻意造作，所以稱為「自然」。

384 以初地至七地……與用相應：從初地到七地菩薩是與真如體相應；第八地菩薩則是與真如用相應。【編案：登地菩薩雖然能漸次體解真如本體，但是在第七地以前仍然是有功用造作，所以只是「與體相應」。第八地以後自然無功用造作，所以是「與用相應」。如世親菩薩釋、真諦譯《攝大乘論釋》卷十一說：「七地、八地名依寂靜地。以七地無相、有功用，八地無相、無功用故，名依寂靜地。」（《大正藏》第三十一冊，頁二三〇下。）】

於未來，此義云何？以真如法常熏習故，妄心則滅，法身顯現，起用熏習，故無有斷。

【直解】

此總結染、淨熏習斷、不斷義也，謂染法無始有終，真如淨法則無始終。以無明染因依真而起，此則真如乃無始之無始也。及以真如熏習無明，斷盡成佛，此則無明滅盡時，法身顯現，而有不思議大用，無窮無盡。故染法有盡，而淨法無盡也。

前釋生滅門中「是心生滅因緣相」已竟。

下釋體、相、用三大。

以初標云：「是心生滅因緣相，能示摩訶衍自體、相、用故。」至此乃釋也。

⑵釋體、相、用三大

【論】

復次，真如自體、相者，一切凡夫、聲聞、緣覺、菩薩、諸佛，無有增、減，非前際生，非後際滅，畢竟常恆，從本已來，自性滿足一切功德。

【直解】

此言十法界通以「真如」為自體、相，即所謂「一法界大總相法門體」也。由聖、凡均稟[385]，不屬迷、悟，故無增、減。以本自真常，無生無滅，廣博包含，染、淨融通，[386]故云「滿足一切功德」。

【論】

所謂「有大智慧光明義」故。

【直解】

此下言「性具功德」也。常光朗照，無明惑染，暗不能昏，故云自體「有大智慧光明」，即是「毗盧遮那法身真體」[387]。

[385] 聖、凡均稟：聖人與凡夫都平等稟受。稟，音ㄅㄧㄥˇ（bǐng），承受之意。

[386] 染、淨融通：涵融通達一切染、淨諸法。這裡是指依於如來藏清淨心而有一切染、淨諸法。

[387] 毗盧遮那法身真體：毗盧遮那佛的真實法身本體。毗盧遮那，意為光明遍照，大乘經典中有說為法

【論】

「偏照法界義」故。

【直解】

實智照理，理無不徹；權智鑑物，物無不窮。

【論】

「真實識知義」故。

【直解】

以圓照忘緣，離諸根量，[388]故云「真實識知」。

身佛，或為報身佛。如慧苑（六七三—七四三）《新譯大方廣佛華嚴經音義》卷上云：「按梵本毗字，應音云死廢反，此云種種也；盧遮那，云光明照也。言佛於身、智以種種光明照眾生也。或曰毗，遍也；盧遮那，光照也。謂佛以身智無㝵光明，遍照理事無㝵法界也。」（《趙城金藏》第九十一冊，頁三一七中。）

[388] 圓照忘緣，離諸根量：用實智、權智觀照一切諸法，無所緣取，不是依靠眼、耳、鼻、舌、身等接

【論】

「自性清淨心義」故。

【直解】

謂如來藏性，永離惑染，故云「自性清淨」。

【論】

「常樂我淨義」故。

【直解】

窮三際389而無改，曰「常」；在眾苦而不干390，曰「樂」；處生死而莫拘391，曰

觸外境的感官感受。

389 三際：即三世，過去世、現在世及未來世。

390 不干：不受到影響。

391 莫拘：不受到限制。

「我」；歷九相[392]而不染，曰「淨」。

【論】

「清涼不變自在義」故。

【直解】

永離熱惱[393]，故曰「清涼」；四相[394]莫遷，故曰「不變」；業不能繫，故曰「自在」。

【論】

具足如是過於恆沙不離、不斷、不異、不思議佛法，乃至滿足無有所少義故，名為「如來藏」，亦名「如來法身」。

---

[392] 九相：指枝末無明的三細、六粗相。

[393] 熱惱：比喻受煩惱所燒灼的痛苦，使身心不得清涼。如《妙法蓮華經》卷二〈信解品〉說：「我等以三苦故，於生死中受諸熱惱。」（《大正藏》第九冊，頁十七中。）

[394] 四相：指一切有為法的生、住、異、滅四種相狀。

直解

恆沙德相，不異真體，395故云「不離」。無始相續，故云「不斷」。等同一味，396故云「不異」。以性、相融通397，一、多無礙，398理、事交徹，399染、淨無二，故云「不思議」。法身本具，唯佛證窮，故云「佛法」。以無法不包，無所少欠，故云「滿足」。以能含攝無量性德，故云「如來藏，亦名如來法身」。初云「總相大法門體」，故結歸「如來藏心」也。

---

395 恆沙德相，不異真體：如同恆河沙數的功德相狀，與清淨的如來藏心本體並沒有不同。

396 等同一味：萬法的本體與相狀是同一法味，平等而無差別。

397 性、相融通：法性本體與諸法顯相彼此交融互通。

398 一、多無礙：即華嚴宗所立十玄門中的「一多相容不同門」，指諸法雖然各自不同，但任一法為萬法的緣起，而萬法也為一法的緣起，彼此作用相容，沒有障礙。如清涼澄觀《大方廣佛華嚴經隨疏演義鈔》卷二說：「『一多無礙等虛室之千燈』者，第五、一多相容不同門，由一與多互為緣起，力用交徹故，得互相涉入，是曰『相容』。不壞其相，故云『不同』。如一室內，千燈並照，燈隨盞異，一一不同，燈隨光遍，光光涉入，常別常入。」（《大正藏》第三十六冊，頁十中。）

399 理、事交徹：真如理體與萬法的事相，交互通徹。

【論】

問曰：「上說真如，其體平等，離一切相，云何復說體有如是種種功德？」

【直解】

此執體疑相難400也。

【論】

答曰：「雖實有此諸功德義，而無差別之相，等同一味，唯一真如。此義云何？以無分別，離分別相，是故無二。」

【直解】

此答以即體之相401。相不異體，故無分別，如大海水同一味故，以唯一真故。以差

400 執體疑相難：以真如本體「離一切相」，卻又說「有種種功德相」的疑問來問難。

401 即體之相：指相狀是依著本體而說的。

別者，乃分別心也，真如永離能、所分別，故無二耳。402

【論】

復以何義得說差別？以依業識生滅相示。

【直解】

既其真如體、相不二，以何義故說有如是差別耶？以依生滅業識，具有恆沙染法，故知轉染反淨，即有恆沙淨德差別之相也。403

【論】

此云何示？以一切法，本來唯心，實無於念。而有妄心，不覺念起，見諸境界，故

402 以差別者……故無二耳：指萬法的差別相是來自於分別心，真如本體是永恆地離開能、所的分別（真如的體、相並不是從能、所的對待來安立），所以真如體、相是不二的。

403 以依生滅業識……即有恆沙淨德差別之相也：因為依著生滅的阿賴耶識（業識）才有恆河沙數的分別染汙法，所以現在要轉染汙為清淨，也是從阿賴耶識的分別來說，（真如）就有恆河沙數差別的清淨德相。

說無明。

心性不起，即是大智慧光明義故。若心起見，則有不見之相；心性離見，即是徧照法界義故。（以依無明妄心染法反淨，故知真如有大智慧光明義也。）

若心有動，非真識知，無有自性。（以動即妄想，妄即非真。妄無自性，動隨染緣，故知不動，則是真實識知，離染真淨。）非常、非樂、非我、非淨，熱惱衰變，則不自在。（反此染法，即知真如有真常、真樂、真我、真淨義也。）乃至具有過恆沙等妄染之義，對此義故，心性無動，則有過恆沙等諸淨功德相義示現。

直解

此「云何」下，廣顯示義也。

謂真如本自不動，無差別相。何從而知？404 但對心動，即有如是恆沙妄染之相；反此不動，則知具有恆沙諸淨功德也。405

---

404 何從而知：「從何而知」的倒裝。指既然真如本體沒有差別相，那麼從哪裡可以知道真如有種種恆沙功德相？

405 但對心動……則知具有恆沙諸淨功德也：指因為真如心受到無明的擾動，所以分別出恆河沙數虛妄

【論】

若心有起，更見前法可念者，則有所少。如是淨法，無量功德，即是一心，更無所念，是故滿足，名為「法身如來之藏」。

【直解】

此明「淨法滿足義」也。

若心有起，則無明染法未盡，淨心未圓，則於心外尚有可念者，即是「所少」406。今以一心圓滿，諸妄盡淨，則無量淨德，即是「一心」。外無可念，性自具足，是名「法身如來之藏」，含攝無量淨德。以迷為識藏，則含攝無量染法；今返妄還源，故成無量淨德耳。

上釋體407、相二大竟。

汙染的顯相，相反地，如果真如心不受到無明的擾動，就可以說真如具有恆河沙數等清淨的功德。【編案：這是從阿賴耶識已經產生分別的角度來說，相對於真如受染汙而說有真如清淨，實際上，真如本體不動，也沒有染、淨的分別。】

406 所少：有所乏少，指不能圓滿之意。

407 編案：《卍新續藏》本原文遺漏「體」字，今據金陵刻經處本補入。

下釋用大。

【論】

復次，真如用者，所謂諸佛如來，本在因地，發大慈悲，修諸波羅蜜，攝化眾生，立大誓願，盡欲度脫等眾生界，亦不限劫數，盡於未來。以取一切眾生如己身故，而亦不取眾生相。（此舉本大願也，即廣大心408、長時心409。舉悲、智大方便也，如己身，悲深也；410不取相，智深也，411兼上亦不顛倒心412也。）此以何義？謂如實知一切眾生及與己身，真如平等，無別異故。

408 廣大心：指諸佛發願度脫一切眾生，而眾生界廣大無邊，所以諸佛所發也是「廣大心」。

409 長時心：指諸佛度眾生不限於一時，是窮盡未來，所以發的是「長時心」。

410 如己身，悲深也：指諸佛視眾生如自己一般，是其慈悲甚深。

411 不取相，智深也：指諸佛雖然救度眾生，但不執取任何概念相狀，是其智慧甚深。

412 兼上亦不顛倒心：指諸佛的慈悲及智慧，在發心而言，也兼屬於「不顛倒心」。

直解

此對果舉因，以明用大之本也。[413]

謂諸佛因中，以見一切眾生與己同一真如法身，愍其沈迷，故起同體大悲，願度一切，誓盡眾生界，不限劫數。因此修行六度[414]，以為正行。教化眾生，無有疲厭，此「廣大心」、「長時心」也。

所以不退者，以取一切眾生如己身故，而亦不見有眾生相故也。眾生如己身，悲深；不取相，智深。此二，不顛倒心也。何以不取眾生相耶？以如實知眾生與己真如平

---

413 此對果舉因，以明用之大本也：這是從諸佛的果位推及其原因，來彰顯真如本體「用大」的根本。

414 六度：即「六波羅蜜多」之意，指菩薩所修持六種能夠利益眾生並達到解脫彼岸的法門，分別為：布施度、持戒度、忍辱度、精進度、禪定度及智慧度。

等，此第一心[415]也。故論云：「廣大第一長，其心不顛倒。」[416]此諸佛因心[417]也。

【論】 以有如是大方便智，除滅無明，見本法身，自然而有不思議業種種之用。即與真如等徧一切處，又亦無有用相可得。

直解 此明因智滅惑，顯現法身，自然而有不思議用也。

謂此大用，法身本具，但向[418]被無明障蔽不顯，今因智破惑故乃得顯。而與真如等

[415] 第一心：指菩薩發願要使一切眾生都能解脫，獲得究竟涅槃之樂的發心。如《三藏法數》卷十二說：「謂菩薩度脫三界、四生之類，不欲令證聲聞小果，要皆令入無餘涅槃，是名第一心。」（《大藏經補編》第二十二冊，頁二七八上。）

[416] 此句化用天親菩薩造、菩提流支譯《金剛般若波羅蜜經論》卷上，原文為：「廣大第一常，其心不顛倒，利益深心住，此乘功德滿。」（《大正藏》第二十五冊，頁七八一下。）

[417] 諸佛因心：諸佛在因地，尚未成佛以前的發心。

[418] 向：從前，過去。

徧一切處[419]，以真如離相故，用亦無相可得。

【論】

何以故？謂諸佛如來，唯是法身智相之身，第一義諦，[420]無有世諦境界，離於施作，但隨眾生見聞得益，故說為用。

【直解】

此問何故用無用相，既無用相，何能利益眾生耶？答以諸佛如來，唯是法身智相之身，離於施作，故無用相，但隨眾生機感，隨其見聞得益，[421]故說為用。此所謂清淨法身，猶若虛空；應物現形，如水中月，「眾生心水淨，菩提影現

[419] 與真如等徧一切處：指諸佛的不思議業用與真如同等，能遍滿一切處。

[420] 第一義諦：又稱真諦，指法性本體為無生無滅的空性，為出世間唯一真理。如龍樹菩薩造、青目釋、鳩摩羅什譯《中論》卷四說：「諸賢聖真知顛倒性，故知一切法皆空無生，於聖人是第一義諦名為實。」（參見《大正藏》第三十冊，頁三十二下。）

[421] 但隨眾生機感，隨其見聞得益：只是隨著眾生個別不同的根機，讓眾生在所見所聞上，都能夠因著不同的需求而獲得利益。

中」，[422]故云「用無用相」。返顯若無機感，則唯是妙理本智，更無世諦[423]生滅等相。

【論】

此用有二種，云何為二？一者、依分別事識，凡夫、二乘心所見者，名為「應身」。以不知「轉識」現故，見從外來，取色分齊，不能盡知故。

【直解】

此下就因明果，以顯用相不同也。

---

[422] 眾生心水淨，菩提影現中：當眾生心平靜而不擾動，諸佛就如同水中映月一般，隨應而示現。這裡以佛的示現比喻為月亮，眾生心比喻為水。【編案：「眾生心水淨，菩提影現中」一句常被引用，歷來所說是出自《華嚴經》，如澄觀別行疏、宗密隨疏鈔《華嚴經行願品疏鈔》卷一提到：「大經云：『菩薩清涼月，遊於畢竟空，眾生心水淨，菩提影現中。』」（《卍新續藏》第五冊，頁二二九上。）但檢《華嚴經》原文為：「菩薩清涼月，遊於畢竟空，垂光照三界，心法無不現。」（《大正藏》第九冊，頁六七〇下。）】

[423] 世諦：即世俗諦的簡稱，指世間的真理，其仍具有生滅分別的相狀。如《中論》說：「世俗諦者，一切法性空，而世間顛倒故生虛妄法，於世間是實。」（《大正藏》第三十冊，頁三十二下。）

凡夫、二乘不知唯識，向計外塵，乃六識分別，424 故見佛身亦從外來。以不知七識所現細相，故但見應身麤相，即三十二相應身佛也，所謂變相觀空 425 所見三類分身之佛 426

424 凡夫、二乘不知唯識……乃六識分別：凡夫、二乘不能了知有七、八兩識，他們所認知外境的色、聲、香、味、觸、法等六塵，都是由前六識的分別妄想而來。

425 變相觀空：指唯識中修持空性觀時，緣取前五識對第八識所變現的五塵外境（相分）分別為空，由是只能證得後得智，仍不能究竟體解無分別、無相的真如法性。憨山德清《八識規矩通說》云：「變，謂變帶；相，謂相分。以五識一向緣五塵相分境，以此識同八齊轉。今托彼相，變帶觀空，而此方成智，其相雖空，亦未離空相，以不能親緣真如無相理故。」（《卍新續藏》第五十五冊，頁四二二上。）

426 三類分身之佛：指佛陀轉前五識為成所作智，示現三類化身救度不同階位的眾生，分別為「千丈化身」、「丈六身」及「隨類化身」。如憨山德清《八識規矩通說》云：「『圓明初發』，謂八識轉大圓鏡智，初發之時，此前五識即成無漏，以同體故，所謂『五八果上圓』。若此五轉成所作智，在佛果中則能現三類身，謂『大化』、『小化』、『隨類化』，以此三身，應機利物。」（《卍新續藏》第五十五冊，頁四二二中。）又魯菴普泰（生卒年不詳）《八識規矩補註》卷上說：「三類身者，乃法、報、化三身之中化身爾。此化身所被之機，優劣不一。故能被之化身復有三也：千丈大化身，被大乘四加行菩薩；小化丈六身，被大乘三資糧位菩薩與二乘、凡夫；隨類化，三乘普被，六趣皆霑。」（《大正藏》第四十五冊，頁四七〇中。）

也。所以不能見細相者，以不知轉識現故。下報身，即轉識所現也。[427]

所言「依識見佛」者，以佛真法身，即眾生本覺真如佛性，今以內熏之因力故，眾生發心厭苦求佛，以六識受熏，識麤熏淺，故佛相亦麤耳。故此見佛，約本熏說，非無因而現也。

言「細相依轉識現」者，意顯無明雖迷真如而成業識，但一念不覺，尚未離真，以未和合，故未分能、所。及至轉相，則生滅與不生滅和合，即變法身真智而為妄見，變真理而為妄相，為眾生之始，妄見境界。今返妄歸真，從麤至細，斷至轉識，則本智現前，法身顯露。以智照理，則如來藏中自性功德一時顯現，所見佛身微細妙相，乃知唯心所現，故不從外來，此蓋從本熏業識所現，故云「轉識現」耳。[428]

---

427 下報身，即轉識所現也：指下文菩薩所見的報身佛，即是依著阿黎耶轉識的化現。【編案：憨山大師據法藏疏、宗密科注《大乘起信論疏》刪補的《大乘起信論疏略》卷下說：「『轉識』即是黎耶中『轉相』，依此轉相方起『現識』，現諸境界。此識即是真、妄和合，若隨流生死，即妄有功能；妄雖有功，離真不立。若反流出纏，真有功能；真雖有功，離妄不顯，故就緣起和合識中說其用耳。上約終教說。」（《卍新續藏》第四十五冊，頁四六九中。）以「轉識」即是阿黎耶的「轉相」。】

428 此蓋從本熏業識所現，故云「轉識現」耳：菩薩所見佛陀微妙身相（報身）是真如內熏業識的顯

【論】

二者、依於業識，謂諸菩薩從初發意，乃至菩薩究竟地心所見者，名為「報身」。

【直解】

此明「依轉識現報身」也。

此菩薩從十解初心，以本熏業識，作唯識觀，歷三賢、十地，究竟三昧心中，所見佛身，乃報身細相，實唯心現，不從外來。而言「用」者，乃本覺真如自體之用，非外佛現身之用也。有作佛隨機現者，非此義也。以此中意，正約熏變之用故。[429]（通覈上下文意，仍以佛隨機現為是。[430]）

相，所以說是轉識所化現的。

429 此菩薩從十解初心……正約熏變之用故：這是指菩薩從十解位（十住位）初心開始，透過真如本熏業識，修持唯識觀，經歷三賢、十地的階位，見到的是進入正定三昧心中化現的佛身，正是微細的報身相，並不是自心以外的佛身。所以從這個角度詮釋的用，指的是真如自體的用，而不是外在佛示現的用。有解釋為（外在的）佛陀隨著不同根機的眾生所化現，此處並非這個意思。因此，這裡的解釋應該是，隨著（菩薩的）真如本熏業識變現所產生的用。

430 通覈上下文意，仍以佛隨機現為是：如果通盤地檢驗上下文意，還是解釋為佛陀隨著不同根機眾生

【論】 身有無量色，色有無量相，相有無量好。所住依果，亦有無量，種種莊嚴。隨所示現，即無有邊，不可窮盡，離分齊相。隨其所應，常能住持，不毀不失。

【直解】

此舉依、正二報，總顯所見細相也。431

此即《華嚴》盧舍那佛432，身、土，自、他，無障無礙，等周法界，故離分際433。

的示現比較好一些。【編案：關於菩薩所見的報身佛，憨山大師從理論來說，認為應該是真如熏業識的化現，所以是菩薩的「唯心現」。但他又說，如果從論文的上下文意來看，佛陀有隨類應化的功德之用，所以也可解釋為佛陀對應機眾生的示現，二者並不相違。】

431 此舉依、正二報，總顯所見細相也：這裡舉出佛陀的國土（依報）與身相（正報）為例，總體顯示菩薩所見的微細相。

432 盧舍那佛：《華嚴經》中為一切菩薩示現說法的報身佛，具有千丈圓滿的身相。如圓測（六一三—六九六）《仁王經疏》卷下說：「是盧舍那佛，或云盧招那，亦云盧折羅，此云照也。以報佛淨色，遍周法界故。又日月燈光，遍周一處，亦盧舍那，一也，或可義翻名寶滿。」（《大正藏》第三十三冊，頁四一四中。）

433 離分際：指沒有界限，平等無礙。

一真報境，[434]所謂「大火所燒，此土安穩」[435]，故云「不毀不失」。

【論】如是功德，皆因諸波羅蜜等無漏行熏，及不思議熏之所成就，具足無量樂相，故說為「報」。

【直解】此結果由因，釋「報身」得名也。如是依、正二報，皆由十度[436]行熏，及本覺不思議內熏之功，以結顯「因熏習」義也。

---

[434] 一真報境：指報身佛所居住的國土，為一真法界實相的顯現。

[435] 大火所燒，此土安穩：指劫盡時大火焚毀世界，而報身佛土依然安住無壞。此化引《法華經》文，如《妙法蓮華經》卷五〈如來壽量品〉所說：「眾生見劫盡，大火所燒時，我此土安隱，天人常充滿。」（《大正藏》第九冊，頁四十三下。）

[436] 十度：即十波羅蜜多，又稱十勝行，為菩薩所修六度再加上方便善巧度、願度、力度及智度。

【論】

又為凡夫所見者，是其麤色。隨於六道，各見不同，種種異類，非受樂相，故說為「應」。

【直解】

此別釋應身非一，蓋隨類所見不同也。以六道見佛，各隨業感，其相不同，以見同類，故云「非受樂相」。[437]

【論】

復次，初發意菩薩等所見者，以深信真如法故，少分而見。知彼色相莊嚴等事，無來無去，離於分齊，唯依心現，不離真如。然此菩薩猶自分別，以未入法身位故。

---

[437] 以六道見佛……故云「非受樂相」：指六道眾生各依著業報的感召不同，所以見佛的身相也不同，會依著各自的果報類別，見到的佛陀也是與自己同類，所以六道所見的佛身並不是圓滿（報身）的受樂相。

【直解】此別釋三賢所見，不同地上也。

前云依業識，從初發意至究竟地，乃總說所見，皆報身相。然其中亦有淺深，不無分、滿[438]，故此重明也。

此明三賢發心，志斷無明，深信真如，但依六識分別比觀，但相似覺，故云「少分見」。以分別未忘，未證真如，不同地上，故云「未入法身」。

【論】若得淨心，所見微妙，其用轉勝，乃至菩薩地盡，見之究竟。

【直解】此明地上所見報身，亦漸漸圓滿，至金剛後心，真窮惑盡，故云「見之究竟」。[439]

---

[438] 分、滿：部分及圓滿。【編案：指三賢位的菩薩僅能見到佛陀報身的部分莊嚴而已，登地菩薩則能夠見到圓滿的報身，兩者仍有差別。】

[439] 此明地上所見報身……故云「見之究竟」：指登地菩薩所見的報身，也是一地一地逐漸圓滿，一直

【論】

若離業識，則無見相。以諸佛法身，無有彼此色相迭相見故。

【直解】

上言依業識見者，乃是「報身」，猶有所見，以未見「法身」故。今明若離業識，則見法身。以法身真體，唯一真心，絕諸對待，了無色相能、所，故云「無有彼此迭相見故」440。

蓋言「可見」者，雖是細妙，但屬修顯441，從迷中返悟，故未離能、所色相。此法身真體，乃一心真源，不屬迷、悟，不借緣生，自此天真，為「正因佛性」，故結指為究竟極則。

要到等覺菩薩金剛後心，真如完全顯露、無明煩惱完全斷除，才能說是見到佛最究竟的身相。【編案：等覺金剛後心已經完全滅除阿賴耶識種子，轉成真如佛智，因此這裡所說佛的究竟身相不只是「報身」，也涵蓋等覺菩薩證入自己真如法性的「法身」。】

440 無有彼此迭相見故：這裡指（法身）沒有能見（此）與所見（彼）的二元分別。

441 修顯：透過修行而彰顯出來的。

【論】

問曰：「若諸佛法身離於色相者，云何能現色相？」

【直解】

此問明法身離相，不礙現相也。

【論】

答曰：「即此法身是色體故，能現於色。所謂從本已來，色、心不二，以色性即智故，色體無形，說名智身。以智性即色故，說名『法身徧一切處』。所現之色，無有分齊，隨心能示十方世界，無量菩薩，無量報身，無量莊嚴，各各差別，皆無分齊，而不相妨，此非心識分別能知，以真如自在用義故。」

【直解】

答意以明「法、報冥一，色、心不二」[442]。總顯一真無障礙法界，以歸究竟一心真

[442] 法、報冥一，色、心不二：指法身與報身契合為一，外在的顯相與心是不能分割的。

源也。

法身者，一心之異稱也，以心為萬化之源，故云「法身是色之體」443，故能現色，譬如虛空非色，而能出生色相，故云「從本已來，色、心不二」也。

以事攬理成，全空成色，故云「色性即智性故」。444以色體本空故，說為智身，所謂「色即是空」也。

以全理成事，故事即理，譬如虛空，偏至一切色、非色處，所謂「空即是色」也。由理、事不二，故色隨空偏，無有分齊；由無二無分，故身、土，自、他，無障無礙。故十方世界，無量菩薩之報身，依報莊嚴之國土，各各差別，皆無分齊，而不相妨。所以華藏海中，帝網445諸剎，重重交羅，由理事無礙，故得事事無礙。此非心識所知，皆是真如大自在用也，良由體周而用偏，皆一心真如之用故。

443 法身是色之體：法身是色身的本體。【編案：此指外在顯相的根本是由心所變現，所以色相的本體就是心。】

444 以事攬理成……故云「色性即智性故」：指事相是根據理相而有，空性即是一切顯相的根本，所以顯相的本質就是空性的智慧。

445 帝網：天帝因陀羅的寶網，網上各結有寶珠，每一寶珠都能夠映現自、他，以此比喻重重無盡之意。

《論》宗一心為「一法界大總相法門體」，故「解釋正義」而結歸於此，所謂「無不從此法界流，無不還歸此法界」446。故於生滅門中，究竟顯一心之極則耳。

前顯示正義中大科分二，初、顯動、靜不一，從「一心真如」者起，至此二門分別已竟。

下第二、會相入實，顯動、靜不二。

（二）會相入實，顯動、靜不二

【論】

復次，顯示從生滅門即入真如門。

446 無不從此法界流，無不還歸此法界：指一切諸法都是從一心真如所生，所以一切分別的顯相本質是不相妨礙，終究會回歸於一心。【編案：此句原出於世親菩薩釋、真諦譯《攝大乘論釋》卷十三：「後成佛時各觀一切法，無不從此法身生，無不還證此法身故，一切法門同一法身為味。」（《大正藏》第三十一冊，頁二五四上。）清涼澄觀《華嚴經疏》化用為：「如日沒時還照高山故，無不從此法界流，無不還歸此法界故。」（《大正藏》第三十五冊，頁五〇四上。）後世華嚴宗人引此多有仿照澄觀的用法。】

直解

此令觀生本無生[447]，即生滅以入真如門也。

【論】

所謂推求五陰，色之與心，六塵境界，畢竟無念。以心無形相，十方求之終不可得。如人迷故，謂東為西，方實不轉。眾生亦爾，無明迷故，謂心為念，心實不動。若能觀察知心無念，即得隨順入真如門故。

直解

此示正觀，為頓悟一心之妙也。

謂一真法界，本無色、心，何有五陰[448]之眾生耶？良由最初一念不覺，是謂「無

---

447 觀生本無生：觀照生滅的本質是不生滅的真如。

448 五陰：新譯為「五蘊」，包含色蘊、受蘊、想蘊、行蘊及識蘊。蘊有積聚的意思，五蘊和合而組成各別眾生的身、心個體。色蘊是眾生眼、耳、鼻、舌、身根的聚合；受蘊是感官對境界的感受；想蘊是內在思維；行蘊是除了受、想之外，微細的思想造作與遷流；識蘊是六識的聚合。如《三藏法數》卷六說：「（五蘊）蘊，積聚也，謂積聚色、受、想、行、識五法以成身也。如來為迷心偏重

明」，以無明力，即變一心而為「業識」，依業識見、相二分，以為色、心和合，故有五陰之眾生。是則眾生五陰，皆因一念而有也。

故今不必計眾生之真、偽，但觀一念起處，本自無念，無念即無生，無生則眾生本無，又何有色、心諸法耶？所以教令「直觀無念」，即當下頓入真如門矣。

此「觀無念」一著，乃佛祖指示修行之的訣 449，故達磨西來，教二祖：「將心來與汝安。」二祖云：「覓心了不可得。」450 六祖云「本來無物」，451 以下諸祖，無不指示「離念」境界。故今參禪，不了無念之旨，更起種種玄妙思量，豈祖師西來意 452 耶？

者，合眼、耳、鼻、舌、身五根，但名為色。開意之一根，為受、想、行、識令其細觀於心，是為合色、開心故說五蘊也。」（《大藏經補編》第二十二冊，頁二〇〇下。）

449 的訣：要訣，指修行的重要訣竅。

450 故達磨西來……「覓心了不可得。」：此為中國禪宗初祖菩提達磨（？—五三五）傳法給二祖慧可禪師（四八七—五九三）的公案，詳見道原（生卒年不詳）《景德傳燈錄》卷三。

451 六祖云「本來無物」：唐時中國禪宗六祖惠能大師的開悟偈頌有：「菩提本無樹，明鏡亦非臺；本來無一物，何處惹塵埃？」（參見宗寶（生卒年不詳）編：《六祖大師法寶壇經》，《大正藏》第四十八冊，頁三四九上。）

452 祖師西來意：菩提達磨祖師從天竺來中華傳法，開啟禪宗法門，昭示佛陀本懷。「祖師西來意」一語為禪者常用來參悟的話頭語之一。如慧然（生卒年不詳）集《鎮州臨濟慧照禪師語錄》卷一：

不唯此《論》，即一大藏，千七百則[453]，總歸無念一語，無剩法矣，學者識之。

上顯示正義竟。

下對治邪執。

二、對治邪執

（一）明對治離

【論】

對治邪執者，一切邪執，皆依我見，若離於我，則無邪執。是我見有二種，云何為二？一者、人我見；二者、法我見。

「趙州行脚時參師，遇師洗脚次，州便問：『如何是『祖師西來意』？』師云：『恰值老僧洗脚。』州近前作聽勢，師云：『更要第二杓惡水潑在。』州便下去。」（《大正藏》第四十七冊，頁五〇四上。）

[453] 千七百則：原指《景德傳燈錄》中所錄禪宗開悟公案一千七百多則，後泛指禪宗公案。

【直解】

人我見者，計五蘊實有主宰，454是佛法內初學大乘人，迷教妄執，隨言執義者，455非是外道等所起也。

法我見者，計五蘊等一切法各有體性，456即二乘所起也。

【論】

人我見者，依諸凡夫說有五種，云何為五？

【直解】

此先明人我見，有二種：一者、凡夫執五蘊以為實我，依之妄起邪執。二者、如來

---

454 計五蘊實有主宰：認為色、受、想、行、識等五蘊假合的個體之外，別有一個實在的「我」存在，並以之為五蘊身的主宰。

455 迷教妄執，隨言執義者：對於方便施設的教法虛妄執著，依著名言而將它執持為真實的義理。

456 計五蘊等一切法各有體性：雖然了知五蘊假合沒有「我」的存在，但是認為五蘊各別的體性是實在的。

藏中有本覺義，執為能證，故云「存我覺我」，此是菩薩所執。457

今云「人我見」，乃是凡夫初學佛法，聞前二門分別458，不解離言，隨語起執者，故皆以所聞佛法而言也。

【論】

一者、聞修多羅說，如來法身，畢竟寂寞，猶如虛空。以不知為破著故，即謂虛空是如來性。

云何對治？明虛空相是其妄法，體無不實，以對色故有，是可見相，令心生滅。以一切色法，本來是心，實無外色。若無色者，則無虛空之相。所謂一切境界，唯心妄起故有，若心離於妄動，則一切境界滅，唯一真心，無所不徧。此謂如來廣大性智究竟之

457 如來藏中有本覺義……此是菩薩所執：指在如來藏清淨心中，有「本覺」的意義，菩薩因此而執著有一個我在修行證悟這個「本覺我」，所以說「存我覺我」是菩薩的執著。【編案：「存我覺我」出自佛陀多羅譯《大方廣圓覺修多羅了義經》：「善男子！若心照見一切覺者皆為塵垢。覺、所覺者不離塵故；如湯銷氷無別有氷，知氷銷者，存我覺我亦復如是。」（《大正藏》第十七冊，頁九一九下。）】

458 二門分別：指《大乘起信論》中分別安立的「真如門」及「生滅門」。

義，非如虛空相故。

直解

此破妄執事空以為法身體[459]也。以眾生不達法身無相之理，執佛色身為有礙之色質，故說法身猶如虛空。以破彼執，聞者不達，遂妄以頑空[460]是如來性，此邪執也。

云何對治？乃破之曰：「虛空是其妄法，乃妄情徧計[461]，其體不實，理本無也。何者？以此虛空，乃對色所顯，偏計妄執為有，[462]令心生滅，非法身也。」何以虛空是妄法耶？以一切色法，唯心所現，色本無也，若無色法，而虛空亦無。

[459] 破妄執事空以為法身體：破除虛妄執著物質的「空無」為法身本體。

[460] 頑空：完全虛無的空，不同於佛教緣起性空的意思。如王日休（？—一一七三）《龍舒增廣淨土文》卷十說：「然此虛空謂之頑空，頑空者真無所有。而真性雖如虛空，而其中則有，故曰真空不空。」（《大正藏》第四十七冊，頁二八一下—二八二上。）

[461] 妄情徧計：以虛妄認知而普遍分別外境。

[462] 以此虛空，乃對色所顯，偏計妄執為有：指「虛空」的比喻是相對於色法（物質）而做的顯示，現在卻普遍錯誤執取有這麼一個真實的「虛空」存在。

何以空、色俱無耶？所謂一切境界，唯心妄起故有，若離妄念，則一切境界頓滅，則唯一真心，無所不徧，此之謂如來法身廣大性智，非如虛空相也。

【論】

二者、聞修多羅說，世間諸法，畢竟體空，乃至涅槃真如之法，亦畢竟空，本來自空，離一切相。以不知為破著故，即謂真如涅槃之性，唯是其空。

云何對治？明真如法身自體不空，具足無量性功德故。

【直解】

此破真如涅槃為斷滅空也。

以有不了世、出世法，假名非真，計為實有者，說畢竟體空，以破彼計。聞者不知破著之言，遂執言妄計真如涅槃為斷滅空。

云何對治？明真如法身自體不空，具足無漏性功德故。上執虛空為法身，此執法身為斷滅空，皆墮空見者。463

463 上執虛空為法身，此執法身為斷滅空，皆墮空見者：指前文執著法身如空無所有的「虛空」，及此

【論】

三者、聞修多羅說，如來之藏，無有增減，體備一切功德之法。以不解故，即謂如來之藏，有色、心法自相差別。

云何對治？以唯依真如義說故，因生滅染義示現說差別故。

【直解】

此破執如來藏性同色、心也。

如有聞說如來藏性體具眾德，以不解本無差別，遂執如來藏同色、心差別之法，此不善義，執真同妄464也。

云何對治？謂一切法本無差別，唯依真如隨緣而有。法法皆真，唯一真如，色、心不二，元無差別，但因生滅染義，示現諸差別耳。乃對妄翻染465，說有差別。真如自

處執著法身是背離因果的「斷滅空」，這兩種對法身為「空」的錯誤理解。空見，認為諸法都是真實的空無所有，或不承認因緣果報的顯相，背離佛教「緣起性空」的教理。

464 執真同妄：執著真心跟妄心一樣具有各種差別相。

465 對妄翻染：針對妄心改變染汙（回復清淨）。

性，豈同色、心差別耶？此破妄執如來藏同色、心者也。

【論】

四者、聞修多羅說，一切世間生死染法，皆依如來藏而有，一切諸法，不離真如。以不解故，謂如來藏，自體具有一切世間生死等法。

云何對治？以如來藏，從本已來，唯有過恆沙等諸淨功德，不離、不斷、不異真如義故。以過恆沙等煩惱染法，唯是妄有，性自本無，從無始世來，未曾與如來藏相應故。若如來藏體有妄法，而使證會永息妄者，無有是處。

【直解】

此破執如來藏性有生死染法也。

以聞說「妄依真起」，以不解隨緣之義，遂執藏性具有生死染法，此執真有妄染也。

云何對治？謂如來藏從本以來，唯具恆沙性德，不異真如。[466]以諸染法，唯是妄

466 謂如來藏從本以來，唯具恆沙性德，不異真如：指如來藏的體性只具足了恆沙數般清淨的本性功

有，本無自性，從來不與藏性相應。若使藏體果有妄法，則使證真息妄者，無有是處也。[467]此二執藏性同色、心，有生死染法，以不解隨緣，妄執為實有者。[468]

【論】

五者、聞修多羅說，依如來藏故有生死，依如來藏故得涅槃。以不解故，謂眾生有始，以見始故，復謂如來所得涅槃，有其終盡，還作眾生。

云何對治？以如來藏無前際故，無明之相亦無有始，若說三界外更有眾生始起者，即是外道經說。又如來藏無有後際，諸佛所得涅槃與之相應，則無後際故。

德，與真如體性沒有差別。

467 若使藏體果有妄法，則使證真息妄者，無有是處也：假如如來藏的體性確實有虛妄分別，那麼證入真如可以息滅虛妄分別，這是沒有道理的。

468 此二執藏性同色、心……妄執為實有者：第三種與第四種執著認為如來藏性與色法、心法一樣具有「差別」，或是「本有染汙」，這是不明白如來藏隨著一念無明的生滅因緣，才有各種生滅的顯相，虛妄地執著生滅法是實有體性的。

直解

此破執生死、涅槃有始、終見也。

以聞說依如來藏有生死、涅槃，以不解故，遂執眾生有始，涅槃終盡，還作眾生。此由聞「妄依真起」，便謂「真先妄後」，故執眾生有始。復執涅槃有終，還作眾生，故起始、終之見。

云何對治？謂眾生因無明而有，迷如來藏，且藏性無有前際，況無明無始，豈有眾生始起耶？若說「三界外有眾生始起」者，即外道《大有經》中說，非七佛說也。[469]又如來藏無有後際，而諸佛所得涅槃，但與之相應而已，豈有終盡耶？

此上五見，乃凡夫有我見者，聞說佛法，以六識分別，不能離言得義，妄執言說，

---

[469] 若說「三界外有眾生始起」者……非七佛說也：指「三界之外，有能造作眾生的創始者」，這是外道的論述，並不是過去七佛所說。典出鳩摩羅什譯《仁王經》卷上：「善男子！一切眾生煩惱不出三界藏，一切眾生果報二十二根不出三界，諸佛應化、法身亦不出三界。三界外無眾生，佛何所化？是故我言，三界外別有一眾生界藏者，外道《大有經》中說，非七佛之所說。」（《大正藏》第八冊，頁八二七上。）七佛，釋迦牟尼佛與過去六佛的合稱，七佛分別為：毘婆尸佛、尸棄佛、毘舍婆佛、拘樓孫佛、拘那含佛、迦葉佛與釋迦文佛。參見佛陀耶舍、竺佛念譯《長阿含經》卷一，《大正藏》第一冊，頁一下。

謬起此計耳。

【論】法我見者，依二乘鈍根故，如來但為說人無我，以說不究竟。見有五陰生滅之法，怖畏生死，妄取涅槃。

云何對治？以五陰法，自性不生，則無有滅，本來涅槃故。

【直解】此破二乘妄見有生死可厭，有涅槃可證，為「法我見」也。以聞如來但說五陰無常，未說生死即真常，以說不究竟，故妄起此計耳。以生死、涅槃，為我所計之法，[470]故云「法我見」也。

上明對治離。

下明究竟離。

[470] 以生死、涅槃，為我所計之法：指對生死、涅槃等法，執為實有。

（二）明究竟離

【論】

復次，究竟離妄執者，當知染法、淨法，皆悉相待，無有自相可說。是故一切法，從本已來，非色、非心，非智、非識，非有、非無，畢竟不可說相。而有言說者，當知如來善巧方便，假以言說引導眾生。其旨趣者，皆為離念歸於真如，以念一切法，令心生滅，不入實智故。

【直解】

此明究竟忘言，總歸無念，妙契真如，以遣一往言說相也。

以前染、淨相待，對破空、有等說，乃隨病設藥471，皆是對待之說，未能究竟離言。今則藥、病俱遣，能、所兩忘，言語道斷，心行處滅。472心智路絕，世、出世法，

471 隨病設藥：隨順眾生的煩惱病而方便施設的法藥方。

472 言語道斷，心行處滅：指真如本體無法用言語說明，也不是思惟分別所能夠了解。典出佛馱跋陀羅譯《大方廣佛華嚴經》卷五〈如來光明覺品〉：「不以陰數為如來，遠離取相真實觀，得自在力決

一切皆非。以離念境界，唯證相應故，畢竟不可說相，方為究竟離言，以顯真如也。

於不可說而有如上所說者，蓋是如來善巧方便，假473以言說引導眾生。其旨趣者，皆為「離念歸於真如故」也。所以必欲離念者，以念一切法，令心生滅，不入實智故。由前真如門云：「一切言說假名無實。」當知一切法，不可說、不可念，故名真如。又云：「若離於念，名為得入。」故此解釋二門已畢，總明染、淨相待，指歸離念真如，通遣一往言說相也，其旨微哉。

前對治邪執已竟。

下分別發趣道相。

定見，言語道斷行處滅。」（《大正藏》第九冊，頁四二四下。）

473 假：借助。

三、分別發趣道相

【論】

分別發趣道相者，謂一切諸佛所證之道，一切菩薩發心修行趣向義故。

【直解】

此標章釋名，以釋立義分中「乘」義也。

謂前一往所明真如、生滅二門，統歸一心，諸佛證此以為菩提、涅槃之道果，所謂「大」也。一切菩薩發心修行所趣向者，亦以此心為究竟地，所謂「乘」也。謂前已開解，非行不階，474 故今以行進趣解境 475，以取實證，非空解也。然所趣之行，發心雖一，而淺深不等，故須分別各有其相，故云「分別發趣道相」。由依解發行，行起解

---

474 謂前已開解，非行不階：指前文已經引導解釋，但如果沒有透過實修，是無法有所進展。

475 以行進趣解境：從實際的修行趨向於所理解的道理之境。趣同趨，趨向之意。

絕，故云「道相」。476心。

【論】略說發心有三種，云何為三？一者、信成就發心；二者、解行發心；三者、證發心。

【直解】此標發心有三種相也，然此三種，通該477五十一位，自有深淺不同。而皆云發心者，以發有不同。

然「信成就發心」，十信滿心，初發心住，478乃發起之發，亦是開發之發。以十住

476 由依解發行……故云「道相」：從解悟而展開修行，開始修行才能窮盡所解，所以稱為「修道的狀態」。絕，竭盡之意。

477 通該：全面涵蓋。

478 然「信成就發心」……初發心住：然而「信成就發心」是指菩薩十信位圓滿，進入十住位的第一階段「初發心住」。【編案：此時才是信心圓滿成就。】

初心，三智、五眼，[479]一時開發故。

「解行發心」，乃發行趣進之「發」，義該行、向，[480]順行十度，入十迴向位也。

「證發心」者，乃登地菩薩，已破無明，發真如用，[481]乃發用之發，故不同耳。

---

479 三智、五眼：佛陀的三種智慧與五種眼通。三智分別為：一切智、道種智、一切種智。五眼為：肉眼、天眼、慧眼、法眼、佛眼。【編案：智顗《妙法蓮華經文句》卷十引《華嚴經》解釋，初住菩薩能得佛一切身，云：「得無生忍，入十住位也，故《華嚴》云：『初發心住，一發一切發，得如來一身無量身，清淨妙法身，湛然應一切』。」（《大正藏》第三十四冊，頁一三六下。）又〔宋〕思坦《楞嚴經集註》卷四引孤山智圓（九七六—一〇二二）解釋初住菩薩開發三智、五眼說：「今請一心三觀，攝伏妄想行門，欲入初住，三智、五眼一時開發，故云入佛知見。」（《卍新續藏》第十一冊，頁三七八上。）】

480 「解行發心」，乃發行趣進之「發」，義該行、向：指「解行發心」是發起行持進修的「發」，義理應當包含菩薩階位的「十行位」及「十迴向位」。

481 發真如用：指發起真如本體的作用。

（一）信成就發心

1. 明發心因緣

【論】

「信成就發心」者，依何等人，修何等行，得信成就，堪能發心？所謂依不定聚眾生。

【直解】

此標問明發心之人也。

不定聚者，有三聚[482]，謂正定、邪定、不定也。今不定聚，乃信前初發大心[483]，而

---

[482] 三聚：指三種根器的眾生，能夠破除煩惱顛倒妄想的稱為「正定聚」；無法破煩惱的稱為「邪定聚」；能否破煩惱要依靠不同因緣的稱為「不定聚」。如《大智度論》卷八十四說：「能破顛倒者名正定；必不能破顛倒者是邪定；得因緣能破，不得則不能破，是名不定。」（《大正藏》第二十五冊，頁六四八上。）

[483] 信前初發大心：指十信位圓滿以前，剛剛發起欲成就佛果的菩提心。

志未決定，或進或退，謂之毛道凡夫484，謂心如空中之毛，故云「不定聚」也。謂此即天台五品觀行位485人也。

【論】

有熏習善根力故，信業果報，能起十善，厭生死苦，欲求無上菩提。

【直解】

此辨最初發心因行也。

熏習者，以有本覺內熏，及外聞真如所流教法資熏，并前世所修諸善根力，因緣合

484 毛道凡夫：指凡夫根器愚鈍，如同風中羽毛般不能穩定。出自菩提流支譯《金剛般若波羅蜜經》，法雲《翻譯名義集》卷二說：「婆羅，隋言『毛道』，謂行心不定，猶如輕毛隨風東西，魏《金剛》云：『毛道凡夫。』」（《大正藏》第五十四冊，頁一〇八二中。）

485 五品觀行位：天台宗圓教六即佛中依教起修的「觀行即」，在十信位以前，約同於「五品弟子位」，指其具有五品功德：隨喜品、讀誦品、說法品、兼行六度、正行六度。如諦觀《天台四教儀》說：「此五品位，圓伏五住煩惱，外凡位也，與別十信位同。次進六根清淨位，即是十信。」（《大正藏》第四十六冊，頁七七九中。）

集，故發心厭生死苦，欲求涅槃。然此但能信業果[486]，未入觀行，故當信前。

【論】

得值諸佛親承供養，修行信心。經一萬劫，信心成就故，諸佛菩薩教令發心，或以大悲故能自發心，或因正法欲滅，以護法因緣故能自發心。如是信心成就得發心者，入正定聚，畢竟不退，名住如來種中，正因相應。

【直解】

此明由行緣資成信心，住修習位也。[487]

---

[486] 能信業果：能夠相信造作善業或惡業會感召三界的果報。

[487] 由行緣資成信心，住修習位也：指本段論文在說明依從教法觀行的緣故，助成十信心位圓滿而入於初住位的菩薩。【編案：此處憨山大師的解釋依照前後文意說，「信心成就」是入於十住位中的「初住」。但所謂的菩薩住「修習位」是指初地第二住心到十地等，已經見道的菩薩所入的「修道位」。如清涼澄觀《大方廣佛華嚴經疏》卷十八說：「四、修習位。始從初地第二住心，乃至金剛無間心位，名為『修道』。」（《大正藏》第三十五冊，頁六三五中。）據《大乘起信論疏》及《大乘起信論疏略》對此段的釋義都說是「住習種性位」而非「住修習位」。（參見《大乘起

得值諸佛，發心之因也；經一萬劫，修之時也；教令等，發心之緣也。由此內因、外緣，故得發決定信心，入正定聚。以發正信，是成佛之正因，從此永不退失故，下明不定。

【論】

若有眾生善根微少，久遠已來煩惱深厚，雖值於佛，亦得供養，然起人天種子，或起二乘種子。設有求大乘者，根則不定，若進若退。或有供養諸佛，未經一萬劫，於中遇緣，亦有發心。所謂見佛色相而發其心，或因供養眾僧而發其心，或因二乘之人教令發心，或學他發心。如是等發心，悉皆不定，遇惡因緣，或便退失，墮二乘地。

【直解】

此明不定性人，內外因緣微劣，故有退失也。

信論疏》卷三、《大乘起信論疏略》卷二。）智顗《四教義》卷九便說：「十住即是習種性位。」（《大正藏》第四十六冊，頁七五二下。）可知此處「修習位」或是誤植，應為「習種性位」。】

善根微少，乃內熏力微也。惑重德薄，或倒求人天[488]，或冀二乘，故於大乘進退未決。供佛未萬劫，則時猶未滿，及遇緣不勝，以見佛供僧，皆住色相。或遇師下劣，或非本心[489]。如此因緣，皆有退墮，以未入信心，不得決定故也。

2. 明所發之心

【論】

復次，信成就發心者，發何等心？略說三種，云何為三？一者、直心，正念真如法故。二者、深心，樂集一切諸善行故。三者、大悲心，欲拔一切眾生苦故。

【直解】

上明發心因緣，此正明所發之心也。

---

[488] 倒求人天：發心顛倒，轉而希求人天的果報。

[489] 非本心：指不是自己主動發心，而是模仿學習他人的發心。

一、直心者，所謂心如絃直490，可以入道，謂無委曲偏邪491之相。由是正念真如，此即真如三昧也。以真如為二行之本492，以具無漏功德故，為自利之本；觀眾生性同故，為利他之本。

以知體具眾德，故樂修一切善行，修無修相，一一稱性493，故為「深心」，為自利行本。

以同體大悲，廣拔物苦，令得菩提，為利他行本。妙行雖廣，三心統收，故云「略說三」也。

【論】

問曰：「上說法界一相，佛體無二，何故不唯念真如，復假求學諸善之行？」

答曰：「譬如大摩尼寶，體性明淨，而有鑛穢之垢。若人雖念寶性，不以方便種種

490 心如絃直：發心像琴絃一樣筆直。

491 委曲偏邪：指發心曲折不正直。如前段所說發人天心、二乘心、學他發心等。

492 二行之本：即下文所說「自利」與「利他」兩種行持的根本。

493 稱性：合於真如本性。稱，音ㄔㄥˋ（chèng），符合。

磨治，終無得淨。如是眾生真如之法，體性空淨，而有無量煩惱垢染，若人雖念真如，不以方便種種熏修，亦無得淨。以垢無量，徧一切法故，修一切善行以為對治，若人修行一切善法，自然歸順真如法故。」

直解

問明理一惑異，故須眾善也。

問謂上說體相無異，是則唯念真如足矣，又何假眾善耶？答以惑有眾多，故須眾善也。以稱理而修 494，故外淨妄染，內順真如。方便，即觀行也。495

下明依上三心，說四種方便。

494 稱理而修：隨順著真如理體而修持。

495 方便，即觀行也：指「方便」的種種熏修，就是依著教理修持的「觀行即」。

3. 說四種方便

【論】

略說方便有四種，云何為四？一者、行根本方便。謂觀一切法自性無生，離於妄見，不住生死。觀一切法因緣和合，業果不失，起於大悲，修諸福德，攝化眾生，不住涅槃，以隨順法性無住故。

直解

此依上三心，立四方便。先明直心正念真如，修無住行也。依真如起行，故為行根本。[496]謂法本無生，離於妄見，依於大智，能斷煩惱，故不住生死。觀法緣合，業果不失，依大悲故，修諸福德，攝化眾生，而不住涅槃。謂空、有不住，二利齊修，故名無住行。[497]以性本無住故，隨順法性而修也。

---

[496] 依真如起行，故為行根本：指依著「真如」為基礎而做修持，所以是行持的根本。

[497] 謂空、有不住，二利齊修，故名無住行：指菩薩不住於涅槃的「空」，也不住於生死的「有」，以

【論】

二者、能止方便。謂慚愧悔過，能止一切惡法不令增長，以隨順法性離諸過故。

三者、發起善根增長方便。謂勤供養、禮拜三寶、讚歎、隨喜、勸請諸佛，以愛敬三寶淳厚心故，信得增長，乃能志求無上之道。又因佛、法、僧力所護故，能銷業障，善根不退，以隨順法性離癡障故。

【直解】

此二依深心修止、作[498]方便二利行也。

言「止方便」者，謂未作之惡，慚愧能止；已作之惡，悔過不增。故云：「慚愧悔過，能止一切惡法不令增長。」以隨順法性修離過行，此止持[499]也。

三者、「發起善根增長方便」者，謂未作之善，令其發起，已作之善，令其增長。

「不執著的心」修持自利、利他，所以名為「無住行」。

[498] 止、作：「止」為禁制，「作」為行持，通常是對戒律而言的遮制與應行來說，這裡則廣泛表示「應禁制」及「應行持」的意義。

[499] 止持：禁制諸惡行的修持。如《三藏法數》卷四說：「止，即制止。謂止身口令不殺、不盜、不邪婬、不妄語等，是名『止持』。」（《大藏經補編》第二十二冊，頁一六二中——下。）

勤供養等，即善根也，謂愛敬三寶等以增其信，乃能志求無上之道。又因三寶力護，得銷業障，以堅其信。謂性本離障故，隨順法性而修，遠離癡障也。禮拜離我慢障，讚歎離毀謗障，隨喜離嫉妬障等，此作持[500]也。

【論】

四者、大願平等方便。所謂發願盡於未來，化度一切眾生，使無有餘，皆令究竟無餘涅槃，以隨順法性無斷絕故。法性廣大徧一切眾生，平等無二，不念彼此，究竟寂滅故。

直解

此依悲心修大願方便利他行也。

發願盡未來度一切眾生，「長時心」也；使無有餘，「廣大心」也；皆令究竟涅

---

[500] 作持：應作的善行。如《三藏法數》卷四說：「作，猶行也。謂既不殺生，又能放生；既不偷盜，又能布施；既不邪婬，又能恭敬；既不妄語，又能實語，是名『作持』。」（《大藏經補編》第二十二冊，頁一六二下。）

槃，「隨順法性無斷絕」也；法性廣大，平等無二，究竟寂滅，「第一心」也。

【論】菩薩發是心故，則得少分見於法身，以見法身故，隨其願力，能現八種利益眾生。所謂從兜率天退、入胎、住胎、出胎、出家、成道、轉法輪、入於涅槃。

【直解】此言發心利益也。以十住菩薩，依比觀門故，得少分見法身，故八種利益。初住菩薩，則能現八相成道[501]，故能此事。

【論】然是菩薩未名法身，以其過去無量世來，有漏之業，未能決斷。隨其所生，與微苦

[501] 八相成道：指佛陀一期化導眾生所示現的八種利益之事，即本論所說「從兜率天退」乃至「入於涅槃」。【編案：此處特明菩薩修持入於「初住位」就能夠示現八相成道，利益眾生。】

相應，亦非業繫，以有大願自在力故。

【直解】

此明揀異地上，以有微過故也。

謂初住菩薩，留惑潤生，[502]以過去之業，未曾決斷，故有變易及隨業分段微苦[503]，故非法身。以大願力所持，修短自在，故不同凡夫業繫。[504]

【論】

如修多羅中，或說有退墮惡趣者，非其實退。但為初學菩薩，未入正位而懈怠者，

---

[502] 留惑潤生：指保留些許煩惱未斷，所以能潤澤未來的生命。【編案：這是菩薩發慈悲心，為利益眾生，所以不願入於涅槃，發願再來世間投生。如長水子璿《首楞嚴義疏注經》卷六說：「菩薩有二類：一、智增，先取佛果後度眾生。二、悲增，度生心切，故意留惑潤生三界。」（《大正藏》第三十九冊，頁九一二上。）】

[503] 有變易及隨業分段微苦：指初住菩薩有變易生死，及隨順業力而來的些微分段生死苦。

[504] 以大願力所持，修短自在，故不同凡夫業繫：指菩薩是以大悲願力投生，對一期生命的長短可以自由示現，不同於凡夫的生命都是受到業力的牽繫而不能自主。

恐怖令彼勇猛故。

直解

此通權教也。505

問曰：「此菩薩已離業繫，何以教中說有退墮惡趣者耶？」

答：「非其實退。」但為警初學懈怠者耳，非實退也。《本業經》中說：「七住菩薩已前，名為退分。若不遇善知識者，若一劫乃至十劫，退菩提心；遇惡知識因緣，退入凡夫，墮不善趣中。」506蓋權為恐怖初學耳。

---

505 此通權教也：指經典說菩薩有退墮惡趣的狀況，是融通在權宜施設的教法所說。

506 七住菩薩已前……墮不善趣中：七住位菩薩以前，仍屬於有退墮的階段。如果沒有遇到善知識，經過一劫乃至十劫的時間，容易退失菩提心。假使遇到惡知識的因緣，則可能會退轉成為凡夫，甚至造作惡業而墮於惡趣。【編案：此出《菩薩瓔珞本業經》卷上：「諸善男子！若一劫、二劫，乃至十劫，修行十信得入十住，是人爾時從初一住至第六住中，若修第六般若波羅蜜，正觀現在前，復值諸佛、菩薩、知識所護故，出到第七住，常住不退。自此七住以前，名為『退分』。……佛子！若不值善知識者，若一劫、二劫，乃至十劫，退菩提心。如我初會眾中有八萬人退，如淨目天子、法才王子、舍利弗等欲入第七住，其中值惡因緣故，退入凡夫、不善惡中，不名習種性人，退入外

【論】

又是菩薩一發心後，遠離怯弱，畢竟不畏墮二乘地。若聞無量無邊阿僧祇劫，勤苦難行，乃得涅槃，亦不怯弱。以信知一切法，從本已來，自涅槃故。

【直解】

此歎實行也。以此菩薩既見法身，則知一切法即心自性，究竟平等。知久遠劫不離一念，知一切法本來涅槃，故不怯弱。即顯彼經是權非實。[507]

道。若一劫、若十劫，乃至千劫，作大邪見及五逆，無惡不造，是為『退相』。」（《大正藏》第二十四冊，頁一〇一四中—下。）憨山大師舉此經為例，表示這只是為了警醒初學者，使其不怠惰的權宜之說，並不是真實的退墮。】

507 即顯彼經是權非實：從此可以顯示如《本業經》所說的菩薩退墮之事，是權宜施設的教法，不是真實不變的教法。

（二）解行發心

【論】

「解行發心」者，當知轉勝。

【直解】

此明解行發心也。

以前信成就，乃信滿入住；此由行滿入向，故云「轉勝」。[508]以前雖修二行，猶在觀行入理，此則出真入俗[509]，故轉勝也。下釋轉勝所以。

---

[508] 以前信成就……故云「轉勝」：指前「信成就」是十信滿心而入於初住，這裡是指從十行滿位而入於十迴向位，所以說是轉增殊勝。

[509] 出真入俗：指十行位菩薩於勝義諦上體解真如，而又能於世俗諦上廣度眾生。如憨山德清《楞嚴經通議》卷八說：「此十行位，乃出真入俗，起假觀用，證不空藏也……此蹋十住滿心，融成一味，生大法樂，故歡喜耳。自利功滿，能轉己功以利眾生，名『饒益行』。」（《卍新續藏》第十二冊，頁六一九下—六二〇上。）

【論】

以是菩薩從初正信已來，於第一阿僧祇劫將欲滿故，於真如法中，深解現前，所修離相。

直解

此釋轉勝所以也。510

謂此菩薩始從正信，至十向滿心，經第一無數劫，則勝前一萬劫也。511以修真如離相之行，則勝十善、供佛、敬僧著相行也。以「知一切法即心自性，成就慧身，不由他悟」512，

---

510 此釋轉勝所以也：這段是解釋增轉殊勝的原因。

511 謂此菩薩始從正信……則勝前一萬劫也：菩薩從十信滿心歷經十住位、十行位一直到十迴向位圓滿，經過第一個無數劫（第一阿僧祇劫）的時間。其中從十信滿心（入於初住位）到十迴向位的功德利益，便超越了以往（十信位以前）一萬劫的行持。

512 知一切法即心自性，成就慧身，不由他悟：了知一切法都是自心本性所顯現，因此成就佛陀的智慧之身，而不是透過外在的事相才了悟。此段引自實叉難陀譯《華嚴經》卷十七。慧身，佛陀及二乘解脫者轉五蘊為五分法身，其中的「想蘊」轉為「慧身」。《三藏法數》卷十五云：「想蘊者，即意識思想六塵積聚之名。慧即智慧也，謂眾生若能悟諸妄想皆是虛妄生滅，則意地明淨照了無礙，

故云「深解」此勝相也。由深解法性，故順性而修。[513]

【論】

以知法性體無慳貪故，隨順修行檀波羅蜜[514]；以知法性無染，離五欲過故，隨順修行尸波羅蜜[515]；以知法性無苦，離瞋惱故，隨順修行羼提波羅蜜[516]；以知法性無身心相，離懈怠故，隨順修行毗黎耶波羅蜜[517]；以知法性常定，體無亂故，隨順修行禪波羅蜜[518]；以知法性體明，離無明故，隨順修行般若波羅蜜[519]。

此即轉想蘊而成慧身也。」（《大藏經補編》第二十二冊，頁三二六下。）

[513] 由深解法性，故順性而修：由於深刻了悟自心真如的緣故，所以順從真如本性起修。所修即後文的菩薩六度法門（亦可說涵蓋十度法門）。

[514] 檀波羅蜜：檀那波羅蜜的簡稱，即布施波羅蜜。

[515] 尸波羅蜜：尸羅波羅蜜的簡稱，即持戒波羅蜜。

[516] 羼提波羅蜜：即忍辱波羅蜜。

[517] 毗黎耶波羅蜜：即精進波羅蜜。

[518] 禪波羅蜜：禪那波羅蜜的簡稱，即禪定波羅蜜。

[519] 般若波羅蜜：即智慧波羅蜜。

直解

此明所修離相之行也。

梵語「波羅蜜」，此云「到彼岸」。言彼岸者，乃究竟真實際也。《智論》云：「若修人天事六度，及二乘所修，皆未離相。」520以未達三輪體空521者，但云檀等度，未云波羅蜜。今稱般若法性所修，一一離相，故得云波羅蜜，一一皆到彼岸也。以

520若修人天事六度，及二乘所修，皆未離相：如果修持的是人天六度與二乘所修，皆不離於執著事相。事六度，指以著相分別之心來修持六度等法門。此句化用《大智度論》卷四十三說凡夫修持仍有著相之意：「佛今說凡夫所失，故言『不能過三界，亦不能離二乘』。不得聖人意故，聞說諸法空而不信，不信故不行、不住六波羅蜜乃至十八不共法。以失如是功德故，名為『凡夫小兒』。是小兒著五眾、十二入、十八界、三毒諸煩惱，乃至六波羅蜜、十八不共法、阿耨多羅三藐三菩提皆著，是故名為『著者』。」（《大正藏》第二十五冊，頁三七五上—中。）

521三輪體空：義同本文中的離相，亦即修持布施度時不執著於施予者、受施者及施予物這三方面，能體會三者本性皆為空性，故稱為「三輪體空」。如宗泐（一三一八—一三九一）、如玘（一三二〇—一三八五）《金剛般若波羅蜜經註解》說：「菩薩行施了達三輪體空故，能不住於相。三輪者，謂施者、受者及所施物也。」（《大正藏》第三十三冊，頁二二九中。）【編案：這裡以布施度為例，其餘五度的修持亦准此。】

知離慳等諸相故，稱性而修，故修無修相。故迴向文中真如相等，正顯離相之行也。[522]

（三）證發心

【論】

「證發心」者，從淨心地[523]，乃至菩薩究竟地。證何境界？所謂真如，以依轉識說為境界，而此證者無有境界，唯真如智，名為「法身」。

【直解】

此明證發心也。

前三賢雖云「順性」，但是比觀，以無明未破，未能正證。今入初地，則分別二障已離，真如顯現，開發一心，以為正證，故云「證發心」，以發真如大用故也。

---

[522] 故迴向文中真如相等，正顯離相之行也：指本論最末迴向文所說「迴此功德如法性，普利一切眾生界」等，就是在顯示離相的修持。

[523] 淨心地：即菩薩十地階位中的初地。

「證何境界？所謂真如」，此正證之相也。以依轉識說名境界者，此顯本智緣如524，無能、所相。心境一如，揀非轉識後得緣如525，變相觀空，有能、所對待，故有境界。此真如離能、所相，如智獨存，故無境界。唯一真如智，名為「法身」。

【論】

是菩薩於一念頃，能至十方無餘世界，供養諸佛，請轉法輪。唯為開導利益眾生，不依文字。

【直解】

此下明真如勝用，具有權、實之德也。526以正證真如，則十方法界，平等顯現，如在目前。自他身相，如鏡交光，527故一念

---

524 本智緣如：以無分別的根本智緣取真如。

525 轉識後得緣如：轉業識為後得智，以有分別的後得智緣取真如。

526 真如勝用，具有權、實之德也：真如的殊勝作用，具有權宜施設及真實究竟等功德。

527 自他身相，如鏡交光：自身與眾生等種種身相，如同鏡子映照光明一般，彼此的影像相互交錯，不相妨礙。

能至帝網剎土，承事諸佛，請轉法輪。以見一切眾生平等無二，故唯利益一切眾生。其所說法一真如心，故不依文字。此發真如不思議業用，權、實並彰，故下云能示。

【論】

或示超地速成正覺，以為怯弱眾生故。或說我於無量阿僧祇劫當成佛道，以為懈慢眾生故。能示如是無數方便，不可思議。而實菩薩種性根等，發心則等，所證亦等，無有超過之法。以一切菩薩，皆經三阿僧祇劫故，但隨眾生世界不同，所見所聞根欲性異，故示所行亦有差別。

【直解】

此明依真如德用，以彰權、實之行也。

先明權行，言為怯弱眾生懼佛道長遠，即為示現超地速成正覺[528]，如《法華》龍

---

[528] 超地速成正覺：超越菩薩十地，快速證得佛果菩提。

女529、《涅槃》廣額530、《華嚴》善財531是也。為懈慢眾生中路懈廢532，故為示現經無數劫，如釋迦三祇行滿533是也。又能示無數方便，隨根調伏，534不可思議，此皆「權智」也。

其實菩薩據其實行，則種性無間535，故「根」等；依真發心，故「發心」等；所證

529《法華》龍女：《法華經》中所說，娑竭羅龍王之女年僅八歲，於法華會上奉獻珠寶給釋迦牟尼佛，剎那之間轉成男身並成就佛果。詳見鳩摩羅什譯：《妙法蓮華經》卷四〈提婆達多品〉。

530《涅槃》廣額：《涅槃經》提到，波羅㮈國有一個屠夫叫做廣額，每天殺無量羊隻。後來遇到舍利弗尊者，教其受持一日一夜的八關齋戒，因為持戒功德，命終之後，投生為北方毘沙門天王的兒子。詳見曇無讖譯：《大般涅槃經》卷十九〈梵行品〉。

531《華嚴》善財：《華嚴經．入法界品》所述，善財童子受到文殊菩薩開導，參訪五十三位善知識，最終訪普賢菩薩而得成就。詳見實叉難陀譯：《大方廣佛華嚴經》卷六十二—卷八十〈入法界品〉。

532懈慢眾生中路懈廢：懈怠傲慢的眾生，於修行的中途鬆懈廢弛。中路，半途。

533如釋迦三祇行滿：譬如說釋迦牟尼佛，他經歷三大阿僧祇劫的修行，才圓滿菩薩道而成就正覺佛果。

534隨根調伏：隨順眾生各自不同的根器，助其調理身心、降伏煩惱。

535種性無間：即能成就未來果報的根性不變。此處指菩薩所行不夾雜人天、二乘的修持，根性使其必

真如，故「證」亦等。以法性平等，本無超過之法。以皆經三無數劫，延促同時。[536]一際平等，[537]亦無差別之相。但隨眾生見聞不同，根欲性異，[538]故示有差別。此「實德」不殊，應機有異也。

【論】又是菩薩發心相者，有三種心微細之相，云何為三？一者、真心，無分別故。二者、方便心，自然徧行利益眾生故。三者、業識心，微細起滅故。

然於未來成就佛果。如求那跋陀羅譯《楞伽阿跋多羅寶經》卷一：「有五無間種性，云何為五？謂：聲聞乘無間種性、緣覺乘無間種性、如來乘無間種性、不定種性、各別種性。」（《大正藏》第十六冊，頁四八七上。）

[536] 皆經三無數劫，延促同時：菩薩修證佛果皆須經過三大阿僧祇劫，不論修持時間快慢，都是一樣平等（超越時間的概念）。

[537] 一際平等：沒有自、他二元分別的平等。如鳩摩羅什譯《大智度論》卷十九引《中論》說：「涅槃不異世間，世間不異涅槃。涅槃際、世間際，一際無有異故。」（《大正藏》第二十五冊，頁一九八上。）

[538] 根欲性異：根性欲求有所差異。

【直解】

此明地上雖有權、實之用，以未究竟，故不同佛也。

問曰：「菩薩如是大用，豈非等同佛耶？」

答曰：「以三種微細心相不同，故非佛耳。一者、真心，無分別故，『實智』也。二者、方便心，『權智』也。三者、業識心，『微細生滅相』也。」謂此菩薩雖有權、實二智，以異熟未空，尚有微細生滅故，此不同佛耳。

【論】

又是菩薩功德成滿，於色究竟處，示一切世間最高大身。謂以一念相應慧，無明頓盡，名「一切種智」，自然而有不思議業，能現十方，利益眾生。

【直解】

此明究竟果德也。

以因窮果滿故，於色究竟天示成正覺，539 以彰現報利益受佛位故。後報眾生利益

539 於色究竟天示成正覺：十地菩薩修行圓滿，在色究竟天示現成就正覺佛果。【編案：色究竟天為四

故，此所謂業識盡者，自然而有不思議業用，成一切種智[540]也。色究竟天，乃色界頂天，佛佛成道，皆於此天坐蓮華宮，現最高大身，[541]成等正覺，乃「報身佛」也。

【論】

問曰：「虛空無邊故，世界無邊；世界無邊故，眾生無邊；眾生無邊故，心行差別

禪天的最高處，具有最殊勝的色質，如般若譯《大乘本生心地觀經》卷二：「自受用身，三僧祇劫所修萬行，利益安樂諸眾生已，十地滿心，運身直往色究竟天，出過三界，淨妙國土坐無數量大寶蓮華，而不可說海會菩薩前後圍遶，以無垢繒繫於頂上，供養恭敬尊重讚歎，如是名為『後報利益』。爾時，菩薩入金剛定，斷除一切微細所知諸煩惱障，證得阿耨多羅三藐三菩提，如是妙果名『現報利益』。」（《大正藏》第三冊，頁二九八中—下。）】

[540] 一切種智：佛陀所證三種智之一，能以此智而了達一切，及眾生所有因種等事。如《三藏法數》卷六說：「謂能以一種智，知一切道、知一切種，是名『一切種智』，即佛之智也。（一切道者，一切諸佛之道法也。一切種者，一切眾生之因種也）。」（《大藏經補編》第二十二冊，頁一九〇下。）

[541] 現最高大身：指菩薩於色究竟天成等正覺，能示現最廣大的色身。如玄奘譯《佛地經論》卷七：「十地菩薩無漏善根所資熏故，身形轉大，如經廣說。金剛喻定現在前時，滅一切障，善根勢力量無邊故，所得色身充滿法界，遍實淨土。」（《大正藏》第二十六冊，頁三二六下。）

亦復無邊。如是境界，不可分齊，難知難解。若無明斷，無有心想，云何能了，名『一切種智』？」

直解

此問答以明離念境界，以顯『一切種智』也。

種智者，謂一切智之種也。以能知盡虛空界，極眾生心念頭數，542 一一盡知，是名種智。且虛空世界無邊故，眾生無邊，心行差別亦無有邊。543 如是境界，難解難知，然無明既盡，絕無心想，云何一一能知，而名「一切種智」耶？此以有思惟心，測度不思議境界，544 故設此問也。

---

542 以能知盡虛空界，極眾生心念頭數：因為能窮盡了知如虛空般廣大的法界，究極（一切）眾生的每一個念頭。

543 心行差別亦無有邊：各種思想及業行的差異也是無邊無際。

544 此以有思惟心，測度不思議境界：這是用分別心的思考角度，來揣測計度無法心思口議的真如境界。

【論】

答曰：「一切境界，本來一心，離於想念。以眾生妄見境界，故心有分齊；以妄起想念，不稱法性，故不能了。諸佛如來離於見相，無所不偏，心真實故，即是諸法之性，自體顯照一切妄法，有大智用，無量方便，隨諸眾生所應得解，皆能開示種種法義，是故得名『一切種智』。」

【直解】

此明離念境界，唯證相應，非心識能知，得名「種智」也。

言一切境界，本來一心，故圓證此心，則眾生在一心中顯現，即眾生心念，皆在寂滅心中分明照了。但眾生以妄念自隔，不見如來之心，而諸佛如來，既與眾生心平等無二，則無能、所，離於見相，故無所不偏。以佛心真實無妄，則眾生心即是佛心，以自體顯照自心中一切眾生之妄法，故微細心念，起滅頭數，[545]乃至種種欲，種種憶想分

---

545 微細心念，起滅頭數：細微念頭的逐一生起與謝滅。頭數，指一個一個分別清楚。「起滅頭數」出自佛陀多羅譯《大方廣圓覺修多羅了義經》：「善男子！若諸眾生修於禪那，先取數門，心中了知生住滅念，分齊頭數，如是周遍四威儀中，分別念數無不了知。」（《大正藏》第十七冊，頁九二

別，無不分明，如鏡照像，故有大智用，所以而能有無量方便。隨根調伏，皆能開示種種法義，是故得名「一切種智」，殆非有心測度而知也。

【論】

又問曰：「若諸佛有自然業，能現一切處利益眾生者。一切眾生，若見其身，若覩神變，若聞其說，無不得利，云何世間多不能見？」

答曰：「諸佛如來，法身平等，偏一切處，無有作意，故說『自然』，但依眾生心現。眾生心者，猶如於鏡，鏡若有垢，色像不現，如是眾生心若有垢，法身不現故。」

【直解】

此問明法身大用常然，但以機有明昧也。546

問：「若諸佛法身充偏，大用普周，云何世間多不見耶？」答：「如來法身大用常

一中。）

546 此問明法身大用常然，但以機有明昧也：這個設問在彰顯法身的殊勝作用是恆常如此，但是眾生的根機卻有昭明或昏昧的差別。

然，偏照眾生。但眾生心垢，無明暗蔽，故不見耳，非佛咎也。以鏡喻見、不見義。」《華嚴經》云：「如來出世，譬如日光普照大地，有目共覩，獨生盲者不見。然雖不見，亦蒙利益。」[547]此中意貴在機，故如鏡耳。

前文「分別發趣道相」，乃明入正定聚者依法修行之相，以結「正宗」以行成解之意，[548]已明「大乘」義。下文復說「修行信心分」者，是特為未入正定聚眾生，開示信心，令發正行，乃明「起信」之義。[549]

---

[547] 此段化用《華嚴經》卷五十〈如來出現品〉典故，原文為：「佛子！譬如日出，生盲眾生無眼根故，未曾得見。雖未曾見，然為日光之所饒益。何以故？因此得知晝夜時節，受用種種衣服、飲食，令身調適離眾患故。如來智日亦復如是，無信、無解、毀戒、毀見、邪命自活生盲之類無信眼故，不見諸佛智慧日輪。雖不見佛智慧日輪，亦為智日之所饒益。何以故？以佛威力，令彼眾生所有身苦及諸煩惱、未來苦因皆消滅故。」（《大正藏》第十冊，頁二六六中。）

[548] 前文「分別發趣道相」……以結「正宗」以行成解之意：指「分別發趣道相」是顯示正定聚依循教法行持的相狀，總結「正宗分」藉著實際修行來成就所理解的教法。

[549] 下文復說「修行信心分」者……乃明「起信」之義：接下來再說明「修行信心分」，是特意為了還沒有入於正定聚的眾生，開導示現信心的內容，使他們能藉由發起信心而進一步實際行持，這是彰顯「起信」的意思。

第七章　釋修行信心分（正宗分）

【論】

已說解釋分，次說修行信心分。

【直解】

「來」意，550 上解釋正義，以明「大乘」；此修行信心，乃明「起信」，為發起未入正定眾生，令生大乘正信，故有此「來」也。

【論】

是中依未入正定聚眾生，故說修行信心。

---

550 「來」意：表明「接下來」要彰顯的意思。

【直解】此依前劣機發心不定[551]，恐墮二乘，故特說修行信心之方便，令起大信，進趣正定也。此結前生後。

一、四信

【論】何等信心？云何修行？略說信心有四種。

【直解】此徵「起信行方便」也。意謂前說四種方便，具明進趣修證矣，今者又說何等信心？如何修行耶？

---

[551] 劣機發心不定：根機漏劣的眾生，他們的發心並不穩固。【編案：此指劣機眾生雖能發起修行之心，但會受外緣影響，或進或退，他們屬於不定聚這一類的眾生。】

謂前已發正信者，但說三心、四行552，以信真如無別岐路故，即便進修。今機劣障重，必假多種方便，故說四信、五門553，以為調治之方，故須此門以引攝之，非重說也。554

【論】

云何為四？一者、信根本，所謂樂念真如法故。

【直解】

此標信本，以真如為信心之根，萬行之本故，先須樂念。前勝機已信真如，但云

552 三心、四行：即論文前述三種信成就發心：直心、深心、大悲心。及四種方便行：行根本方便、能止方便、發起善根增長方便、大願平等方便。

553 四信、五門：後文對機劣眾生開示的四種信心：信根本、信佛、信法、信僧。及五種行門：施門、戒門、忍門、進門、止觀門。

554 非重說也：並不是重複論說。【編案：此指前文雖然已說明三心及四方便行，是對正定聚眾生的教法；後文四信、五行則是對不定聚眾生的演示，並不是重複論說信心、修行等事。】

「直心正念」，今此劣機未發正信，故云「樂念」。555

【論】

二者、信佛有無量功德，常念親近供養恭敬，發起善根，願求一切智故。

三者、信法有大利益，常念修行諸波羅蜜故。

四者、信僧能正修行，自利、利他，常樂親近諸菩薩眾，求學如實行故。

【直解】

上信樂念真如，則內因殊勝556；此信三寶，則信外緣增勝557。以因、緣俱勝故，常樂、常念，心心不忘，則內、外交熏，故令信心速得成就。以顯前退墮者，因、緣俱劣故也。故末法558修行，捨此因、緣，無能發起正信矣。

555 劣機未發正信，故云「樂念」：因為漏劣根機的眾生還沒有發起正信，不能直心正念真如，所以說要先對真如有好樂之念。

556 內因殊勝：內在的（真如）種子特別優越。

557 外緣增勝：外在（三寶加持）的助緣增加其美勝。

558 末法：佛陀一期教法住世的最後階段。【編案：末法時期雖然尚有佛陀教法住世，但鮮少有能修行

二、五門

【論】修行有五門，能成此信。云何為五？一者、施門。二者、戒門。三者、忍門。四者、進門。五者、止觀門。

【直解】上四信心，總是發起之因。修此五門，乃助成之緣。

證果者。如窺基《大乘法苑義林章》卷六說：「佛滅度後法有三時。謂正、像、末。具教、行、證三名為正法。但有教、行，名為像法。有教無餘，名為末法。」（《大正藏》第四十五冊，頁三四四中。）關於教法的住世時間，各典籍所述不一，有一種說法是佛陀入滅後，教法住世有正法、像法、末法三個時期，其中正法、像法各有一千年，而末法有一萬年。如《三藏法數》卷十八說：「如來出世，正、像、末法之年數也。謂正法一千年，像法一千年，末法一萬年。」（《大藏經補編》第二十二冊，頁三六六中。）】

前治寶喻，[559]有多方便，故此四信、五門，總該萬行，故特明之。前「稱性修」，此是「專修」。[560]

【論】

云何修行施門？若見一切來求索者，所有財物，隨力施與，以自捨慳貪，令彼歡喜。若見厄難，恐怖危逼，隨己堪任，施與無畏。若有眾生，來求法者，隨己能解，方便為說。不應貪求名利恭敬，唯念自利、利他，迴向菩提故。

【直解】

菩薩利生，三檀[561]等施。所謂財施、無畏施、法施也。

---

[559] 前治寶喻：前文用「去除磨治附著在摩尼寶上的垢染」來比喻「修習善法讓真如能夠顯現」，據此說明修習善法的必要性。【編案：前文比喻眾生真如如同摩尼寶，雖然有寶性，但因被煩惱垢染障蔽，仍然須要依靠修習善法來磨治，使清淨的真如顯現。】

[560] 前「稱性修」，此是「專修」：前文入正定聚眾生的修持是相應於真如本性，這裡未入正定聚眾生則是專從修行方便的部分來說明。

[561] 三檀：三種檀那。檀那，布施。三檀即文後所說財施等三種。如《大智度論》卷十四說：「檀有三

【論】

云何修行戒門？所謂不殺、不盜、不淫、不兩舌、不惡口、不妄言、不綺語，遠離貪、嫉、欺詐、諂曲、瞋恚、邪見。

若出家者，為折伏煩惱故，亦應遠離憒閙，常處寂靜，修習少欲知足頭陀等行[562]。乃至小罪，心生怖畏，慚愧改悔，不得輕於如來所制禁戒，當護譏嫌，不令眾生妄起過罪故。

種：一者、財施，二者、法施，三者、無畏施。」（《大正藏》第二十五冊，頁一六二中。）財施有兩層涵義，一者不侵犯他人財物，二者能施與他人所需。無畏施亦有兩層涵義，一者不惱害眾生，二者能救護眾生。法施則是能教授眾生種種佛法。參見《大智度論》卷十二、卷十四。

562 頭陀等行：頭陀，抖擻之意，頭陀行多為節制飲食、衣服及居住的欲望，亦屬於苦行。如淨影慧遠《大乘義章》卷十五說：「頭陀胡語，此方正翻名為抖擻。此離著行，從喻名之，如衣抖擻，能去塵垢，修習此行，能捨貪著，故曰抖擻。」（《大正藏》第四十四冊，頁七六四中。）【編案：關於頭陀行的內容，據求那跋陀羅譯《佛說十二頭陀經》列舉有十二種頭陀行：「阿蘭若比丘，遠離二著，形心清淨，行頭陀法。行此法者，有十二事：一者、在阿蘭若處；二者、常行乞食；三者、次第乞食；四者、受一食法；五者、節量食；六者、中後不得飲漿；七者、著弊納衣；八者、但三衣；九者、塚間住；十者、樹下止；十一者、露地坐；十二者、但坐不臥。」（《大正藏》第十七冊，頁七二〇下。）】

直解

此明戒相563也。然戒有多品，以三聚淨戒攝之，謂攝律儀戒、攝善法戒、攝眾生戒。564

此不殺等，斷三業565惡，攝律儀也。少欲知足，折伏煩惱，攝善法戒也。小罪生怖，當護譏嫌，不令眾生起過，攝眾生戒也。以自護戒相，不令眾生起罪，即攝眾生也。566

---

563 戒相：根據所受戒律的不同而有不同的持戒相狀，如居士五戒、八戒及比丘二百五十戒等。南山律祖道宣（五九六—六六七）《四分律刪繁補闕行事鈔》卷上說：「戒相者，威儀行成，隨所施造，動則稱法。美德光顯，故名『戒相』。」（《大正藏》第四十冊，頁四下。）

564 以三聚淨戒攝之……攝眾生戒：三聚淨戒是大乘菩薩戒法的總集。內容包含了攝律儀戒：即菩薩乘、聲聞乘等禁制不應行的戒律。攝善法戒：菩薩應當積極行持的善行。攝眾生戒：又稱饒益有情戒，菩薩應當主動利益眾生。如護法等菩薩造、玄奘譯《成唯識論》卷九說：「戒學有三：一、律儀戒，謂正遠離所應離法。二、攝善法戒，謂正修證應修證法。三、饒益有情戒，謂正利樂一切有情。」（《大正藏》第三十一冊，頁五十二上。）

565 三業：指身、口、意三者的造作。

566 以自護戒相……即攝眾生也：自己守護持守戒律的相狀，不讓眾生譏嫌毀謗、造作口業，這就是利益眾生的一種。

【論】

云何修行忍門？所謂應忍他人之惱，心不懷報，亦當忍於利、衰、毀、譽、稱、譏、苦、樂等法故。

【直解】

此忍相也。以境有逆、順，皆當忍之。

忍他人惱，逆境也；利、衰等八，通於逆、順。得財名「利」，失財名「衰」；攻他之惡為「毀」，談己之善為「譽」；面揚其善曰「稱」，言刺其惡曰「譏」；[567]逼身為「苦」，適意為「樂」。合其逆、順，謂之八風。以此八境，能擊眾生心海，起貪、瞋煩惱波浪，今能忍之，則八風不動矣。然忍有三種：謂生忍、無生忍、寂滅忍。[568]此

---

567 面揚其善曰「稱」，言刺其惡曰「譏」：當面讚揚善行叫做「稱讚」，用言語諷刺惡行叫做「譏諷」。

568 忍有三種……寂滅忍：忍辱有三種不同層次，分別為生忍、無生忍及寂滅忍。【編案：「生忍」指菩薩對於恭敬等順境及打罵等逆境都能夠安忍，如智顗《法界次第初門》卷三說：「生忍有二種：一、於恭敬供養中，能忍不著，不生憍逸。二、於瞋罵打害中，能忍不生瞋恨怨惱，是為『生忍』。」（《大正藏》第四十六冊，頁六八六下。）「無生忍」又名無生法忍，安忍於一切諸法

生忍也。

【論】

云何修行進門？所謂於諸善事，心不懈退，立志堅強，遠離怯弱569。當念過去久遠已來，虛受一切身心大苦，無有利益，是故應勤修諸功德，自利、利他，速離眾苦。復次，若人雖修行信心，以從先世570來，多有重罪惡業障故，為邪魔諸鬼之所惱亂，或為世間事務種種牽纏，或為病苦所惱。有如是等眾多障礙，是故應當勇猛精勤，晝夜六時，禮拜諸佛，誠心懺悔，勸請、隨喜，迴向菩提。常不休廢，得免諸障，善根增長故。

無生滅的實相，如《大智度論》卷五十說：「無生法忍者，於無生滅諸法實相中，信受、通達、無礙、不退，是名『無生忍』。」（《大正藏》第二十五冊，頁四一七下。）「寂滅忍」指清淨一切煩惱，安住在寂滅的境界中，如《三藏法數》卷十五說：「謂第十法雲地、等覺菩薩、妙覺果佛，諸惑斷盡，清淨無為，湛然寂滅，故名『寂滅忍』。」（《大藏經補編》第二十二冊，頁三二四下。）】

569 編案：「弱」字於《卍新續藏》本作「強」字，然金陵刻經處本及《大正藏》所收真諦譯本《大乘起信論》皆作「弱」字，今據改之。

570 先世：指過去生的意思。

直解

此明進相也。先令善心不懈，立志堅強，以為精進之本。

「當念」下，令思惟策進，修善無疲。「復次」下，對障重之機，示以除障方便。禮佛者，歸依最勝，571請求加護，此除障總相。「誠心」下，別除四障：一、懺悔，除惡業障。二、勸請572，除謗法障。三、隨喜，除嫉妬他障。四、迴向菩提，除樂三有573障。

---

571 歸依最勝：指「歸依佛」或「歸依三寶」。歸依，歸投依靠。最勝，最尊貴的對象，通常指佛而言。如龍樹菩薩造、鳩摩羅什譯《十住毘婆沙論》卷五有讚佛偈說：「我今自歸命，三界無上尊，毘首婆世尊，坐娑羅樹下，自然得通達，一切妙智慧。於諸人天中，第一無有比，是故我歸命，一切最勝尊。」（《大正藏》第二十六冊，頁四十四上。）又法護（九六三—一〇五八）譯《佛說八種長養功德經》說：「誓歸依佛，二足勝尊；誓歸依法，離欲勝尊；誓歸依僧，調伏勝尊。如是三寶是所歸趣。」（《大正藏》第二十四冊，頁一一〇四中。）

572 勸請：有兩個涵義，一者、請佛宣說教法、常轉法輪。二者、若佛陀欲入涅槃，請佛長久住世，不入涅槃。如《三藏法數》卷四說：「一、佛初成道，勸請轉法輪：謂佛初成道時，菩薩勸請言，我某甲請佛世尊，為眾生轉法輪，度脫一切，是名勸請轉法輪。……二、佛欲入滅，勸請住世：謂佛欲捨壽命入涅槃時，菩薩勸請言，我某甲請佛世尊，久住世間無央數劫，度脫一切眾生，是名勸請住世。」（《大藏經補編》第二十二冊，頁一六四中。）

573 樂三有：貪著欲界、色界、無色界等輪迴境界。三有，即三界。

「不休廢」者，總結能治。「免諸障」者，總結所治。由此四障，能令行人不發善行，不趣菩提，故四障治盡，善根增長也。

【論】

云何修行止觀門？所言止者，謂止一切境界相，隨順奢摩他觀義[574]故。所言觀者，謂分別因緣生滅相，隨順毗鉢舍那觀義故。云何隨順？以此二義，漸漸修習，不相捨離，雙現前故。

【直解】

此釋止觀相也。六度應云定、慧二門，今云止、觀者，以在因曰止、觀，在果曰定、慧。今欲雙修並運，正在因行，故合為一門。

[574] 觀義：指實踐的道理。觀，表示實踐觀行。義，教理之意。

言奢摩他者，義當空觀。[575]今修止門而云隨順空觀義者，意顯即止之觀[576]，而正意在觀，謂由止以入觀也。天台立有三止、三觀[577]：一、謂體真止[578]，當空觀。謂體合真空，諸緣自寂，一心朗照，萬法如如，[579]故為即止之觀，故順奢摩他空觀義。此觀真如

---

[575] 言奢摩他者，義當空觀：雖然說是奢摩他，但義理通於「空觀」。奢摩他，即修持止禪，令心止於一處而不散亂。如宗密《大方廣圓覺修多羅了義經略疏》卷下說：「（奢摩他）此翻云止，定之異名，寂靜義也。謂於染淨等境心不妄緣故，若準《涅槃經釋》，即名能滅、能調、寂靜、遠離及能清等。」（《大正藏》第三十九冊，頁五五八中。）

[576] 即止之觀：原指不離開止禪的觀修。此處說的是從止修下手，但目的在空觀的觀修。

[577] 三止、三觀：指天台家所立的三種「止」修是隨順三種「觀」法，即下文體真止隨順「空觀」；方便隨緣止隨順「假觀」；息二邊分別止隨順「中道觀」。【編案：智顗《摩訶止觀》卷三說：「此三止名，雖未見經論，映望三觀，隨義立名。」（《大正藏》第四十六冊，頁二十四上。）可見三止之名是隨順三觀而有，即憨山大師所謂「正意在觀」。】

[578] 體真止：體解萬法都是因緣和合而成，故了知其本性即為「空性」的禪修。如智顗《摩訶止觀》卷三說：「知因緣假合幻化性虛，故名為『體』。攀緣妄想，得空即息，空即是真，故言『體真止』。」（《大正藏》第四十六冊，頁二十四上。）

[579] 體合真空……萬法如如：心性本體即是真實的空性，所有因緣顯現亦本自寂滅，由此本空的心性觀照諸法，一切法也如是為空。

門，成根本智。[580]所言觀者，謂分別等，隨順毗鉢舍那[581]觀義故者。二、方便隨緣止[582]，當假觀。謂雖心境如如，不妨觀察生滅諸法因緣幻有，雖有而性常自空，故雖觀諸法因緣，不捨萬行。[583]即一道[584]常閒，故為即觀之止[585]，故云順毗鉢舍那假

---

[580] 觀真如門，成根本智：「體真止」就是直觀真如門的空觀，能成就根本智。

[581] 毗鉢舍那：又音譯為「毘婆舍那」等，指藉由寂靜的智慧觀照諸法。如《三藏法數》卷六說：「梵語毘婆舍那，華言觀。謂以寂靜之慧，觀察根塵內外諸法，令三昧成就，進趣菩提。」（《大藏經補編》第二十二冊，頁一九七下。）

[582] 方便隨緣止：菩薩雖了達空性，但為利益眾生，能知一切俗諦的顯現而不動心，所以稱為方便隨緣止。如智顗《摩訶止觀》卷三說：「二、方便隨緣止者，若三乘同以無言說道，斷煩惱入真，真則不異，但言煩惱與習有盡、不盡，若二乘體真不須方便止。菩薩入假，正應行用，知空非空故言『方便』，分別藥病故言『隨緣』，心安俗諦故名為『止』。」（《大正藏》第四十六冊，頁二十四上。）

[583] 雖心境如如……不捨萬行：雖然自心本體與萬法顯相都是如實的空性，不妨礙（菩薩）觀察諸法生滅因緣如幻如化的顯現；雖然（諸法）有顯相，但其自性仍是空性，因此在觀照諸法顯相中，能不捨離一切行持。

[584] 一道：指唯一真實之道，如曇無讖（三八五—四三三）譯《大般涅槃經》卷十三說：「實諦者，一道清淨，無有二也。」（《大正藏》第十二冊，頁四四三中。）此處應是指空性真諦。

[585] 即觀之止：原指不捨離觀禪的止修。此處說的是雖然體解空觀，但亦能安住於萬法顯相的假觀。

觀義，此觀生滅門，成後得智也。586

三、息二邊分別止587，當中道觀。謂居空而不捨萬行，涉有而一道清淨，二邊不住，理、事齊彰，中道一心，朗然齊鑑。588此融會空、有，妙契一心也。

故由三止而成三觀，是則三觀一心589，本無差別。今此中止、觀合明雙修，雖未明

---

586 此觀生滅門，成後得智也：「方便隨緣止」就是體證生滅法的本然空性，又能安於生滅法的差別顯現，證得分別諸法、利益眾生的「後得智」。

587 息二邊分別止：不執著於諸法本然的空寂，也不取著諸法的差別相狀，離開「空」、「假」的偏向，所以稱為「息二邊」。如智顗《摩訶止觀》卷三說：「生死流動、涅槃保證，皆是偏行偏用，不會中道。今知俗非俗，俗邊寂然；亦不得非俗，空邊寂然，名『息二邊止』。」（《大正藏》第四十六冊，頁二十四上。）

588 居空而不捨萬行……朗然齊鑑：安住在空性當中卻不捨離一切行持；經歷諸法的顯相（有）卻能體解其清淨的真實之道（空性）。不執著於「空」、「有」兩端，使得「理體」與「事相」都能同時彰顯。依著安處中道的自心本然，就能清楚地同時照見空性本體及諸法的顯相。二邊不住，指不執著於「空寂」與「有相」兩種極端。

589 三觀一心：指空、假、中三觀都是源自於唯一真如心，皆為心的力用，所以一心就圓具三觀。如《三藏法數》卷六說：「此之三觀全由性發，實匪修成，故於一心宛有三用，所謂一心三觀也。」（《大藏經補編》第二十二冊，頁一九五下。）

言三觀，而理實具足。以但了空、假二門，則一心中道自顯，此為趣大乘之要門。故此五門，前四但是助成方便，而《論》意正在「止觀」一門，故下備顯修相。在天台大、小止觀[590]，義有多門，其修行之要，獨此《論》所明，最為簡要直捷，學者可不盡心焉？

下明修止觀之方。

【論】

若修止者，住於靜處，端坐正意。不依氣息，不依形色，不依於空，不依地、水、火、風，乃至不依見、聞、覺、知，一切諸想，隨念皆除。亦遣除想，以一切法，本來無想，念念不生，念念不滅，亦不得隨心外念境界後以心除心。心若馳散，即當攝來住於正念，是正念者，當知唯心，無外境界。即復此心亦無自相，念念不可得。

[590] 天台大、小止觀：天台宗智顗大師開示的止觀修學有《摩訶止觀》（《大止觀》）及《修習止觀禪坐法要》（又稱《童蒙止觀》、《小止觀》），皆收錄於《大正藏》第四十六冊。

直解

此廣明修習止觀行相也，而修心入定之方，備示於此。

住於靜處，捨外緣憒鬧處也。《天台小止觀》明入定之初，先學調身、心、息。591此中端坐，調身也。不俯、不仰，592故云「端坐」。正意，調心也。不沉、不浮，593惺寂雙流，594故云「正意」。以此不依氣息，故不調息耳。595不依氣息、形色，離身也；不依虛空、四大，離世界也；不依見、聞、覺、知，離心也。故古德教人參禪，內脫身

591《天台小止觀》明入定之初，先學調身、心、息：《小止觀》明示初習坐禪應先調理五事：調食、調睡眠、調身、調息、調心。詳見智顗《修習止觀坐禪法要》〈調和第四〉，收於《大正藏》第四十六冊。

592不俯、不仰：頭不低著，也不抬高。

593不沉、不浮：心思不昏沉，也不躁動。

594惺寂雙流：禪門有所謂「惺惺寂寂」之說，惺惺是警醒而不昏昧，寂寂是安住而不躁動。如永嘉玄覺《禪宗永嘉集》說：「『寂寂』謂不念外境善、惡等事；『惺惺』謂不生昏住、無記等相。」（《大正藏》第四十八冊，頁三九〇中。）

595以此不依氣息，故不調息耳：依照《起信論》的止觀修持不依於呼吸為所緣境，所以不作調息的修持。

心，外遺世界，[596]「只須離心意識參，出凡聖路學，離妄想境界求」，[597]故此皆云「不依」，即脫也。

「一切諸想」至「念念不滅」五句，的是用心方法也。一切眾生，迷本真心，一向但依妄想用事，故今修習，以除想為最。故《楞伽》云「從上諸聖轉相傳授，妄想無性」[598]一語，為的要也。問曰：「妄想無性，云何除耶？」答曰：「一切諸想，隨念皆

---

[596] 內脫身心，外遺世界：對內情而言，不執著五蘊假合的身心；對外器而言，不執著四大組成的世界。此句出自《楞嚴經》，原文說：「內脫身心，外遺世界；遠離三有，如鳥出籠。」（《大正藏》第十九冊，頁一二六中。）

[597] 唐代青林師虔禪師（？—一六七）語，出大慧宗杲（一〇八九—一一六三）《正法眼藏》卷三：「青林虔和尚示眾云：『祖師門下，鳥道玄微功窮皆轉，不究難明。汝等諸人，直須離心意識參，出凡聖路學，方可保任。若不如是，非吾子息。』」（《卍新續藏》第六十七冊，六一七上。）又憨山大師常將「離心意識參」與「離妄想境界求」聯用，如《憨山老人夢遊集》卷四十六〈化生儀軌〉：「祖師門下，故初學參禪，要離心意識參，離妄想境界求，出凡聖路學，是乃純以此經為宗極也。」（《卍新續藏》第七十三冊，頁七八二下。）

[598] 從上諸聖轉相傳授，妄想無性：此句化用求那跋陀羅譯《楞伽阿跋多羅寶經》卷二〈一切佛語心品之二〉：「佛告大慧：『前聖所知，轉相傳授，妄想無性……。』」（《大正藏》第十六冊，頁四九七中。）

除。謂此一念者，乃『直心正念真如』之念也。方今用心，單提此一念為主，更無二念。以此一念觀照之力，但見妄想起處，隨即一念照破，當下消滅，更不容其相續，永嘉所謂『斷相續心』也。[599]參禪之要，無越此一念者，此的示其要也。」

「亦遣除想」者，謂遣除想之念也。初以一念除想，妄想既滅，即此一念亦無容立，故亦須遣之。問曰：「既云正念，又何遣耶？」答曰：「以此一念，特為遣想而立，[600]以真心自體，本來離想，又何容念？以妄想無性故，非本來有，妄想既非本有，若立一念以待妄想，是又為資妄[601]之本也，故此念亦無可立。以立處即真故，真、妄俱泯，能、所兩忘，乃名『正念』。以一念不立，則念念無生，若念念無生，則常光現前，寂照朗然，[602]念念不滅矣，此參禪之的旨也。」

---

[599] 但見妄想起處……永嘉所謂「斷相續心」也：妄想生起時當下以真如正念覷破，不令妄想相續。如《禪宗永嘉集》說：「生滅相續，自是輪迴之道。今言知者，不須知知，但知而已。則前不接滅，後不引起，前後斷續，中間自孤，當體不顧，應時消滅。」（《大正藏》第四十八冊，頁三八九下。）永嘉，唐代永嘉玄覺禪師。

[600] 以此一念，特為遣想而立：「直心正念真如」是為了遣除妄想而施設的方法。

[601] 資妄：資助妄想。

[602] 寂照朗然：寂為安止，照為觀照。安止與觀照兩者皆能明白顯現，指安住於真如當中，自然生起觀

言「不得隨心外念境界後以心除心」者，此示不善用心之病也。謂當一念觀照之力，更不隨妄想轉，若隨妄想外念境界，然後却纔以心除心者，此是以妄除妄，乃逐生滅流轉，如此用心，畢竟不離生滅妄想，實不善用心者也，故下云：「若心馳散，即當攝來歸於正念。」謂纔妄想生處，即便照破，不隨他轉，即歸正念，不待隨心外緣，而後攝也。故結示云：「當知唯心，無外境界。」不但外心外境，即復此心亦無自相，以念念不可得故，以內外心境一切寂滅，如此念念熏修，自然體合真如，所謂「即止之觀」也。

【論】

若從坐起，去來進止，有所施作，於一切時，常念方便，隨順觀察，久習淳熟，其心得住。以心住故，漸漸猛利，隨順得入真如三昧，深伏煩惱，信心增長，速成不退。唯除疑惑、不信、誹謗、重罪、業障、我慢、懈怠，如是等人，所不能入。

照的智慧。【編案：寂、照又可指止、觀修持的定、慧，如吉藏《仁王般若經疏》卷中說：「寂者是定，滅者是慧。寂而常照，照而常寂，故名寂滅忍。」（《大正藏》第三十三冊，頁三三〇中。）】

直解

此示方便隨緣止也。謂止非常坐，故示隨緣修習，勿得暫替。❻❶❸以觀察既久，漸漸淳熟，其心自然安住真如三昧，煩惱漸伏，信心增長，即可速成不退也。如是三昧，但有能信肯行者，無不皆得，唯除不信、障重、我慢者，不能得入。此則非機返顯，唯以信得入也，❻❶❹故云「佛法大海，信為能入」❻❶❺，正此謂也。

【論】

復次，依是三昧故，則知法界一相。謂一切諸佛法身，與眾生身，平等無二，即名「一行三昧」。當知真如是三昧根本，若人修行，漸漸能生無量三昧。

603 謂止非常坐……勿得暫替：「止」的修持不只是一直禪坐，所以開示日常隨緣修持的方法，表示日用間也不可偏廢修持。暫替，指短時間內廢止修持。

604 非機返顯，唯以信得入也：從不適宜的根機來說，反面顯示唯有「信」才能入於真如三昧。

605 佛法大海，信為能入：佛陀的教法雖然如同大海一般，只有依靠信心才能契入。此句出自《大智度論》卷一：「佛法大海，信為能入，智為能度。」（《大正藏》第二十五冊，頁六十三上。）

【直解】

此結示止觀勝益也。606

言「依三昧知法界一相」者，法界即十法界，聖、凡，染、淨差別之相也，安得平等？唯依真如三昧，總觀諸佛法身，與眾生身，平等無二，此名「一行三昧」607。以唯一真如，恆沙諸佛法界，了無差別之相，故平等耳。以真如是三昧根本，具有不思議大用故，若人修行，漸漸能得無量三昧也。

上修止觀竟。

下辨魔事。

【論】

或有眾生無善根力，則為諸魔外道鬼神之所惑亂。或於坐中，現形恐怖，或現端正

---

606 此結示止觀勝益也：這段在總結修持止觀的殊勝利益。

607 一行三昧：指專一觀照真如而入於正定，能夠了知十法界實際沒有差別相狀。如曼陀羅仙（生卒年不詳）譯《文殊師利所說摩訶般若波羅蜜經》卷下說：「法界一相，繫緣法界，是名一行三昧……如是入一行三昧者，盡知恒沙諸佛、法界，無差別相。」（《大正藏》第八冊，頁七三一上—中。）

男、女等相。當念唯心，境界則滅，終不為惱。

直解

此明魔事破壞定心，略示其相，使知對治也。

《楞嚴》具明魔事，依禪定中五陰未破而現，有五十種，深淺不一。[608]且云：「或為天魔，諸惡鬼神，精魅魍魎，僉來惱汝。或汝陰魔、心魔，自作其孽。」[609]一一詳示，此但略說其概耳。

---

608 《楞嚴》具明魔事……深淺不一：佛陀在《楞嚴經》中很具體地說明魔障的內容，依著在修習止觀禪定時，由於未破除色、受、想、行、識五蘊（五陰），會產生相對應的障礙，其中每一蘊各有十種障礙的陰魔，所以共有五十陰魔，這些魔障有不同的深淺程度。詳見般剌蜜帝譯《大佛頂如來密因修證了義諸菩薩萬行首楞嚴經》卷第九─十。

609 或為天魔……自作其孽：此句化用般剌蜜帝譯《大佛頂如來密因修證了義諸菩薩萬行首楞嚴經》卷九：「汝猶未識修奢摩他、毘婆舍那微細魔事，魔境現前，汝不能識，洗心非正，落於邪見。或汝陰魔、或復天魔、或著鬼神、或遭魑魅，心中不明，認賊為子。又復於中，得少為足，如第四禪無聞比丘妄言證聖，天報已畢，衰相現前，謗阿羅漢，身遭後有，墮阿鼻獄。……是故神鬼及諸天魔、魍魎、妖精，於三昧時，僉來惱汝。」（《大正藏》第十九冊，頁一四七上─中。）僉，音ㄑㄧㄢ（qiān），全部。

此言諸魔外道鬼神，蓋謂因中亦修禪定，以惡習邪見墮落此中者，故禪定氣分熏發，故現形作惱耳。610言「當觀唯心，境界則滅」者，謂雖外魔能撓，抑由自有惡習，因定熏發，故於自識，托彼外質，變影為害，611故云「唯心」，無外境界。若觀唯心，則自滅矣。

【論】或現天像、菩薩像，亦作如來像，相好具足。若說陀羅尼，若說布施、持戒、忍辱、精進、禪定、智慧。或說平等、空、無相、無願，612無怨、無親，無因、無果，畢

610 此言諸魔外道鬼神……故現形作惱耳：指諸魔外道鬼神在過去因地中也曾經修習禪定，但由於邪見等惡習氣而墮落成為鬼神，所以當行者修持禪定時的氣息熏染觸發他們，他們因此現形惱亂行者。

611 故於自識，托彼外質，變影為害：所以從自己的業識，依託外在的鬼神等眾，變現出影像傷害行者。

612 空、無相、無願：能依此而達到涅槃的三種解脫法門。空解脫門：觀一切諸法畢竟空寂。無相解脫門：了達諸法空性，知外境顯相不可得，無實在之相。無願解脫門：又稱無作解脫門，對三界生死無所願求，所以不造作三界之因。詳見智顗《法界次第初門》卷中〈三解脫初門〉。

竟空寂，是真涅槃。或令人知宿命過去之事，亦知未來之事，得他心智[613]，辯才無礙，能令眾生貪著世間名利之事。

【直解】

此習氣魔也，此魔蓋因行人多生親習佛法，執相未忘，或習空見以為究竟[614]。貪求宿命知見，故今因定熏發，於三昧中，故現此事。以本因不正，故令貪著世間名利之事，此正唯心變現也。

【論】

又令使人數嗔數喜，性無常準。或多慈愛，多睡多病，其心懈怠。或卒起精進，後便休廢。生於不信，多疑多慮。或捨本勝行，更修雜業。若著世間種種牽纏，亦能使人

---

613 他心智：能了知分別他人心思的智慧。如智顗《法界次第初門》卷中說：「修他心智者，若於深禪定中，發他心智，即能知六道眾生心及數法，種種所緣念事，是為他心通。」（《大正藏》第四十六冊，頁六七八下。）

614 習空見以為究竟：熏習偏空的知見，並認為那就是究竟的真理。

得諸三昧，少分相似，皆是外道所得，非真三昧。

【直解】

此煩惱魔也，此魔蓋由曾習外道三昧，未斷煩惱。今雖依佛法修行，以未入正定故，熏發宿習，現此事耳。

【論】

或復令人若一日、若二日、若三日，乃至七日住於定中，得自然香美飲食，身心適悅，不飢不渴，使人愛著。或令人食無分齊，乍多乍少，顏色變異。以是義故，行者常應智慧觀察，勿令此心墮於邪網。當勤正念，不取不著，則能遠離是諸業障。

【直解】

此欲魔也，以眾生在五欲中，以食為命，故攝受欲食，多生貪著，夙習[615]濃厚，從來未曾一念捨欲食也。故今雖在定中，熏發欲習，以適悅身心故，深生愛著，故教令常

[615] 夙習：積習；過往的習氣。

應智慧觀察，當勤正念，不取不著，則遠離也。

【論】應知外道所有三昧，皆不離見、愛、我慢之心，貪著世間名利恭敬故。真如三昧者，不住見相，不住得相，乃至出定亦無懈慢，所有煩惱漸漸微薄。若諸凡夫不習此三昧法，得入如來種性，無有是處。以修世間諸禪三昧，多起味著，依於我見，繫屬三界，與外道共，若離善知識所護，則起外道見故。

直解

此辯邪、正，以示真修也。

以外道依我愛、見、慢[616]習氣而修，都成魔業。故內著邪見，外著邪欲，所謂錯

---

[616] 我愛、見、慢：即我愛、我見、我慢。這三者都是以執著「我」是實有為中心而產生的煩惱。我愛是對自我的愛著；我見是對五蘊假合的身心執持為我，即我執；我慢是以自我為尊的優越感。如《成唯識論》卷四說：「我見者謂我執，於非我法妄計為我，故名『我見』。我慢者謂倨傲，恃所執我令心高舉，故名『我慢』。我愛者謂我貪，於所執我深生耽著，故名『我愛』。」（《大正藏》第三十一冊，頁二十二上—中。）

亂修習故也。以真如三昧，湛寂一心，617忘能所、滅影像、離懈慢、滅煩惱，故修行者，未有不由此三昧得入如來種性者。其餘世間諸禪三昧，皆著我見，與外道共，若非善知識調護，則墮外道惡見矣，故《楞伽》切誡遠離外道，當親近最勝知識也。618

【論】 復次，精勤專心修學此三昧者，現世當得十種利益。云何為十？一者、常為十方諸佛菩薩之所護念。

【直解】 以真如三昧妙契佛心，故為護念。

---

617 湛寂一心：指自心真如清淨寂滅，無染著及分別念。

618 《楞伽》切誡遠離外道，當親近最勝知識也：此意出自求那跋陀羅譯《楞伽阿跋多羅寶經》卷一〈一切佛語心品〉：「諸聲聞、緣覺、外道修行所得三昧智慧之力，一切不能測量決了餘地相智慧、巧便分別、決斷句義。……是故，大慧！諸修行者，應當親近最勝知識。」（《大正藏》第十六冊，頁四八四上—中。）

【論】

二者、不為諸魔惡鬼所能恐怖。三者、不為九十五種外道鬼神之所惑亂。

【直解】

以離惡習邪見，故離天魔、外道之邪惑。

【論】

四者、遠離誹謗甚深之法，重罪業障漸漸微薄。五者、滅一切疑、諸惡覺觀。

【直解】

以深信自心，故離誹謗，習氣漸除，故業障微薄。直心正念，故滅疑正觀。

【論】

六者、於諸如來境界信得增長。七者、遠離憂悔，於生死中勇猛不怯。八者、其心柔和，捨於憍慢，不為他人所惱。九者、雖未得定，於一切時、一切境界處，則能減損煩惱，不樂世間。十者、若得三昧，不為外緣一切音聲之所驚動。

【直解】

六、七以得決定信，故信佛境界，離憂不怯。八、離我忘人，故不為他惱。九、煩惱減損，故不樂世間。十、寂爾忘緣，故不為外動。六塵獨言音聲者，以入定時，五根俱閉，唯耳根虛通，故音聲易動。619今言不動，所謂入流亡所620也。

上修止竟。

下修觀。

【論】

復次，若人唯修於止，則心沈沒，或起懈怠，不樂眾善，遠離大悲，是故修觀。

619 以入定時……故音聲易動：因為入定的時候，眼、鼻、舌、身、意五根都暫時不起作用，只有耳根仍然暢通於外境，所以容易被聲音所擾動。

620 入流亡所：指歸返於法性之流，遣除能、所的分別。「入流亡所」是《楞嚴經》中觀世音菩薩的耳根圓通法門。般刺蜜帝譯《大佛頂如來密因修證了義諸菩薩萬行首楞嚴經》卷六說：「初於聞中入流亡所，所入既寂，動靜二相了然不生。」（《大正藏》第十九冊，頁一二八中。）

直解

心沉沒者，以向真如，專於趣寂[621]故，心易沉沒，故有二失。一者懈怠不修，則失「自利」，故下「法相觀」以治之，「精進觀」以成之。遠離大悲，則失「利他」，下「大悲觀」以治之，「大願觀」以成之。

【論】

修習觀者，當觀一切世間有為之法，無得久停，須臾變壞。

直解

觀行有四：初、法相；二、大悲；三、大願；四、精進。[622]初法相中四，此初無常觀也。

---

[621] 專於趣寂：心專注於一境，則趨向於寂靜。趣，趨向。

[622] 觀行有四……精進：此四種修觀主要來自元曉的《起信論疏》中所述，後華嚴宗關於《起信論》的注疏多承襲此。元曉《起信論疏》卷下說：「顯四種觀：一、法相觀，謂無常、苦、流轉、不淨，文相可知『如是當念』以下。第二、明大悲觀，『作是思惟』以下。第三、明誓願觀，『以起如是』以下。第四、明精進觀。依此四門，略示修觀也。」（《大正藏》第四十四冊，頁二二五中。）

【論】一切心行，念念生滅，以是故苦。

【直解】此苦觀也。

【論】應觀過去所念諸法，恍忽如夢；應觀現在所念諸法，猶如電光；應觀未來所念諸法，猶如於雲欻爾而起。

【直解】此無我觀也。過去無體難追，現在剎那不住，未來本無積聚。但緣集欻有[623]，不從十方來。

---

[623] 緣集欻有：因緣聚集，忽然而有。欻，音ㄏㄨ（hū），「欻」的異體字，忽然。

【論】

應觀世間一切有身，悉皆不淨，種種穢汙，無一可樂。

【直解】

此不淨觀也。上四觀除四顛倒[624]可知，上法相觀竟。

【論】

如是當念一切眾生，從無始時來，皆因無明所熏習故，令心生滅，已受一切身心大苦。現在即有無量逼迫，未來所苦亦無分齊，難捨難離，而不覺知，眾生如是，甚為可愍。

[624] 四顛倒：指凡夫執著有為法的四種顛倒之見：常、樂、我、淨。為對治四顛倒便採用無常、苦、無我、不淨的四念處觀法。如《大智度論》卷三十一說：「世間有四顛倒：不淨中有『淨』顛倒，苦中有『樂』顛倒，無常中有『常』顛倒，無我中有『我』顛倒。行者為破四顛倒故，修四念處十二種觀。」（《大正藏》第二十五冊，頁二八五下。）

【直解】

此大悲觀也。以不知苦，故無厭苦之心，故苦亦無限，此可愍也，非深悲莫救。

【論】

作是思惟，即應勇猛立大誓願。願令我心離分別故，徧於十方修行一切諸善功德，盡其未來，以無量方便，救拔一切苦惱眾生，令得涅槃第一義樂。

【直解】

此大願觀也。思惟同體，故誓救拔。離分別，同體也；盡未來，長時心也；救拔一切，廣大心也；得涅槃，第一心也。

【論】

以起如是願故，於一切時、一切處，所有眾善，隨己堪能，不捨修學，心無懈怠。

【直解】

此精進觀也。

【論】

唯除坐時，專念於止。若餘一切，悉當觀察應作、不應作。若行、若住、若臥、若起，皆應止、觀俱行。所謂雖念諸法自性不生，而復即念因緣和合，善、惡之業，苦、樂等報，不失不壞；雖念因緣善、惡業報，而亦即念性不可得。

【直解】

此教四儀625止觀雙行也。

「雖念諸法自性不生」，止也；即觀善、惡因緣，業果不壞，故廣修諸善，攝化眾生，即止之觀也。「雖念因緣業報」，觀也；「即念性不可得」，即觀之止也。以此故居空而不捨萬行，涉有而一性湛然，626是謂「止觀雙修」。

---

625 四儀：指日常生活的四種威儀，即行、住（立）、坐、臥。【編案：據《起信論》所言的「四儀」為行、住、臥、起，與一般的「四儀」所指稍有出入。】

626 居空而不捨萬行，涉有而一性湛然：安住在空性中，卻不捨離事相上的一切因果行持；雖然重視因果業報，但也了知萬法都只有唯一一種本自清淨的空性。

【論】

若修止者，對治凡夫住著世間，能捨二乘怯弱之見。若修觀者，對治二乘不起大悲狹劣心過，遠離凡夫不修善根。以是義故，是止觀門，共相助成，不相捨離，若止觀不具，則無能入菩提之道。

【直解】

此約對治以明止觀也。

由凡夫貪著世間，二乘怖畏生死，故示「即觀之止」。令凡夫知世無常，則不著世間；二乘知本真常，故不怖生死，故云「對治凡夫住著世間，能捨二乘怯弱之見」，此即觀之止，治二過也。

若修「即止之觀」，則治二乘狹劣之心，令起大悲；亦治凡夫離貪著心，知世無常，勤修眾善，故云「對治二乘不起大悲，遠離凡夫不修善根」二過也。

「以是」下，結止觀俱行，共相助成。以凡夫能厭世間，故勤修眾善；二乘不怖生死，故能起大悲。此止觀相助，故能不住生死、涅槃，方能直趣菩提，此雙運之益也。

三、示防退方便

【論】

復次，眾生初學是法，欲求正信，其心怯弱，以住於此娑婆世界，自畏不能常值諸佛，親承供養，懼謂信心難可成就，意欲退者，當知如來有勝方便，攝護信心。謂以專意念佛因緣，隨願得生他方佛土，常見於佛，永離惡道。如修多羅說，若人專念西方極樂世界阿彌陀佛，所修善根，迴向願求生彼世界，即得往生。常見佛故，終無有退，若觀彼佛真如法身，常勤修習，畢竟得生，住正定故。

【直解】

此為劣機，示防退方便[627]也。

謂初學眾生，未得正信，內心既劣，外缺勝緣，故懼退失，故如來設勝方便，攝護其心。謂專意念佛，求生淨土，以依佛保護也。即如念阿彌陀佛，得生西方，居不退

---

[627] 防退方便：防止退失道心的方便法門。

地，是其行也。

然淨土不退，約有三位：一者、如蓮花未開，信行未滿，此但約處無退緣，故名不退。[628]二者、華開見佛，當信位滿足[629]，分見法身，住正定聚，乃真不退也。三者、三賢位滿，得入初地，證徧滿法身，生無邊佛土。此當後位也。[630]

[628] 蓮花未開……故名不退：生於極樂世界時，雖然蓮花尚未開敷，還沒有圓滿信行位的修持，但因為沒有退墮因緣，所以也可以稱為「不退轉」。【編案：根據《觀無量壽經》往生西方極樂世界有三輩九品的差別，中品中生以下往生極樂世界時，蓮花還未開，不能立即得見佛、菩薩，而於其前聽聞教法；但由於他們處於佛國淨土殊勝的環境外緣，所以沒有讓他們退失菩提心的因緣，根據這樣的意義，所以也稱之為「不退轉」。「信行未滿」指尚未圓滿菩薩十信位的修持。】

[629] 信位滿足：菩薩十信位的修持已圓滿，而入於初住的階位。

[630] 此當後位也：這裡說的不退轉是指後面兩個階位。【編案：此處關於三種往生的解釋，主要是來自賢首法藏的說法，法藏大師認為生於淨土而真正已經證入「不退轉位」者，是指後兩位而言。至於信位未滿的菩薩，他們是因為生到淨土的緣故，所以才缺乏退轉的因緣，但是他們仍未證入真正的不退轉位。如法藏述、宗密科注《大乘起信論疏》卷四說：「但往生之人約有三位：一、如蓮華未開時，信行未滿，未名不退，但以處無退緣，故稱不退。二、信位滿足已去，華開見佛，入十住位，得少分見法身，住正定位也。三者、三賢位滿，入初地已去，證徧滿法身，生無邊佛土，如佛記龍樹菩薩等，住初地生淨土等也。此中畢竟等，是後二位。」（《新編縮本乾隆大藏經》第一四

上修行信心分竟。
下勸修利益分。

一冊，頁一四四上。）】

第八章　釋勸修利益分（流通分）

【論】

已說修行信心分，次說勸修利益分。如是摩訶衍諸佛祕藏，我已總說。

【直解】

此結前生後也。以此《論》總攝如來廣大深法，上已具明，故云「總說」。

【論】

若有眾生，欲於如來甚深境界，得生正信，遠離誹謗，入大乘道，當持此論，思量修習，究竟得至無上之道。

【直解】

此下明信謗損益，以勸修也。

「若有」下，總顯三慧[631]之益。「持」即聞慧，「思」[632]即思慧，「修」即修慧，三為能入故。如上所說一心、二門，乃諸佛所證甚深境界，為所入故，須修習也。

【論】

若人聞是法已，不生怯弱，當知此人定紹佛種，必為諸佛之所授記。

【直解】

此別顯聞慧利益也。以此《論》所明一心真如，乃成佛之本，若信受不怯，故必紹佛種[633]。

---

[631] 三慧：即聞所成慧、思所成慧與修所成慧。聞慧是透過聽聞經教學習而來的智慧，思慧是透過思惟所聞教理而獲得的智慧，修慧是藉由以禪定攝持前二慧的修持所成就的智慧。如《成實論》卷十四說：「通達語言是多聞慧；通達義趣是思惟慧。從此二慧能生心喜，乃至攝心生如實智，是名修慧。」（《大正藏》第三十二冊，頁三五五上。）

[632] 編案：「思」字《卍新續藏》本原文作「是」，金陵刻經處本則作「思」，依「聞、思、修」三慧次第據改。

[633] 必紹佛種：必定能承續佛陀的種姓，意指未來必定成就佛果菩提。

【論】假使有人能化三千大千世界滿中眾生，令行十善，不如有人於一食頃正思此法，過前功德不可為喻。

【直解】此別顯思慧益也。以十善有漏634，此法一念信心，即成佛種，故不可喻。

【論】復次，若人受持此論，觀察修行，若一日一夜，所有功德，無量無邊，不可得說。假令十方一切諸佛，各於無量無邊阿僧祇劫，歎其功德亦不能盡。何以故？謂法性功德無有盡故，此人功德亦復如是無有邊際。

634 十善有漏：指凡夫眾生還沒有開發無漏智慧之前，所行的十善業是夾雜有漏煩惱的善法。如《三藏法數》卷二十一說：「謂有漏善法，相續不斷，招後世生，是名漏所縛。（有漏善法，即天、人所修五戒、十善等法也）。」（《大藏經補編》第二十二冊，頁四〇四下。）

直解

此別顯修慧之益也。謂依此《論》修，以稱性故，雖一日夜，則功德無邊，以法性無盡故，歎不能盡也，故結歎功德亦不能盡。

【論】

其有眾生於此論中，毀謗不信，所獲罪報，經無量劫，受大苦惱。是故眾生但應仰信，不應毀謗，以深自害，亦害他人，斷絕一切三寶之種。以一切如來，皆依此法得涅槃故，一切菩薩，因之修行，得入佛智故。

直解

此舉毀謗之罪，切誡勸修也。

「其有」下，舉不信之罪，以誡勸修。謂此《論》所詮[635]，乃諸佛慧命，三寶種性，眾生法身故，若謗而不信，則斷佛種、絕三寶，害眾生法身，故害自、害他，罪報無量也。謂一切如來依此而證涅槃，菩薩因之而成佛，固當信而勿謗也。

[635] 詮：詮釋解說。

【論】當知過去菩薩，已依此法得成淨信；現在菩薩，今依此法得成淨信；未來菩薩，當依此法得成淨信。是故眾生應勤修學。

【直解】「當知」下，結信勸修也。謂諸佛既因此法而成佛，三世菩薩皆依此而修因，是故當必信而修之也。

【論】諸佛甚深廣大義，我今隨順總持說；迴此功德如法性，普利一切眾生界。

【直解】此總結迴向[636]也。初句結義，次句結文，後二句迴向。

---

[636] 迴向：將自己修持善法的功德迴轉給眾生，使其趨向某些期望或目的。淨影慧遠《大乘義章》卷九說：「言迴向者，迴己善法有所趣向，故名『迴向』。」（《大正藏》第四十四冊，頁六三六下。）

言甚深、甚廣、甚大，即體、相、用三大之義，乃法界總相法門。今以萬一千餘言，攝盡無餘，故云「總說」，所謂「少文而攝多義」637也。

然造論本欲為令眾生「除疑捨執」，故今迴向眾生普皆利益，欲令一切眾生，發起真如正信，依之修習，得成三昧，以趣無上菩提道果故也，所謂迴向三處638。言法性，乃「真如」、「菩提」；普利一切，乃「眾生」耳。

637 少文而攝多義：文字雖然少，但涵攝許多廣大的義理。【編案：此即《起信論》卷上：「自有眾生，復以廣論，文多為煩，心樂總持少文而攝多義，能取解者。如是此論，為欲總攝如來廣大深法無邊義故，應說此論。」（《大正藏》第三十二冊，頁五七五下。）】

638 迴向三處：指迴向的三個目標，即眾生、菩提及實際（真如法性）。淨影慧遠《大乘義章》卷九說：「迴向不同，一門說三：一、菩提迴向；二、眾生迴向；三、實際迴向。菩提迴向者，是其趣求一切智心，迴己所修一切善法，趣求菩提一切種德，名『菩提迴向』。眾生迴向者，是其深念眾生之心，念眾生故，迴己所修一切善法，願以與他，名『眾生迴向』。……三、實際迴向，是厭有為求實之心，為滅有為趣求實際，以己善根迴求平等如實法性，名『實際迴向』。」（《大正藏》第四十四冊，頁六三六下——六三七上。）

國家圖書館出版品預行編目資料

《大乘起信論直解》校注 / 憨山大師著； 蔡金昌校注
-- 初版. -- 臺北市：法鼓文化，2022. 03
面； 公分
ISBN 978-957-598-942-2（平裝）

1. CST：大乘論 2. CST：注釋

222.14 110021883

中華佛學研究所漢傳佛教典籍叢刊 5

《大乘起信論直解》校注

Commentary on *A Straightforward Explanation of the Treatise on Awakening Mahayana Faith*

著者	憨山大師
校注	蔡金昌
編審	釋果鏡
叢刊總編	釋果鏡
出版	法鼓文化
封面設計	小山絵
內頁美編	胡琡珮
地址	臺北市北投區公館路186號5樓
電話	(02)2893-4646
傳真	(02)2896-0731
網址	http://www.ddc.com.tw
E-mail	market@ddc.com.tw
讀者服務專線	(02)2896-1600
初版一刷	2022年3月
初版二刷	2024年2月
建議售價	新臺幣450元
郵撥帳號	50013371
戶名	財團法人法鼓山文教基金會—法鼓文化
北美經銷處	紐約東初禪寺 Chan Meditation Center (New York, USA) Tel: (718)592-6593 E-mail: chancenter@gmail.com